Thomas Galli

Wie wir das Verbrechen besiegen können

Ideen für eine Überwindung der Strafe

Thomas Galli

Wie wir das Verbrechen besiegen können

Ideen für eine Überwindung der Strafe

edition
einwurf

Bibliografische Information der Deutschen Nationalbibliothek:
Die Deutsche Nationalbibliothek verzeichnet diese Publikation
in der Deutschen Nationalbibliografie; detaillierte bibliografische
Daten sind im Internet über http://dnb.d-nb.de abrufbar.

1. Auflage

Copyright © 2024 edition einwurf GmbH
Königstr. 43, D-26180 Rastede
www.edition-einwurf.de
Alle Rechte vorbehalten.
Satz und Gestaltung: Die Werkstatt Medien-Produktion, Göttingen

ISBN 978-3-89684-715-7
E-Book: 978-3-89684-716-4

Für Lisa, David, Lukas und Mathias

Inhalt

Einleitung:
Eine Hinrichtung und der
Ursprung der Strafe

Die Gruppe aus vielleicht dreißig Personen, die um die zwei jungen Männer herumstand, war gespannt, wer von den beiden länger aushalten würde. Die zwei waren Anfang zwanzig, drahtig und muskulös. Sie hatten, wie auch die Umstehenden, dunklere Haut. Es waren Brüder. Zwillingsbrüder. Dass zwei Kinder gleichzeitig geboren wurden, und auch noch überlebten, hatte die Gruppe zum ersten Mal erlebt. Waren das besondere Menschen, vielleicht mit übernatürlichen Fähigkeiten? Da die beiden unzertrennlich waren und immer nur als Einheit auftraten, wurden sie tatsächlich mit zunehmendem Alter mächtiger als jedes andere Mitglied der Gruppe. Und sie nutzten diese Macht, um andere unter Druck zu setzen und sich das zu nehmen, was sie wollten. Das waren vor allem Lebensmittel, aber auch Kleidungsstücke und Waffen.

Jetzt aber hatten sie keine Macht mehr. Ihre Augen waren vor Panik weit aufgerissen. Sie versuchten, Blickkontakt zu einem der Umstehenden zu bekommen, um vielleicht etwas Mitleid erregen zu können. Aber sie hatten keine Chance. Die Menschen um sie herum standen nun nicht mehr still. Sie fingen an zu tanzen, stießen Jubelschreie aus und schwangen ihre Speere über den Köpfen. Es konnte nun nicht mehr lange dauern. Die Zwillinge lagen auf dem Bauch. Hinter ihrem Rücken waren ihre Arme gefesselt und die Beine, so weit es ging, nach oben gewinkelt. Die an den Knöcheln verschnürten Füße waren mit einer Schlinge um den Hals verbunden. So wippten die beiden auf ihrer Körpermitte vor und zurück, und sobald ihre Beine schwächer würden und die Brüder sie nicht mehr oben halten könnten, würde sich die Schlinge um ihren Hals langsam zuziehen, und sie qualvoll ersticken. Die Gruppe geriet langsam in Ekstase.

Dies alles könnte so oder so ähnlich vor 10.000 oder 15.000 Jahren passiert sein. In den Addaura-Höhlen, vier Kilometer vom Zentrum der sizilianischen Stadt Palermo entfernt, wurden Höhlenmalereien mit einer Szene gefunden, die u. a. der Philosoph Hanno Sauer so deutet, dass die zwei jungen Männer zur Strafe hingerichtet worden sind.[1] Um zu verstehen, warum wir heute noch strafen, und welche mittlerweile überholten Urinstinkte dabei eine Rolle spielen, müssen wir noch viel weiter in der Geschichte der Menschheit zurückgehen: in eine Zeit lang vor den ersten Höhlenmalereien. Der Philosoph Friedrich Nietzsche spitzt es zu: „Zürnen und Strafen ist unser Angebinde von der Tierheit her. Der Mensch wird erst mündig, wenn er dies Wiegengeschenk den Tieren zurückgibt."[2] Ganz rechtzugeben ist ihm, wenn man seine Zeilen wörtlich interpretieren wollte, nicht. Das Strafen ist – wie zu zeigen sein wird – vielmehr zum guten Teil auch eine menschliche Erfindung und Eigenheit, die bei den ersten Menschen durchaus ihren Sinn hatte. Es wird angenommen, dass unsere Vorfahren bereits vor etwa 500.000 Jahren damit begonnen haben, unsolidarisches, unkooperatives und zu aggressives Verhalten zu sanktionieren.[3]

Erste Strafgesetze

Viele tausende Jahre später wurden die ersten Gesetze schriftlich gefasst. Bekannt ist etwa der „Codex Hammurabi", eine der ältesten erhaltenen Gesetzessammlungen der Welt. Sie geht zurück auf den babylonischen König Hammurabi, der etwa von 1728 bis 1686 vor Christus gelebt hatte.[4] Einige Paragraphen[5] mögen beispielhaft verdeutlichen, dass man auch zu der Zeit wenig zimperlich mit Menschen umging, die bestimmte Regeln nicht einhielten:

§ 1
Wenn ein Bürger einen Bürger des Mordes bezichtigt hat, ihn aber nicht überführt, so wird der, der ihn bezichtigt hat, getötet.

§ 8
Wenn ein Bürger ein Rind, ein Schaf, einen Esel, ein Schwein oder ein Schiff gestohlen hat, gehört es einem Gotte oder gehört es einem Palaste, so gibt er das Dreißigfache davon; gehört es einem Untergebenen, so ersetzt er das Zehnfache davon; wenn der Dieb nichts zu geben hat, so wird er getötet.

§ 129
Wenn die Ehefrau eines Bürgers beim (Zusammen-)Liegen mit einem
anderen Manne ergriffen worden ist, so bindet man sie beide und wirft sie
ins Wasser; wenn der Herr der Ehefrau seine Ehefrau am Leben lässt, so
lässt auch der König seinen Knecht am Leben.

§ 153
Wenn die Ehefrau eines Bürgers um eines anderen Mannes willen ihren
Ehemann umbringen lässt, so wird man sie pfählen.

Gut 3000 Jahre später waren die Strafen noch nicht viel humaner. Eher
im Gegenteil. Die „Peinliche Halsgerichtsordnung" Kaiser Karls V. von
1532 („Carolina") gilt als erstes allgemeines deutsches Strafgesetzbuch. Als
Hinrichtungsart war dort u. a. auch das lebendige Begraben vorgesehen
(Art. 192), und in besonders strafwürdigen Fällen wurden den Hinzu-
richtenden vorher mit glühenden Zangen Fleischstücke herausgerissen
(Art. 194).

Aus heutiger Sicht wird man viele dieser Strafen für unverhältnismäßig grausam und für die eigentlichen Verbrechen halten. Etwas relati-
viert wird die Härte der Bestrafungen allerdings dadurch, dass die Zeiten
früher allgemein viel härter als heute waren.[6] Der Codex Hammurabi
und die „Carolina" zeigen exemplarisch, dass wir in den letzten Jahrhun-
derten weitgehend zu zivilisierteren Formen von Strafe gefunden haben –
wobei etwa in den mit uns befreundeten USA Hinrichtungen von Straftätern noch vielfach mit „Justice is served" kommentiert werden. Auch
unterscheiden unsere heutigen Strafgesetze nicht mehr zwischen verschiedenen Klassen von Menschen und sind nicht mehr in dem Maße
Instrumente der Unterdrückung.[7] Der Grundgedanke ist jedoch erhalten
geblieben: Auf bestimmte Verhaltensweisen Einzelner, die gegen grundlegende Regeln des Zusammenlebens verstoßen, wird durch Zufügung
eines Übels reagiert.

Menschen, die anderen zum Teil großen Schaden zufügen, indem sie
stehlen, betrügen, verletzen, vergewaltigen oder morden, gibt es, der hun-
derttausende von Jahren alten Geschichte der Strafe zum Trotz, bekanntlich nach wie vor. So wurden im Jahr 2022 in der Kriminalstatistik des

Bundeskriminalamts etwa 5,63 Millionen Straftaten registriert. Die meisten Straftaten werden im Eigentums- bzw. Vermögensbereich erfasst (z. B. Diebstahl), über 197.000 Fälle betreffen jedoch auch Gewaltdelikte.[8] Diese Zahlen erfassen wohlgemerkt nur die offiziell registrierten Delikte, die Dunkelziffer nicht aufgedeckter (potenzieller) Straftaten muss noch dazu gerechnet werden. So hat eine groß angelegte Studie des Bundeskriminalamts ergeben, dass in den letzten zwölf Monaten vor der Befragung 13,5 Prozent der deutschen Bevölkerung Opfer einer Straftat[9] im Netz (meist in Form von Waren- oder Dienstleistungsbetrug) geworden ist.[10] Allerdings wird nur etwa jede fünfte Cybertat überhaupt angezeigt.[11] Auch außerhalb des Internets sind nach dieser Studie innerhalb eines Jahres jeweils über 12 Prozent der Bevölkerung betrogen oder bestohlen worden[12], wobei nur ein Bruchteil dieser Taten zur Anzeige kam.

Verbrechen und Strafe

Die Aufgabe, einen möglichst gewaltfreien und konstruktiven Umgang miteinander zu finden, wird angesichts globaler Herausforderungen wie der Klimakrise und der wachsenden Weltbevölkerung zunehmend wichtiger.[13] Wir Menschen können uns immer weniger aus dem Weg gehen und sind stärker aufeinander angewiesen. Viele Straftaten sind Gewalt, und Strafen sind es auch. Niemand von uns will Opfer einer (schweren) Straftat oder wegen eigenen Fehlverhaltens unverhältnismäßig hart bestraft werden.

Strafen stehen nach wie vor im Zentrum der Bekämpfung von Kriminalität und sind für die meisten Menschen nicht wegzudenken. Knapp 662.000 Personen wurden 2021 in Deutschland rechtskräftig strafrechtlich verurteilt[14], der weit überwiegende Teil zu Geldstrafen. Bei uns ist die härteste Strafe die lebenslange Freiheitsstrafe.[15] Weltweit sitzen mehr als elf Millionen Menschen in Haft.[16] In etwa 50 Ländern droht der dortigen Bevölkerung im schlimmsten Falle immer noch die Todesstrafe.[17]

Öffentliche Rufe nach mehr und härteren Strafen werden auch bei uns immer wieder laut, wenn über schlimme Vorfälle breit medial berichtet wird. So wurden etwa nach der tragischen Tötung einer Zwölfjährigen durch zwei zwölf und dreizehn Jahre alte Mädchen mit über 30 Messerstichen[18] politische Forderungen nach Herabsetzung der Strafmündigkeit für Jugendliche[19] erhoben.[20] Auch für reale oder medial aufgeblähte Probleme wie die sogenannte Clan-Kriminalität oder prügelnde Jugendliche in Badeanstalten werden Strafen häufig als das Mittel der Wahl angesehen.[21] Verbrechen[22] und Strafe, so scheint es, gehören jedenfalls zusammen. Intuitiv entspricht dies wohl der Auffassung der meisten von uns. Was aber, wenn uns diese Intuition, unsere Instinkte, unsere Strafbedürfnisse und unser Gerechtigkeitsempfinden täuschen, und die „gute, alte" Strafe gar nicht mehr das bewirkt, was sie vor Hunderttausenden von Jahren bewirkt hat? Was wäre, wenn sie, gesamtgesellschaftlich gesehen, eher destruktiv ist, zur Spaltung beiträgt, und soziale Ungleichheit verstärkt? Was wäre, wenn wir auf neuen Wegen viel mehr im Kampf gegen das „Böse" im Menschen erreichen könnten?

Ich habe viel Erfahrung mit dem sammeln können, was Strafe, vor allem die Freiheitsstrafe, bewirkt. Gut fünfzehn Jahre lang war ich in verschiedenen Gefängnissen tätig, zuletzt als Leiter einer Anstalt. Dann verließ ich den Staatsdienst, und arbeite seither als Rechtsanwalt im Strafrecht. Ich vertrete Täter und Opfer.

Strafe ist jedoch nicht nur das, was der Täter zu erleiden hat, so wenig wie ein Verbrechen das ist, was allein der Täter zu verantworten hat, und was ausschließlich das Opfer schädigt. Zu den Ursachen und Folgen von Straftaten gehört auch das soziale Umfeld. Strafen werden im Namen des Volkes ausgesprochen und vollstreckt, sie sollen das durch Straftaten verletzte Gerechtigkeitsgefühl der Allgemeinheit wieder heilen. Beteiligt an und betroffen von Straftaten und Strafen sind also wir alle als Mitglieder unserer Gesellschaft. Das wiederum macht das Strafen zu einem Thema, bei dem es besonders schwer ist, einen allgemeinen Konsens zu erreichen. Es fällt schwer, es abstrakt und annähernd objektiv zu betrachten. Es geht nicht um ein Fußballspiel, das man von außen kommentiert. Wir fiebern nicht nur mit einer Mannschaft mit, wir sind Teil dieser Mannschaft und stehen mit auf dem Platz. Und nicht nur das: wir alle wollen gewinnen, oder zumindest nicht verlieren. In diesem Kontext ist auch das Strafen einzuordnen.

Hinter dem Strafen stehen individuelle und gruppenbezogene Interessen und Bedürfnisse. In der Tendenz neigen wir dazu, jenen Böses zu unterstellen, die sich unseren Interessen widersetzen, oder die Ideen zu verteufeln, die unseren Idealen widersprechen. So ist bei manchen der

Staat „der Böse", bei anderen der Kapitalismus, bei den nächsten jeder einzelne Polizist, oder eben jedes Individuum, das sich nicht an die Regeln hält, die man selbst für notwendig erachtet. Die Ausgangssituationen, von denen aus das Thema Strafe behandelt wird, sind sehr unterschiedlich, auch was das Wissen über Kriminalität und deren Bekämpfung betrifft.

Im Rahmen von Lesungen, Vorträgen oder Diskussionsveranstaltungen habe ich nach der Veröffentlichung meiner Bücher (zuletzt: „Weggesperrt: Warum Gefängnisse niemandem nützen")[23] in den vergangenen Jahren viele unterschiedliche Meinungen, Einstellungen und Gefühle zu diesem Themenkreis mitbekommen.

So habe ich Feministinnen getroffen, für die Gefängnisse Ausdruck patriarchalischer Gewalt waren, die jedoch gleichzeitig härtere Strafen für Gewalt gegenüber Frauen forderten. Ich habe Inhaftierte befragt, ob sie die Institution Gefängnis für sinnvoll oder notwendig hielten. Viele sagten, sie selbst hätten eigentlich nichts im Gefängnis verloren, andere aber durchaus. Ich habe bei meinen Vorträgen Beamte des Justizvollzugs erlebt, die protestierend die Veranstaltung verlassen haben, weil sie dachten, ich wolle mit der Frage nach dem Sinn von Gefängnissen ihr Wirken kritisieren, oder ihre Arbeitsplätze in Frage stellen. Ich habe mit Opfern von Straftaten diskutiert, die schwer traumatisiert und (nachvollziehbarer Weise) nicht bereit dazu waren, über neue Wege im Umgang mit Kriminalität nachzudenken, und mit (Ex-)Inhaftierten, die voller Hass auf das System waren. Politisch links stehende Personen wollten rechte Gewalt und Wirtschaftskriminalität härter bestrafen, eher konservativ oder rechts orientierte Menschen die Kriminalität von Ausländern.

Und ich habe Vertreter verschiedener, zum Teil extremer Positionen kennengelernt. Auf der einen Seite Menschen, die wieder die Einführung der Todesstrafe fordern (selbstredend nicht für ihresgleichen), auf der anderen Seite Aktivisten, die nicht nur Gefängnisse, sondern auch die Polizei, jedwede staatliche Gewalt und teilweise sogar den Staat an sich abschaffen wollen. Dieser Ansicht bin ich nicht. Wir brauchen Staat, Justiz und Polizei. Eine allzu idealisierende Betrachtung der fernen, nichtstaatlichen Vergangenheit ist aus meiner Sicht nicht angebracht.

Vielfach wird in diesem Zusammenhang auch die Abschaffung des Kapitalismus gefordert. Auch wenn es auch aus meiner Sicht ein erstrebenswertes Ziel ist, den Kapitalismus jedenfalls in seinen derzeitigen Auswüchsen zu überwinden, ist es allerdings keineswegs ausgemacht, dass die Gewalt untereinander damit automatisch signifikant abnimmt. Dass es in einem nicht kapitalistischen System weniger oder sinnvollere Strafen gäbe, erscheint ebenfalls sehr fraglich.

Ich glaube, dass die bessere Zeit vor uns, nicht hinter uns liegt.

Idee der Gerechtigkeit

Bei allen unterschiedlichen Ausgangssituationen und gegensätzlichen Ansichten und Interessen gibt es ein Band, das uns von Natur aus zusammenhält: Die Gerechtigkeit. Was gerecht ist und was nicht, wird individuell und abhängig von Zeit und Ort unterschiedlich beurteilt. Wir alle sind jedoch Nachkommen von Menschen, die irgendwie kooperiert haben. Sonst hätten sie nicht lange überlebt. Fast jeder Mensch hat daher ein Gespür dafür und ein Bedürfnis danach, dass es innerhalb einer Gesellschaft grundsätzlich einen Ausgleich von verschiedenen (auch den eigenen) individuellen und kollektiven Interessen geben muss.[24]

Diese Idee der Gerechtigkeit, die nicht unbedingt ihrem Inhalt, aber ihrem Wesen nach eine gemeinsame ist, lässt uns deshalb jedenfalls mehr sehen als nur die unmittelbaren, eigenen Interessen. Die Mehrheit der Menschen, mit denen ich zu diesem Thema in Kontakt komme, ist durchaus bereit, den Status quo unseres Strafsystems zu hinterfragen, ihn unter dem Gesichtspunkt der Gerechtigkeit und eng damit zusammenhängend dem der Vernunft zu betrachten, und zumindest teilweise über Veränderungen nachzudenken. Dass unsere heutigen Gefängnisse wenig sinnvoll sind, um Kriminalität wirksam zu bekämpfen, leuchtet inzwischen vielen ein. Dass wir ohne irgendeine Strafe in Form der Übelszufügung, deren Schwere sich an der begangenen Tat orientiert, auskommen, scheint für die meisten jedoch schwer vorstellbar zu sein. Das Bedürfnis, Unrecht entsprechend hart zu vergelten, ist nach wie vor sehr stark ausgeprägt. Wobei es oft auch weniger ein Strafbedürfnis ist, das ich wahrnehme, sondern eher die Angst, auf Strafen zu einem guten Teil zu verzichten. Als wäre das Strafen eine Mauer, die wir im Laufe der Menschheit errichtet haben, und die uns vor Feinden schützt. Dies wiederum erschwert es nach meiner Erfahrung, über grundlegende Alternativen nachzudenken, die den Schwerpunkt von der rückwärts orientierten Strafe auf einen zukunftsorientierten Umgang mit Kriminalität verlegen.

Ich bin jedoch überzeugt, dass Strafen, wie wir sie heute kennen, keine Gerechtigkeit schaffen, und sich wenig dazu eignen, das Schlechte bzw. „Böse" zu bekämpfen, wo immer man es auch verorten mag. Es kann daher nicht nur darum gehen, wen wir wie bestrafen. Entscheidend ist es vielmehr, dass wir den Gedanken, durch Zufügung eines Übels könnte Sinnvolles geschaffen werden, grundsätzlich weitgehend überwinden.

Das evolutionär begründete Vergeltungsbedürfnis ist in unserer staatlich strukturierten Massengesellschaft und angesichts des Entwicklungsstandes des Menschen überholt. Das Ausleben dieses Bedürfnisses bewirkt vielfach das Gegenteil von dem, was es ursprünglich bewirken sollte. Ein wenig ist es vergleichbar mit unserer Lust auf Süßes: für die ersten Menschen war das Lustgefühl sinnvoll, da Süßes knapp, aber energiereich war.[25] Heute ist Zucker bekanntlich im Übermaß vorhanden und Ursache vieler Zivilisationskrankheiten. Anders als viele Tiere können wir Menschen unsere Urinstinkte allerdings reflektieren, und lernen, sie so modifiziert auszuleben, dass sie sich auch unter den Bedingungen der Zivilisation als nützlich erweisen.[26]

Einfache Antworten darauf, wie man „das Verbrechen" am besten bezwingen kann, gibt es nicht. Eine Gesellschaft völlig ohne Verbrechen, ohne Gewalt untereinander ist auch kaum vorstellbar. Die zu starke Verortung des Unrechts in der Entscheidung eines Individuums wirkt jedoch destruktiv. Diese Verortung ist auch ein wesentlicher Grund dafür, dass die Binsenweisheit „Prävention im Kindes- und Jugendalter ist besser als Strafe im Erwachsenenalter" noch viel zu wenig in die Tat umgesetzt wird. Wenn der Täter sich einfach anders hätte verhalten können, und wir die Strafe haben, um das von ihm verübte Unrecht aus der Welt zu schaffen und den Täter dabei auch noch zu resozialisieren, warum sollten wir uns dann der komplexen Thematik der Prävention ausführlicher widmen?

Der Glaube an das, was wir derzeit unter Strafe verstehen, ist jedoch ein Irrglaube. Das will ich in diesem Buch vor allem anhand von Fällen aus meiner Praxis zeigen.[27] Die Spannweite der Straftaten reicht dabei vom Diebstahl eines Schokoriegels bis zum mehrfachen Mord.

Rationale Resozialisierung

Anhand konkreter Beispiele skizziere ich im ersten Teil des Buches Hintergründe und Entwicklung von Verbrechen und Strafe und zeige einiges von dem auf, was in unserer derzeitigen Strafpraxis Sinn macht und was nicht. Im zweiten Teil setze ich der Strafidee ein ebenfalls durch viele Beispiele veranschaulichtes Modell der rationalen Resozialisierung entgegen. Dies bedeutet für mich nicht den völligen Verzicht auf staatliche Gewalt bzw. Zufügung eines Übels. Auch geht es nicht um Verständnis für ungerechtes, schädigendes Verhalten einzelner, oder um die Missachtung des Leids, das sie anderen zufügen. Vielmehr ist mein Interesse, bessere Wege zu finden, Schäden und Leid zu reduzieren. Dabei sollen Täter nicht aus der Verantwortung für ihre Taten entlassen, sondern im Gegenteil in Verantwortung genommen werden. Die Bedürfnisse der Opfer sollen nicht missachtet, sondern ihnen soll mehr Rechnung getragen werden, als es bisher der Fall ist. Wir alle, und nicht nur diejenigen, die damit ihr Geld verdienen, können und sollten wieder mehr Verantwortung im Umgang mit Kriminalität übernehmen.

Neben all den negativen, zum Teil auch tragischen Folgen gerade für die unmittelbaren Opfer, hat jedes Verbrechen zudem auch das Potenzial, unsere Gesellschaft zu verbessern. Grundlegendere individuelle und soziale Probleme werden oft erst (schmerzlich) spürbar durch Straftaten.

Die Strafe wurde „erfunden" zur Förderung der Kooperation. Oft genug ist jedoch auch die Straftat Symptom mangelnder Kooperation. Wir müssen dieses Potenzial nur nutzen, indem wir die Energie, die das Bedürfnis nach Rache, Vergeltung und Gerechtigkeit in uns auslöst, konstruktiver einsetzen.

VERGELTUNG SCHADET

Vorzeitige Entlassung für Dr. M.?

An diesem Morgen fuhr ich mit einiger Wut im Bauch in meine Kanzlei. Am Vortag hatte ich das Schreiben eines Inhaftierten bekommen, den ich als Rechtsanwalt in einem gerichtlichen Verfahren vertreten hatte. Es ging dabei um seine vorzeitige Entlassung zur Bewährung. Dr. M. (der eigentlich keinen Doktortitel hatte, sich aber so ansprechen ließ, was mit zu seiner Verurteilung geführt hatte), war wegen zahlreicher Betrügereien zu sechs Jahren Haft verurteilt worden. U.a. hatte er eine Maklerfirma für Immobilien betrieben und Anzahlungen, die Verkäufer und Kaufinteressenten „schwarz" austauschten, um Steuern und Gebühren zu sparen, in die eigene Tasche gesteckt. Auch als Vermögensverwalter und Investor hatte er sich betätigt. Damit und mit anderen krummen Geschäften hatte er über ein kompliziertes Geflecht aus Firmen Millionen ergaunert. Mit seinem stets penibel gestutzten Vollbart, seinem sonnengebräunten Gesicht, seinem Wohlstandsbauch und hochwertiger Kleidung und Autos dürfte es ihm nicht zu schwergefallen sein, Kunden und Geschäftspartner zu täuschen. Von dem Geld war, als er verhaftet worden ist, nichts mehr übrig. Zumindest konnten die Behörden es nicht ausfindig machen.

Mit seiner Haftdauer gehörte er zu den nur etwa 10 Prozent der Inhaftierten in Deutschland, die Strafen von mehr als fünf Jahren zu verbüßen haben. Die meisten müssen deutlich weniger Zeit in Haft verbringen. Die größte Gruppe der Gefangenen verbüßt Haftstrafen von bis zu neun Monaten.[28]

Fast 95 Prozent aller Inhaftierten sind wie Dr. M. männlich. Die Tatsache, dass Männer deutlich häufiger straffällig werden, zeige sich nach der Forschung der Kriminologin Susanne Karstedt auch im internationalen Vergleich:

> „Frauen sind nicht nur deutlich weniger kriminell, sie sind weniger aggressiv, sie begehen deutlich weniger Selbstmorde. Frauen sind offensichtlich auch psychisch resistenter als Männer. Und

psychisch resistenter heißt eben auch weniger anfällig für Alkoholsucht oder Drogensucht. Sie sind insgesamt, sagen wir mal, das Geschlecht, das sich normenkonformer verhält."[29]

Bei Vermögensdelikten, wie sie Dr. M. begangen hatte, kommt hinzu, dass Männer immer noch eher die Möglichkeit haben, hohe Positionen etwa in der Wirtschaft einzunehmen und dort auch größeren Schaden anzurichten. Auch werden Männer oft nach ihrem finanziellen Status beurteilt und haben so eine Motivation, diesen gegebenenfalls auch mit illegalen Mitteln aufzuwerten.

Nach Zweidritteln der Zeit, also vier Jahren, war eine vorzeitige Entlassung für Dr. M. grundsätzlich möglich. Dabei kommt es nicht, wie viele denken, in erster Linie auf eine gute Führung in Haft an. Das Verhalten während des Strafvollzuges hat eine eher untergeordnete Bedeutung. Es ist nur einer von mehreren Gesichtspunkten bei der Prüfung einer positiven Sozialprognose, die vor allem Voraussetzung für eine vorzeitige Entlassung ist. Das Gericht musste also davon überzeugt werden, dass mein Mandant mit hoher Wahrscheinlichkeit in Freiheit nicht wieder straffällig werden würde.

Bei Dr. M. standen die Chancen auf eine Entlassung zum Zweidrittelzeitpunkt nicht gut. Die Justizvollzugsanstalt, in der er seine Haft verbüßte, und die Staatsanwaltschaft waren gegen eine Entlassung. In einem Gespräch mit dem zuständigen Richter deutete dieser mir gegenüber an, dass er zuungunsten meines Mandanten entscheiden werde, aber eine vorzeitige Entlassung zu einem späteren Zeitpunkt für realistisch hielte, wenn dieser bis dahin zumindest ein Opfer-Empathie-Training (OET) absolvieren würde. Dr. M. (der sich zwar nicht mehr offiziell als Dr. bezeichnete, aber von den Mitgefangenen nach wie vor so ansprechen ließ) war erstmals in Haft und hatte mit seiner aktuellen Ehefrau drei minderjährige Kinder. Der Richter wollte ihm diese eine Chance noch geben.

Mehr Empathie

Empathie, die bei Dr. M. nun durch das Training gefördert werden sollte, ist generell ein ganz zentrales Thema. Sowohl hinsichtlich der Begehung von Straftaten, als auch in Bezug auf das Strafen. Empathie kann als die

Fähigkeit zum „Mit-Erleben"[30] bzw. dazu, gedanklich in die Haut eines anderen zu schlüpfen, verstanden werden.[31]

Grundsätzlich kann sich diese vor allem in der (frühen) Kindheit erworbene[32] Fähigkeit, die Bedürfnisse anderer zu erkennen und zu berücksichtigen, hemmend auf die Begehung von Straftaten auswirken.[33] Der langfristige Rückgang von Tötungsraten in Westeuropa (unter zwei pro 100.000 Einwohner pro Jahr) wird u. a. auf eine Sozialisierung hin zu mehr Empathie zurückgeführt.[34]

Studien deuten darauf hin, dass Frauen mehr Fähigkeit zur Empathie besitzen.[35] Bei Mädchen lässt sich bereits im Vorschulalter eine gegenüber gleichaltrigen Jungen beschleunigte Empathie- und damit zusammenhängende[36] Schamentwicklung beobachten.[37] Erwachsene (Lehrer und Eltern) regulieren das Verhalten von Mädchen viel stärker als das von Jungen. Eltern beschämen Töchter viel öfter als gleichaltrige Söhne.[38] Wahrscheinlich ist auch das ein Grund dafür, dass Frauen deutlich weniger häufig straffällig und inhaftiert werden.

Anders als vielfach vermutet, ist allerdings nicht jede Straftat empathielos, und nicht jeder Straftäter weniger empathiefähig als der Durchschnitt der Menschheit. Das gilt in extremer Hinsicht für Sadisten, denen gerade das Leid des Opfers ein Lustgefühl bereitet. Dazu müssen sie sich in dieses hineinfühlen. Empathie ist hier die Motivation zur Tat, sodass diese nicht trotz, sondern gerade aus Empathie begangen wird.[39]

Aber auch bei nicht sadistisch veranlagten Menschen erhöhen Gefühle wie Ärger die Aggressionsbereitschaft[40] und vermindern die Empathie. Auch großer Stress führt oft dazu, dass man die ganze Energie für die Bewältigung der Situation verwendet und keinen Raum mehr für Empathie mit anderen hat.[41] Jeder, der Kinder hat, wird ein Lied davon singen können. Sie können einen zur sprichwörtlichen „Weißglut" und dazu bringen, kaum Verständnis oder Gefühl mehr für die kindlichen Bedürfnisse zu haben.

Empathie hängt eng mit Mitgefühl oder Mitleid zusammen, ist jedoch mit diesen nicht deckungsgleich, u. a. da Mitleid zur Folge hat, dass (vorgestelltes) fremdes Leid wie eigenes Leid erlebt wird. Sogenannte Spiegelneuronen spielen dabei eine Rolle.[42] Es ist hirnphysiologisch nachweisbar, dass sensorische Zellen im Gehirn, die auf Schmerzsignale reagieren, auch dann feuern, wenn Menschen mit ansehen müssen, dass einer anderen Person Schmerz zugefügt wird.[43] Bereits Babys reagieren auf den Schmerz von anderen. Sie fangen an zu weinen, wenn andere Babys auch weinen, und versuchen, einer leidenden Person zu helfen, indem sie diese beruhigen.[44] Da Menschen solches eigenes Leid lindern bzw. vermeiden wollen, führt Mitleid dazu, andere zu schonen bzw. ihnen zu helfen. Es wirkt daher auch kriminalpräventiv.

Strafen als „empathischer Sadismus"

Dass jedoch auch hoch empathische und zum Mitleid fähige Menschen dazu in der Lage sind, anderen Leid zuzufügen, zeigen nicht nur manche Straftaten, sondern vor allem auch das Strafen selbst. Wenn wir wollen, dass Menschen, die kriminelle Handlungen begangen haben, bestraft werden, müssen wir uns Gedanken darüber machen, was für den zu Bestrafenden überhaupt ein Übel, ein Leid, eine Strafe darstellt. Wir müssen uns dazu in den anderen hineinfühlen. Der Kulturwissenschaftler Fritz Breithaupt bezeichnet Strafen daher als „empathischen Sadismus".[45] Wenn wir dann jedoch auch mitleiden würden, würde uns das vom Strafen abhalten. Allerdings zeigen Studien, dass unser Mitleid deutlich gesenkt wird, wenn jemandem, der als böse empfunden wird, ein Leid zugefügt wird.[46] In bildgebenden Verfahren des Gehirns kann im Gegenteil sogar beobachtet werden, wie in solchen Fällen Gehirnregionen, die für Lust und Belohnung zuständig sind, durch die Beobachtung von Schmerzen der anderen Person aktiviert werden.[47]

Entsprechend groß war früher das öffentliche Interesse an Hinrichtungen. Als Beispiel mag ein Bericht aus der Mainzer Zeitung vom 22. November 1803 über die Hinrichtung des als „Schinderhannes" berühmt gewordenen Räuberhauptmanns Johannes Bückler und seiner Mittäter dienen:[48]

„Die Wälle und benachbarten Anhöhen wimmelten von Neugierigen. Über die Hälfte gehörten sie zum weichen, zärtlichen Geschlechte, von denen sogar ein großer Theil die Metzeley von 20 Menschen ohne sonderliche Anfälle von Weichheit mit ansehen konnte."

Als 1783 die Kurmainzer Landesregierung vorschlug, den steinernen Galgen vor dem Stadttor abzureißen, um dem Publikum den Anblick der dort bis zur Verwesung hängenden Hingerichteten zu ersparen, gab es massive Proteste dagegen.[49]

Heute sind zwar die Hauptverhandlungen vor Gericht grundsätzlich öffentlich, der eigentliche Vollzug der Strafe findet aber hinter hohen Mauern und weitgehend im Verborgenen statt. Bekanntlich funktionieren dafür nach wie vor z. B. viele Filme, indem sie unsere Straflust befriedigen: Dem unschuldigen Opfer muss geholfen werden, und dem Bösen muss es am Ende richtig schlecht gehen, damit der Zuschauer zufrieden ist. Wie stark die Interessen Anderer die eigenen durch Empathie oder Mitgefühl beeinflussen, hängt also mit vielen weiteren inneren Einstellungen zusammen wie etwa ideologischen oder religiösen Überzeugungen, und insbesondere auch dem individuellen Gefühl von Gerechtigkeit.

Hinzu kommt noch ein anderer Punkt: Unsere Fähigkeit zur Empathie ist durch die Kapazitäten unseres Gehirns begrenzt. Wir können nicht allen anderen Menschen gegenüber empathisch sein, und erst recht nicht mit allen mitleiden, sondern müssen dies vor allem auf uns nahestehende Personen begrenzen. Diesen gegenüber zügeln wir unsere egoistischen Impulse stärker als im Umgang mit Fremden. Empathie ist mit dem Gefühl gekoppelt, zu einer Gemeinschaft ähnlicher Menschen zu gehören.[50] Der Autor Rutger Bregman bezeichnet Empathie und Fremdenfeindlichkeit daher als „zwei Seiten derselben Medaille".[51]

Zur Gruppe der Straftäter will keiner gehören, erst recht nicht zur Gruppe der Gefangenen. Denen gegenüber halten sich Empathie und Mitgefühl daher auch aus diesem Grund in Grenzen. Emotional ist das nachvollziehbar, vernünftig ist es nicht. Gerade im Verstehenwollen des uns Fremden liegen eigene Entwicklungsmöglichkeiten. Offensichtlich bedeutet Verstehen auch nicht das Akzeptieren von Verhalten oder Einstellungen. Mehr Empathie wäre also grundsätzlich für uns alle sinnvoll, wobei ich noch von niemandem gehört habe, der ein OET absolviert hat, obwohl er es nicht musste. Inhaftierte werden dazu zwar auch nicht richtiggehend gezwungen, aber doch stark motiviert, indem etwa wie bei Dr. M. eine vorzeitige Entlassung davon abhängig gemacht wird.

Studien mit Inhaftierten z. B. aus Großbritannien zeigen, dass OET positive Effekte haben können und die Empathiefähigkeit der Teilnehmer vergrößern können.[52] Der Soziologe Otmar Hagemann[53] berichtet von Täter-Opfer-Gruppen im schleswig-holsteinischen Strafvollzug. Die Tätergruppe nimmt dort zuerst an einem OET teil, und die Gruppe der Opfer (nicht die konkreten Opfer der inhaftierten Täter) tauscht sich mit Hilfe von Mediatoren über Erfahrungen und Probleme aus. Dann kommen die beiden Gruppen zusammen. Die Teilnehmenden dieser Gruppen haben größte Zufriedenheit gezeigt.

Nach meiner Erfahrung sind die Chancen, die Empathiebereitschaft und -fähigkeit von Straffälligen zu fördern, höher, wenn auf der anderen Seite auch mehr Empathie für die Täter entwickelt wird. Nicht für die Tat, aber für das, was ihnen selbst in ihrer Biografie widerfahren ist. Dass die Tat selbst, vor allem bei schwereren Delikten, nicht toleriert oder bagatellisiert werden kann, steht dabei außer Frage. Aber um dazu beizutragen, dass derjenige so etwas nicht wieder macht, ist es hilfreich, vielleicht sogar notwendig zu verstehen, wie es dazu gekommen ist. Viele Straftäter, mit denen ich zu tun habe, fühlten sich gerade in Kindheit und Jugend nicht gehört und verstanden. Es kann nicht die Aufgabe des Opfers sein, Empathie für den Täter zu entwickeln. Das muss die Justiz tun, damit der Täter dann (mehr) Empathie für (sein) Opfer entwickeln kann.

Empathie entsteht also in einem wechselseitigen Prozess aus Geben und Nehmen. Schon deswegen greifen die beängstigenden Ideen zu kurz, Haftstrafen zu verkürzen, wenn sich Gefangene stattdessen mittels künstlicher Intelligenz falsche Erinnerungen einpflanzen lassen. Auf diese Weise sollen Straftäter ihre Taten aus Sicht der Opfer erleben und erinnern und so Empathie entwickeln.[54]

Irgendetwas müssen wir tun

Ich persönlich hatte allerdings eher Zweifel, ob bei Dr. M. ein Empathietraining wirklich sinnvoll war. Als zumindest über einen längeren Zeitraum erfolgreicher Betrüger musste er sich in sein Gegenüber hineindenken können. Nur das Leid der Betrogenen führte bei ihm weder zu Hemmungen noch zur Reue. Wer sich als Mittelpunkt der Welt sieht, wird kaum ein Gefühl dafür entwickeln können, dass es ihm selbst wie anderen ergehen könnte. Das Leben war für ihn ein Wettbewerb, in dem er der Gewinner sein musste. Um jeden Preis. Die anderen mussten leiden, damit er nicht litt.

Nicht selten wird im Strafvollzug allerdings nach dem Motto verfahren: „Irgendetwas müssen wir tun", und dieses Irgendetwas war bei Dr. M. nun eben das Empathietraining. Es würde ungefähr drei Monate in Anspruch nehmen, und bestand aus etwa zehn Gruppenstunden mit begleitenden Einzelgesprächen. Ich riet meinem Mandanten daher, den Antrag auf vorzeitige Entlassung erst einmal zurückzunehmen, das OET zu absolvieren, und dann den Antrag erneut zu stellen. Er jedoch wollte dies nicht, sondern unbedingt zeitnah entlassen werden. Dies sei sein Recht, und er möge nicht jeden Glauben an den Rechtsstaat verlieren müssen. Außerdem habe er mehr „Empathie als der ganze Justizapparat zusammen", und wolle nicht mit den anderen Inhaftierten auf eine Stufe gestellt werden.

Eine unterdurchschnittlich ausgeprägte Fähigkeit, unmittelbare Bedürfnisse im Hinblick darauf zurückzustellen, langfristig gesehen größere Erfolgschancen zu haben, habe ich bei vielen Straftätern festgestellt. Illegales oder Schlechtes zu tun kann auch zumindest kurzfristig ein leichterer Weg zum Ziel als legales Verhalten sein.[55] Dr. M. wäre auf legalem Wege wohl niemals so reich geworden.

Langfristig gesehen sind „böse" Mittel, wie sie Dr. M. mit seinen Betrügereien und Manipulationen angewandt hat, jedoch nicht sehr effektiv.[56] Das Umfeld bzw. die anderen Menschen wehren sich dagegen, und weisen denjenigen in seine Grenzen. Der Lebensstandard von Dr. M. war nun, in Haft, jedenfalls deutlich schlechter, als er bei einem legalen Lebenslauf gewesen wäre.

Dr. M. jedoch schien weiterhin nicht über den nächsten Tag hinauszudenken, obwohl er keineswegs dumm war. Wahrscheinlich war sein Trieb, immer das bekommen zu müssen, was er gerade wollte, weil er aufgrund seiner von ihm imaginierten natürlichen Überlegenheit ein vermeintliches Recht darauf hatte, stärker als jede vernünftige Erwägung. Wenn etwas nicht genau so funktionierte, wie er es sich vorstellte, wäre sein grandioses Selbstbild ins Wanken geraten. Ohne dieses Selbstbild jedoch war er wenig, und ebenso wenig entsprach das Bild seinen realen Fähigkeiten. Ein Gutachter hatte bei ihm eine narzisstische Persönlichkeitsstörung mit dissozialen Anteilen festgestellt. Diese Störungen kennzeichnet u. a. ein Gefühl der Grandiosität, ein stetes Bedürfnis nach Bewunderung und eine starke Neigung, andere herabzusetzen, zu manipulieren und auszunutzen. Die eingeschliffenen Verhaltensmuster von Menschen mit einer solchen Störung erscheinen durch nachteilige Erlebnisse, einschließlich Bestrafung, nicht änderungsfähig. Das alles passte zweifellos bestens zu Dr. M., wie auch ich ihn wahrnahm.

Unproblematisch sind diese Diagnosen im Zusammenhang mit Straffälligen nicht. Sie stecken die Betroffenen in eine Schublade, aus der sie kaum mehr herauskommen. Sie sind jetzt nicht nur Kriminelle, was schlimm genug wäre, sondern auch noch entsprechend gestörte Kriminelle. Das birgt die Gefahr, dass alles, was sie sagen oder tun, im Lichte dieser Diagnose interpretiert wird. Man glaubt ihnen nichts mehr, und legt fast alles, was sie tun, negativ aus. Das Gefühl, aus der Schublade, in die man sie gesteckt hat, ohnehin nicht mehr herauszukommen, kann eine Einstellung der Betroffenen zur Folge haben nach dem Motto: „Wenn ihr mir (nur) diese Rolle gebt, dann nehme ich sie eben an und verhalte mich entsprechend."[57]

Die Rechtfertigung, überhaupt solche Diagnosen zu stellen, zieht die Strafjustiz aus der Notwendigkeit, die Schuldfähigkeit des Täters vor seiner Verurteilung, und danach seine Behandlungsbedürftigkeit und -fähigkeit sowie seine Gefährlichkeit in der Zukunft einschätzen zu können. Für die Störungen, die Dr. M. attestiert worden sind, gibt es allerdings kaum Behandlungsmöglichkeiten.

Biografie und Kriminalität

Bei Menschen, die psychisch krank sind und leiden, fällt es uns leichter danach zu fragen, welche Ursachen in Kindheit und Jugend dahinterstecken könnten. Und wie oft schieben wir bei uns selbst missliebige Eigenschaften, Verhaltensweisen oder Gefühle auf unsere eigene Biografie? Bei denjenigen, die weniger selbst an Störungen leiden und eher andere leiden lassen, fällt dies schon schwerer. Dabei sind die Hintergründe oft ähnlich, und gleichermaßen wichtig, um das verstehen zu können, was den Betroffenen oder sein Umfeld stark belastet.

Dr. M. beschrieb seine Kindheit gegenüber dem Gutachter als „normal". Tatsächlich schätzte der Sachverständige seinen biografischen Hintergrund als höchst verstörend ein. Seine Mutter, eine Krankenschwester, war fast 30 Jahre jünger als sein Vater, ein Chefarzt. Die beiden waren nie verheiratet. Der Chefarzt wollte sich nicht binden, und erst recht keine Kinder. Dr. M.s Mutter trickste ihren Liebhaber jedoch aus und wurde schwanger. So wurde, überspitzt formuliert, Dr. M. das Kind eines Betruges. Und irgendwie ging es auch mit Täuschen, Tricksen und Manipulieren weiter. Seiner Mutter war es wohl in erster Linie darauf angekommen, durch das Kind unterhaltsberechtigt zu sein. Sie hatte sich jedenfalls von ihrem Partner noch während der Schwangerschaft getrennt, und gab Dr. M. die meiste Zeit über in die Obhut ihrer Schwester, bis es deren Mann zu viel wurde, und der kleine Dr. M. nun die meiste Zeit über bei seiner Großmutter verbringen musste. Seinen Mitschülern gegenüber behauptete er, seine Großmutter sei seine Mutter. Eine Vaterfigur hat Dr. M. nie gehabt. Dieses Fehlen einer Vaterfigur stelle ich auch bei vielen anderen Inhaftierten fest. Engere und längere Bindungen hatte Dr. M. nie erfahren, was wohl zum Teil erklärte, dass er von anderen Menschen so schnell und so viel es ging profitieren wollte, um dann zum nächsten weiterzugehen. Das fundamentale Gefühl des Ungeliebtseins versuchte er offenbar durch ein grandioses Selbstbild zu kompensieren. Die riesengroße Diskrepanz zwischen Selbst- und Fremdwahrnehmung hat Dr. M. schließlich ins Gefängnis geführt.

Auf seinen ausdrücklichen Wunsch hin nahmen wir den Antrag auf vorzeitige Entlassung also nicht zurück. Das Gericht beraumte wie üblich einen Termin zur mündlichen Anhörung an. Bei einer solchen Anhörung muss der Anwalt nicht unbedingt dabei sein, da alle Argumente schriftlich vorgetragen werden können, und es vor allem auch darum geht, dass sich das Gericht ein persönliches Bild vom Inhaftierten machen und mit ihm noch offene Fragen klären kann. Dr. M. wollte trotz allem unbedingt, dass ich ihn zu diesem Gerichtstermin begleite. Die Kosten in Höhe von 750 Euro würden mir vorab durch seine Frau überwiesen werden. Nachdem das Geld zwar am Tag des Gerichtstermins nicht auf dem Konto war, die Ehefrau des Mandanten mir jedoch per E-Mail mitgeteilt hatte, dass sie die Überweisung bereits veranlasst hätte, ging ich zu dem Termin. Schwerer

Fehler. Es lief, wie es laufen musste. Das Gericht lehnte die vorzeitige Entlassung ab und legte eine Sperrfrist von sechs Monaten fest, innerhalb der kein neuer Antrag auf Entlassung gestellt werden durfte. Das versprochene Geld ging nie auf meinem Konto ein.

Stattdessen erreichte mich das erwähnte Schreiben von Dr. M., in dem er mir vorwarf, seine vorzeitige Entlassung „vermasselt" zu haben. So hätte ich vor Gericht bestimmte Punkte nicht erwähnt, die zu seinen Gunsten sprachen, und bei deren Kenntnis die Entscheidung sicher anders ausgefallen wäre. Er selbst sei zu nervös gewesen, diese Punkte von sich aus anzusprechen. So hatte er etwa kurz vor dem Termin durch seine Frau eine Spende von hundert Euro an die Caritas überweisen lassen, um seine soziale Einstellung zu demonstrieren. Wer als Anwalt überleben und seiner Funktion gerecht werden will, muss nicht selten Argumente vortragen, hinter denen er eigentlich nicht uneingeschränkt steht. Hier war es mir aber zu peinlich, diese Spende an die Caritas, die noch dazu von seiner Frau getätigt wurde, als ernsthaftes Argument für eine vorzeitige Entlassung ins Feld zu führen.

Seine Kritik an mir war offensichtlich an den Haaren herbeigezogen, und gipfelte darin, dass er erwäge, mich bei der Rechtsanwaltskammer anzuzeigen. Bereits nach den ersten Zeilen war mir klar, worauf es ihm tatsächlich ankam: Er wollte das Honorar nicht bezahlen. Tatsächlich war dies dann die Quintessenz seiner Ausführungen. Offensichtlich hatte er von vorneherein nicht vorgehabt, zu bezahlen. Ich hätte ihn also wegen Betruges anzeigen können.

Strafe vs. Wiedergutmachung

Ich ärgerte mich zunächst maßlos, fast einen ganzen Arbeitstag für diesen Mann umsonst verschwendet zu haben. Es war eine Kränkung, hereingefallen zu sein. Vor allem aber hätte ich die 750 Euro gut brauchen können. Von diesem Geld wäre ohnehin nur ein Bruchteil bei mir persönlich hängen geblieben, da davon Steuern und Beiträge zur Rechtsanwaltskammer entrichtet und Kanzlei und Mitarbeiter bezahlt werden müssen. Bei meinen folgenden Mandanten würde ich daher etwas mehr berechnen müssen. Anders als andere Geschädigte kannte ich allerdings die Biografie von Dr. M. Das hieß nicht, dass er mit mir machen konnte, was er wollte, aber mein Ärger verflog schneller wieder, als es vielleicht sonst der Fall gewesen wäre. Der Schaden, den er mir zugefügt hatte, war läppisch im Verhältnis zu dem, was er in seiner Kindheit hatte erleben müssen. Wenn ich das Geld bekommen hätte, wäre die Sache für mich ohnehin bald erledigt gewesen. Das deckt sich mit dem Bedürfnis vieler Geschädigter von Vermögensdelikten, denen es weniger auf eine Bestrafung des Täters, und eher auf den Ersatz ihres Vermögensschadens ankommt.[58] Auch die internationale Forschung zeigt, dass jedenfalls die Opfer von nicht schwersten Straftaten eine Wiedergutmachung der Bestrafung des Täters vorziehen.[59]

Was würde eine Strafanzeige gegen Dr. M. auch bewirken? Er würde vielleicht noch ein paar Monate mehr auf Kosten der Steuerzahler (also auch auf meine) in Haft verbringen, und dann eben von dort aus betrügen. Ihn zu verklagen würde ebenso nichts bringen, da er nichts hatte. Mit seiner Arbeit in der knasteigenen Bücherei verdiente er etwa zwei Euro pro Stunde. Seine Frau arbeitete als Altenpflegerin. Sie hatte sich bereits für ihn verschulden müssen. Als ich seine Frau anrief, um sie damit zu konfrontieren, dass das vereinbarte Honorar nicht von ihr beglichen worden ist, war diese in Tränen aufgelöst. Ihr war die Sache höchst peinlich. Ihr Mann hätte ihr wie schon häufig gedroht, sie zu verlassen und das alleinige Sorgerecht für die Kinder zu übernehmen, wenn sie mich nicht über ihre Zahlungsbereitschaft getäuscht hätte. Dass ihr Mann keine Chancen hatte, ihr das Sorgerecht zu nehmen, glaubte sie mir nicht. Zu groß war ihre Angst vor ihm. Zu sehen, wie er seine Frau (und sicher auch die Kinder) manipulierte und gnadenlos unter Druck setzte, machte mich noch wütender als sein Betrug mir gegenüber.

Wenn Dr. M. in Freiheit gewesen wäre und ich keine Sorge haben müsste, erwischt zu werden, hätte ich ihm für das, was er seiner Familie antat, in einem ersten Impuls am liebsten z. B. die Autoreifen zerstochen – auch wenn dies für mich mit einigem Aufwand verbunden gewesen wäre und seiner Familie auch nichts gebracht hätte.

Die Forschung zeigt, dass ich diesen Vergeltungswunsch mit vielen Menschen teile.[60] Dieses Bedürfnis, auch dann einem Menschen ein Übel zuzufügen, wenn dieser nicht einem selbst, sondern einem Dritten, zu dem man keine nähere emotionale Bindung hat, ein Unrecht zugefügt hat[61], hat seinen Hintergrund in dem Nutzen der Strafe für eine Förderung des kooperativen Verhaltens innerhalb der Gruppe. So kann Strafe eine altruistische Handlung sein, indem der Strafende etwas für die Gemeinschaft leistet, und dafür Arbeit, Unkosten und vielleicht Schaden (etwa durch Verteidigungshandlungen des Bestraften) auf sich nimmt.[62]

Lohn der Vergeltung

Der Wunsch, etwas Gutes oder Sinnvolles für die Gruppe zu tun, ist allerdings individuell unterschiedlich stark ausgeprägt und oft kaum stark genug, um die mit einer Bestrafung einhergehenden potenziellen Gefahren und Kosten in Kauf zu nehmen. Die Strafe nützt zwar mittelbar auch jedem Mitglied der Gruppe, jedoch ist dieser Nutzen für das Individuum nicht immer greifbar. Den meisten stellt sich Vergeltung daher als etwas Erstrebenswertes und Lohnendes dar. Der altruistisch Strafende handelt eher aus Lust an der Strafe, nicht aus Solidarität mit der Gruppe.[63] Bei dem Gedanken an Rache (für die Vergeltung bei der Verletzung Dritter gilt sinngemäß das gleiche) werden die gleichen Teile des Gehirns aktiviert, die sich nach Nikotin, Kokain oder Schokolade sehnen.[64]

Eine tatsächlich befriedigende Wirkung hat eine ausgeübte Vergeltung oder Rache allerdings nicht unbedingt: „Rache ist nicht süß" – so bringt es der Rechtswissenschaftler Tonio Walter auf den Punkt.[65] Eine Befriedigung kann am ehesten dann eintreten, wenn der Strafende das Gefühl hat, dass der Bestrafte die Lektion verstanden hat.[66] Auch daher wäre es keine gute Idee gewesen, wenn ich Dr. M. tatsächlich die Reifen zerstochen hätte. Ihn hätte es geärgert, den Schaden hätte seine Frau begleichen müssen, und gelernt hätte er dadurch sicher nichts. Außerdem ist es in einer Demokratie in unser aller Interesse,[67] dem Staat das Gewaltmonopol zu überlassen. Der Vorsitzende Richter in einem Verfahren gegen einen von mir vertretenen Linksradikalen, der geplant hatte, einen Rechtsextremisten zu ermorden, hat es unter vier Augen lakonisch so ausgedrückt: „Auch Arschlöcher darf man in unserem Rechtsstaat eben nicht einfach so umbringen."

Einige Anwaltskollegen vertreten infolge von Erfahrungen, wie ich sie mit Dr. M. gemacht hatte, überhaupt keine Menschen, die wegen Betrugs angeklagt oder verurteilt worden sind. Ich hatte ursprünglich auch Vorurteile („einmal Betrüger, immer Betrüger") wurde aber im Laufe der

Jahre eines Besseren belehrt. Nicht selten sind auch Menschen wegen Betrugs verurteilt, die z. B. im geschäftlichen Kontext stark unter Druck geraten und dann straffällig geworden sind. Das sind jedoch keine durch und durch betrügerischen Persönlichkeiten, denen man grundsätzlich kein Wort glauben sollte.

Letztere gibt es allerdings auch, und offenbar war ich nun an einen solchen geraten.

Ronnie, der Gehilfe eines Friedhofsgärtners

Das Gefühl, eigentlich lieber umkehren zu wollen, beschleicht mich mehr oder weniger jedes Mal, wenn ich vor den Mauern einer Anstalt stehe. Es hat etwas Bedrückendes und Beklemmendes, dort hineinzugehen, in diese Mischung aus Zweckbau, dunkler Höhle und mittelalterlicher Burg, auch wenn ich weiß, dass ich bald wieder herausgehen kann. Das Gefängnis ist menschengemacht, und hat doch etwas Unmenschliches. Es soll das Böse bekämpfen, und strahlt doch auch selbst etwas Böses aus.

Vielleicht hängt dieses klamme Gefühl auch damit zusammen, dass es auch für mich als Rechtsanwalt nicht mehr in der eigenen Macht steht, das Gefängnis wieder verlassen zu können. Die Türen bzw. Tore nach außen lassen sich auch mit großer Gewalt nicht öffnen. Wenn sie nicht von Beamten mit den entsprechenden Schlüsseln oder elektronisch geöffnet werden, hat man nicht die geringste Chance.

Hinein kommt man nur, wenn man einige Gegenstände an der Pforte abgibt, die man sonst nicht ohne weiteres aus der Hand geben würde. Dazu gehören Handy, Autoschlüssel, und je nach Anstalt auch Bargeld aus Sorge, man könnte dieses einem Gefangenen übergeben. Der Besitz von Bargeld ist Inhaftierten verboten, um einen Handel untereinander zu erschweren. In einigen Anstalten darf man nicht einmal eine Armbanduhr mit hineinnehmen. Warum das so ist, konnten mir auch die Beamten an der Torwache nicht erklären. Vermutlich wird die Gefahr gesehen, dass in Uhren unerlaubte Gegenstände wie Drogen eingeschmuggelt werden könnten, oder dass mit ihnen mobil Daten übertragen werden könnten.

Wie so oft hatte mich auch in diesem Fall die Ehefrau meines neuen Mandanten beauftragt und bezahlt. Zur Vorbereitung hatte sie mir einen Zeitungsausschnitt des Lokalblatts übersandt: „Wegen brutaler Misshandlungen seiner Ehefrau – Über drei Jahre Haft für Familienvater."

Ronnie, wie ihn seine Frau nannte, wurde von einem Beamten in den winzigen unterirdischen Besuchsraum für Anwälte gebracht. Dort standen lediglich zwei Stühle, die nicht zu dem kleinen Tisch passten. Ein Telefon hing an der Wand, mit dem man Bescheid geben konnte, wenn der Besuch zu Ende war. In der Ecke stand ein zum Abfalleimer umfunktionierter alter Farbeimer. Ronnie sah mit seinen Tätowierungen am Hals und seiner blaugrauen, zum Teil zerlöcherten Gefangenenkluft etwas verwegen aus, wirkte ansonsten aber sehr freundlich. Er begrüßte mich höflich. Von seinem Aussehen her hätte ich ihn auf Mitte 50 geschätzt, von seiner Frau wusste ich allerdings, dass er erst Ende 30 war. Er gehörte damit altersmäßig zur größten Gruppe der Inhaftierten. Mehr als jeder Dritte ist zwischen 30 und 39 Jahre alt.[68] Seine Stimme klang nach jahrzehntelangem übermäßigem Alkoholkonsum und zahllosen Zigaretten. Auch damit war er unter den Mitinhaftierten nicht der einzige.

In deutschen Gefängnissen haben Schätzungen zufolge etwa 50 Prozent der Insassen eine Problematik im Hinblick auf den Konsum von Drogen und/oder Alkohol.[69] Eine Therapie findet in aller Regel in der Haft nicht statt.[70]

Als hätte er meine Gedanken geahnt, begann Ronnie mit den Worten: „Tschuldigung, bin etwas spät, ich musste noch oene raucher. Bin schon n bisserl nervös. Wollte das Rauchen ja aufgeben, hatte schonmal Verdacht auf Lungerkrebs. Hob' i a geschafft, hob' fast n Jahr lang draußn nix graucht, aber hier drin wieder angfanger. Der Stress hier drin mocht mi fertig." Er lächelte etwas verlegen, und mehrere Zahnlücken gaben seinem Gesicht auch etwas Jungenhaftes.

Ronnie war vor seiner Haft als Gehilfe eines Friedhofsgärtners tätig gewesen, und wahrscheinlich wäre ich in keinem anderen Kontext mit ihm ins Gespräch gekommen als in diesem: im Gefängnis. Seine Frau arbeitete halbtags als Reinigungskraft und kümmerte sich ansonsten um die Kinder der beiden. Sie hatten einen fünfzehnjährigen Sohn und eine achtjährige Tochter. Ich wurde von ihr beauftragt, mich dafür einzusetzen, dass ihr Ronnie Ausgang und Urlaub aus der Haft bekam, und vor allem in den offenen Vollzug verlegt wurde, von wo aus er wieder seiner Arbeit nachgehen könnte.

Der Strafvollzug in geschlossenen Anstalten kann gelockert werden. Das bedeutet, dass Gefangene für einige Stunden oder Tage die Anstalt verlassen dürfen. Auch gibt es den sogenannten offenen Vollzug, bei dem die Gefangenen in der Regel in Einrichtungen außerhalb des eigentlichen „Gefängnisses" untergebracht sind und dort mehr Bewegungsfreiheit haben. Meist dürfen die Gefangenen von dort aus tagsüber bei privaten Arbeitgebern arbeiten und müssen nur abends in die Einrichtung zurück. Die Gewährung von solchen Lockerungen liegt im Ermessen der jeweiligen Vollzugsanstalt, die einschätzen muss, ob die Gefahr besteht, dass der Betreffende flieht oder während der Lockerungen Straftaten begeht. Da eine solche Gefahr schwer eingeschätzt werden kann, und Gefängnisse in der öffentlichen Wahrnehmung vor allem auch daran gemessen werden, dass kein Gefangener flieht oder während der Haft die Allgemeinheit durch weitere Straftaten gefährdet, liegt es in der Natur der Sache, dass solche Lockerungen nur sehr zurückhaltend gewährt werden. Im Bundesdurchschnitt waren 2022 nach einer aktuellen Journalistenanfrage 14,2 Prozent der Inhaftierten im offenen Vollzug untergebracht. Große Unterschiede gibt es dabei zwischen den Bundesländern. Spitzenreiter war nach dieser Anfrage Nordrhein-Westfalen mit 28,7 Prozent, Schlusslicht Hessen mit 1,6 Prozent.[71] Dabei spielte wohl auch die Corona-Situation eine Rolle, sodass es in „normalen" Zeiten zumindest einige Prozentpunkte mehr sein dürften.

Fast alle Gefangenen streben Lockerungen an, die dann von der Anstalt geprüft und meist abgelehnt werden. Neben einer vorzeitigen Entlassung sind daher Lockerungen das große Thema der Inhaftierten, und ein häufiger Grund dafür, sich an Anwälte wie mich zu wenden.

Eigentlich sind Aufträge wie dieser also mein tägliches Brot. Die Frau war jedoch das Opfer der Straftaten meines Mandanten. Sie war es, die er offenbar mehrfach brutal verprügelt hatte.

Zwischenmenschliche Gewalt

Gewalt ist aus der menschlichen Existenz nicht wegzudenken. Zum einen brauchen und brauchten wir sie, um uns vor (anderen) Tieren zu schützen, und um diese zur Nahrungsgewinnung zu jagen und zu töten. Auch zwischenmenschlich gibt es ein erhebliches Maß an Gewalt bzw. den damit nicht deckungsgleichen, aber oft zusammenhängenden Aggressionen. Ein Preis des Zusammenlebens in Gruppen ist die Konkurrenz um begrenzte Ressourcen wie z. B. Paarungspartner.[72] Zudem steht jede Gruppe auch in Konkurrenz zu anderen Gruppen. Ein Mindestmaß an Gewalt- und Aggressionsfähigkeit brauchte daher grundsätzlich jedes Individuum, um sich verteidigen zu können und um die eigenen Interessen behaupten zu können.

Der Sozialpsychologe Steven Pinker bezeichnet unsere Geschichte als „eine lange Orgie des Blutvergießens".[73] Allerdings hat die Ausübung körperlicher Gewalt im Laufe der Menschheitsgeschichte deutlich abgenommen. Die Gewalt wurde im Laufe der Entwicklung gesellschaftlich „eingehegt".[74] Im Mittelalter starben noch bis zu 12 Prozent der Bevölkerung eines gewaltsamen Todes in Europa und Asien, in den letzten 100 Jahren weltweit nur 1,3 Prozent (inkl. zweier Weltkriege). Auch die Zahl der Hassverbrechen, der Vergewaltigungen oder Kindesmisshandlungen ging zurück.[75]

Ganz verschwunden ist die zwischenmenschliche Gewalt damit offensichtlich noch lange nicht. Das zeigt nicht nur Ronnies Fall, der sich diesbezüglich in schlechter Gesellschaft befindet. Nach dem Lagebild des Innenministeriums zur „Häuslichen Gewalt" lag die Zahl der registrierten Opfer im Jahr 2022 bei 240.547.[76]

Viel hatte mir Ronnies Frau nicht über das erzählt, was er ihr angetan hatte. Eher verteidigte sie ihn und gab sich selbst eine Mitschuld. Auch sie hätte ihn oft mit Sachen beworfen und geschlagen. Sie stellte es so dar, als gehöre es eben zu einer Beziehung, zu schlagen und geschlagen zu werden. Konflikte gäbe es doch überall. Vielleicht redete sie sich das auch schön, oder wurde von Ronnie oder ihren Angehörigen emotional unter Druck gesetzt.

Die Nachbarn, auf deren Anzeige hin das Strafverfahren gegen ihren Mann eingeleitet worden war, sollten sich lieber um ihre eigenen Probleme kümmern. Außer zu trinken, würden diese den ganzen Tag nämlich nichts tun und auf Kosten der Allgemeinheit leben. Sie verstand jedenfalls überhaupt nicht, warum ihr Mann überhaupt in Haft genommen worden ist, und noch weniger, warum er jetzt, nach fast zwei Jahren, immer noch nicht wieder nach Hause durfte. Noch nicht einmal für ein paar Stunden.

Sein Gehalt fehlte. Die geringen Einnahmen seiner Frau mussten mit Sozialhilfe aufgestockt werden, was ihr sehr peinlich war. Die Familie war vorher schon alles andere als gut situiert, nun jedoch drohte sie völlig abzustürzen. Offenbar hatte die Frau einigen Stolz aus der Tatsache geschöpft, dass sie, anders als viele um sie herum, ihr Geld selbst verdienten. Nun waren sie durch die Inhaftierung des Ehemanns auf der sozialen Leiter ganz nach unten gerutscht.

Der Sohn war in der Pubertät, seine Mutter mit ihm völlig überfordert. Ein oft betrunkener Mann war ihr lieber als der nun dauerhaft abwesende. Offenbar selbst dann, wenn er sie auch manchmal schlug. Vielleicht hoffte sie auch, dass Ronnie der Knast eine Lehre war, oder sie nahm die Verletzungen in dem Glauben in Kauf, dass sie und vor allem ihre Kinder Ronnie unbedingt bräuchten. Die Tochter begann, zunehmend Verhaltensauffälligkeiten zu entwickeln, und musste teilweise stationär in einer Jugendpsychiatrie aufgenommen werden.

Moralisches Dilemma

Als Rechtsanwalt befindet man sich nicht selten in einem moralischen Dilemma, das womöglich dem mancher Straftäter nicht so unähnlich ist. Man will bzw. muss Geld verdienen oder erhalten, und versucht dann, dies so zu begründen, dass man es vor sich selbst rechtfertigen kann.

So wird manches Geld, mit dem das anwaltliche Honorar beglichen wird, nicht unbedingt rechtschaffen erwirtschaftet worden sein. Zu denken ist hier beispielsweise an Mandanten, die in großem Stil mit Drogen gehandelt haben. Eine dunkle Ahnung der Tatsache, dass das eigene Honorar mit dem Gewinn aus diesen Geschäften beglichen wird, macht es jedoch nicht illegal, das Geld dennoch dankbar in Empfang zu nehmen. Auch Drogenhändler müssen, so kann man es sich zurechtlegen, in einem Rechtsstaat Anspruch auf eine ordentliche Verteidigung haben. Z.B. „kleine" Schwarzfahrer können sich allerdings überhaupt keinen Anwalt leisten.

Hier stand ich jedoch vor einem Dilemma anderer Art: Sollte ich mich tatsächlich dafür einsetzen, dass mein Mandant die Anstalt regelmäßig verlassen darf, um dann vielleicht wieder seine Frau zu schlagen, die mich auch noch dafür bezahlte? Zwar konnte ich als Anwalt nicht über Lockerungen seines Vollzuges entscheiden, aber solch eine Entscheidung zumindest mit beeinflussen. Noch etwas zugespitzter hatte sich mir dieses Problem einmal bei der Frage gestellt, ob ein wegen mehrerer Frauenmorde Inhaftierter unüberwachten Intimbesuch von Frauen erhalten durfte, auch wenn diese Frauen wussten, weshalb er inhaftiert war.

Bei Ronnie war ich jedoch überzeugt, dass eine noch längere Haft nichts zum Besseren, sondern einiges zum Schlechteren verändern würde. Das Umfeld im Gefängnis war alles andere als dazu geeignet, ihm begreiflich zu machen, dass Gewalt grundsätzlich ein Tabu ist. Aggressionen und Gewalt entladen sich zudem häufig infolge äußeren Drucks oder Stress. Mit zunehmender Inhaftierung würden u. a. die finanziellen Probleme der Familie immer größer werden, was absolut kontraproduktiv war.

Armut ist eine Ausgrenzungserfahrung. Ausgrenzung bedeutet Schmerz[77] und ist daher Nährboden für Gewalt.[78] Vor allem gilt dies für Armut im Angesicht (das in Zeiten des Internets und der sozialen Netzwerke allgegenwärtig ist) des Wohlstands anderer.[79]

Je länger Ronnies Haft dauern würde, desto stärker würde er sich zudem von unserer Gesellschaft an sich ausgeschlossen fühlen. Der Psychiater und Autor Joachim Bauer bezeichnet die fehlende Zugehörigkeit zu einer Gruppe und die Zurückweisung durch andere Menschen als die stärksten und wichtigsten Aggressionsauslöser.[80] Der Ausschluss aus der Gruppe der Artgenossen bedeutete über Millionen von Jahren das Todesurteil.[81] Das steckt immer noch in unseren Genen. Gleichzeitig ist dies ein Teil der Erklärung der Parallel- oder Subkultur, die in den Gefängnissen blüht. Zu irgendeiner Gruppe will oder muss fast jeder Mensch gehören, und wenn die „freie Gesellschaft" einen ausschließt, muss man sich „seine" Gruppe eben bei den Mitinhaftierten und anderen Straffälligen suchen.

Diese negativen Effekte waren auch in Ronnies Fall zu berücksichtigen. Soziale Zurückweisung kann zu vermehrt aggressivem Verhalten auch gegenüber Personen führen, die mit der Zurückweisung gar nichts zu tun haben.[82] Das wären bei Ronnie sicher seine Frau, vielleicht auch seine Kinder. Außerdem war seine Frau erwachsen, und auch sonst war kein Grund ersichtlich, sie in ihrer Eigenverantwortung zu beschränken.

Ich entschloss mich, meine Bedenken offen auszusprechen. „Wenn Sie jetzt für eine paar Stunden oder Tage nach Hause kommen, wäre dann die Gefahr nicht sehr groß, dass, sagen wir mal, die Situation wieder eskaliert?" Das Wort „eskaliert" verstand er offenbar nicht. „Na ja, dass Sie Ihre Frau wieder schlagen." Er schüttelte den Kopf.

„Wir hom halt manchmal grauft, wenn se sich wieder so aufgeführt hat. Die Kinder schlog i ja a, weil i sie mog. Alle hier sagn das ist doch normal, deshalb kann man doch nicht in den Knast kommen." Er lachte. „So viel Knäste könnts gar net baun, wenn jeder wegn sowas ..." Damit hatte Ronnie leider nicht ganz Unrecht. Das Dunkelfeld in diesem Bereich ist extrem hoch. Die Opferschutzorganisation „Weisser Ring" etwa geht bei häuslicher Gewalt davon aus, dass mindestens 80 Prozent dieser Gewalt nicht aufgedeckt wird.[83]

Bei Ronnie und nicht wenigen anderen[84] ist es auch leider immer noch nicht angekommen, dass man Kinder nicht (mehr) zur Erziehung schlagen oder ihnen sonst Gewalt zufügen darf. So heißt es in § 1631 Abs. 2 des Bürgerlichen Gesetzbuches: „Das Kind hat ein Recht auf Pflege und Erziehung unter Ausschluss von Gewalt, körperlichen Bestrafungen, seelischen Verletzungen und anderen entwürdigenden Maßnahmen."

Folgen der Sozialisierung

Ronnie hat es allerdings selbst nicht anders gelernt. „Wos moanerns, wie mei Vater mi gschlogn hat, wenn i net gespurt hab. Aber so was von, mei lieber Mann ..."

Derartige Sozialisierungserfahrungen über Eltern, peers oder Schule sind mögliche Mitursachen für das aggressive Verhalten von Individuen.[85] Insbesondere der familiäre Hintergrund ist oft mitbestimmend für eine spätere Gewaltneigung.

Ronnie redete sich langsam in Rage. „Außerdem, hier san ganz andre, der eine hod sei kind vergewaltigt, der andre den Polizisten derschossa, den kennens vielleicht. ..." Ich erlebe es bei vielen Straffälligen, dass es dann, wenn es um ihre Straftaten geht, auffallend schwammig wird. Auch die Neigung, eigenes Fehlverhalten zu rechtfertigen oder zu bagatellisieren, und auf andere zu zeigen, die (noch) Schlimmeres getan haben, nehme ich oft wahr. Allerdings nicht nur bei Straftätern, sondern auch (sicher nur zu einem Bruchteil ihrer tatsächlichen Ausprägung) bei mir selbst und bei anderen, nicht straffälligen Menschen.

In Haft wird dieses Problem verstärkt durch die eigene Kultur, die in den Haftanstalten entsteht und durch diese gefördert wird. Die Vorbilder unter den anderen Straffälligen sind oft nicht die besten. Die Werte und

Normen, die in dieser Kultur vertreten und gelebt werden, sind nicht selten Normen, die nicht mit dem übereinstimmen, was gesamtgesellschaftlich als richtig oder falsch angesehen wird (wie etwa familiäre Gewalt). Ronnies Verhalten im Vollzug war gut. Er hatte nur eine Disziplinarmaßnahme in Form einer Einkaufssperre bekommen. Das bedeutet, dass er einen Monat lang keine „Luxusartikel" wie Kaffee, Süßigkeiten und Zigaretten kaufen durfte. Er musste sich diese Dinge bei Mitgefangenen leihen und mit Zinsen zurückgeben. Oft kam es so zu Konflikten, aber es half alles nichts. Zur Förderung der Disziplin in den Anstalten gelten solche anstaltsinternen „Strafen", die Disziplinarmaßnahmen, als unabdingbar. Die schwerste davon ist der Arrest. Das heißt Absonderung von anderen Inhaftierten in einem Raum ohne Fernseher und eigene Gegenstände wie Bücher für bis zu vier Wochen.

Ronnie hatte in einem Warteraum trotz Verbotes geraucht. Das war sein einziger Verstoß gegen die Anstaltsordnung in zwei Jahren gewesen, sodass sein Verhalten in Haft jedenfalls nicht gegen die ins Auge gefassten Lockerungen sprach. Therapeutische Maßnahmen wurden Ronnie in der Haft nicht angeboten. Für das Antigewalttraining bestand eine zu lange Warteliste. Ich stellte daher für Ronnie den Antrag auf Lockerungen des Vollzuges. Auch wenn die JVA diesen genehmigen wollte, würde das allerdings sehr lange dauern. Da Ronnie Gewalttäter war, musste dazu ein psychiatrisches Prognosegutachten zu der Frage eingeholt werden, ob Ronnie ein zeitweiliges Verlassen der Anstalt zu Straftaten oder einer Flucht nutzen könnte. Dass er ein Jahr später ohnehin in völlige Freiheit entlassen werden musste, spielt dabei keine Rolle.

Dann jedoch überschlugen sich die Ereignisse. Ronnies 15-jähriger Sohn hatte die Bankkarte seiner Mutter gestohlen, alles Ersparte abgehoben, und ist von zu Hause abgehauen. Sie hatte kein Geld und keine Nerven mehr dazu, sich um ihren inhaftierten Mann zu kümmern und ihm einen Anwalt zu bezahlen.

Dem staatlichen Strafanspruch gegenüber Ronnie wurde genüge getan. Die bestehenden Probleme wurden damit offenbar jedoch nicht gelöst, sondern eher verschärft.

Anna – Täterin oder Opfer?

Ich konnte während unseres Gespräches nicht umhin darüber nachzudenken, wie sie wohl aussehen und sich verhalten würde, wenn ihr Leben auch nur einigermaßen normal verlaufen wäre. Wobei das eigentlich ein ziemlich abschätziger Gedanke war. Sie hatte aber, das stand fest, weit mehr durchmachen müssen als viele andere.

Auf mich wirkte sie körperlich und psychisch ausgezehrt, wie eine Rentnerin nach einem harten Arbeitsleben. Dabei war sie erst Mitte 30. Ihr schon grau werdendes Haar war lieblos blond gefärbt.

Schon nach einigen Minuten unseres ersten Gesprächs merkte ich, dass ihr Männerbild, offenbar unveränderbar, schlechter kaum sein konnte. Männer waren schwach und bösartig. Von ihnen war nichts Gutes zu erwarten. Mit Ausnahme ihres Geldes. Angesichts dessen, was sie bereits erlebt hatte, konnte ich es ihr nicht verdenken. Auch mir gegenüber signalisierte sie deutlich ihre Verachtung. „Guten Tag, Frau …" Schroff unterbrach sie mich. „Sparen Sie sich diese Floskeln. Nennen Sie mich Anna. Jeder nennt mich so." Ich wusste aus der Akte, dass ihr Vorname eigentlich anders lautete, aber tat ihr den Gefallen. Sie redete gleich weiter: „Anwälte machen für Geld ja alles. Eigentlich seid's ihr auch nicht besser als Prostituierte. Sie brauchen sich keine große Mühe zu geben, mir zu erzählen, was sie alles für mich erreichen werden. Ich weiß ja, wie das läuft. Ein paar Tausender im Voraus, und am Ende macht es null Unterschied." Sie lachte verächtlich. „Ich hab' ohnehin nix. Zwei Euro siebzig sind auf meinem Konto." Ich empfand sie einerseits als extrem misstrauisch. Andererseits wirkte sie nicht völlig verschlossen, zynisch oder „kalt".

Bei manchen psychopathisch veranlagten Straftäterinnen und Straftätern spürt man richtig, wie sie das Gegenüber scannen und sich dabei überlegen, wie es sich am besten für die eigenen Zwecke manipulieren lässt. Beispielsweise hatte mich einmal eine inhaftierte Mandantin gebeten, ihr Arzneimittel von draußen mitzubringen, die ihr der Anstaltsarzt aus purer Boshaftigkeit nicht verschreiben würde. Ihre Zellengenossin hätte ihr zwar erzählt, dass ich ein „Luschi ohne Eier" sei, und kein richtiger Anwalt, der sich wirklich für die Inhaftierten einsetze, sie wolle es aber dennoch nicht versäumt haben, mich zu fragen. Natürlich spreche es sich in den Anstalten herum, wer etwas für die Gefangenen tut. Diese Anwälte bekämen dann auch die lukrativen Aufträge. Selbstredend bin ich darauf nicht eingegangen.

Bei stark narzisstisch geprägten Persönlichkeiten bleibt einem manchmal der Mund vor Staunen offen, wenn sie erzählen, wie sie die Welt oder einzelne Vorkommnisse wahrnehmen. So hat mir eine Gefangene, die u. a. wegen der Beauftragung der Ermordung ihres Bruders (und potenziellen Miterben) in Haft war, berichtet, der Anstaltspsychologe hätte sich in sie verliebt, und mache ihr immer wieder unzweideutige Avancen. Sie wollte von mir wissen, wie sie damit umgehen solle. Auf meine Frage, was der Psychologe konkret gesagt oder getan hätte, schilderte sie mir unter anderem, wie sie von ihrem Haftraumfenster beobachtet hätte, wie er über den Innenhof gegangen sei. Dabei hätte er verstohlen einen Blick in Richtung ihres Haftraums geworfen. Mehr war da nicht.

Anna jedoch war, jedenfalls scheinbar, trotz ihres Misstrauens und ihres sehr negativ geprägten Männerbildes nicht bereit oder fähig, sich vollständig aus einer gemeinsamen Realität zu verabschieden. Ihre Sehnsucht nach vertrauensvollen Beziehungen zu anderen Menschen schimmerte durch, auch wenn sie sich alle Mühe gab, sie zu verbergen.

Ihr Misstrauen Anwälten gegenüber teilt sie mit der großen Mehrheit der Inhaftierten. Ich bin bisher kaum einem begegnet, der nicht auf Anwälte geschimpft hätte. Oft ist derjenige, der sie in der Hauptverhandlung vertreten hat, schuld, dass er nun in Haft, oder zu lange in Haft ist. Tatsächlich wird allerdings die Anwältin oder der Anwalt in der Regel dafür überhaupt nichts können. Aber es gehört mit zum Berufsbild, im Zweifel der Buhmann oder die Buhfrau zu sein. Dafür kann man gelegentlich die Lorbeeren ernten, wenn das Gericht zugunsten von Mandanten entschieden hat, auch wenn diese Entscheidung vielleicht mit dem eigenen Wirken nicht viel zu tun hatte. Ein Dauerproblem sind die Anwaltshonorare, die aber zwischen Anna und mir keine große Rolle spielen würden.

„Ich bin Ihnen aber, auf Ihren Antrag hin, als Pflichtverteidiger beigeordnet worden. Sie müssen mir also nichts bezahlen. Wie sind Sie überhaupt auf mich gekommen?" „Ich habe gelesen, dass Sie Gefängnisse kritisch sehen, und ich hab' keine Lust mehr, hier noch ewig zu verbringen. Was soll das denn bringen?"

Anna verbüßte eine Haftstrafe von zwei Jahren wegen einiger kleinerer Drogen- und Eigentumsdelikte. Damit ist sie in Haft nicht die einzige. Insgesamt hat die Polizei im Jahr 2022 rund 340.000 Rauschgiftdelikte registriert.[86] Ein guter Anteil der Inhaftierten verbüßt Haftstrafen auch infolge von BTM-Delikten. Beispielsweise in Baden-Württemberg waren das zum Stichtag 31. März 2021 fast 20 Prozent.[87]

Eine von ihnen war Anna. Sie hatte als Prostituierte auf dem Straßenstrich gearbeitet und war seit ihrer Jugend u. a. heroinabhängig. Hier in Haft wurde sie substituiert. Dennoch konsumierte sie, wenn sie es psychisch anders nicht mehr aushielt, auch andere Drogen. „Wenn es mir richtig dreckig geht, werf' ich alles ein, was geht. Sie glauben nicht, wie schlimm das sonst ist." Eine andere Methode, mit diesen unerträglichen Zuständen umzugehen, war für sie das „Ritzen". Ihre Arme waren über und über vernarbt. In Freiheit hatte sie sich tiefe Schnitte mit Rasiermessern zugefügt. Sie erzählte mir, dass sie sich in Haft z. B. mit dem brennenden Feuerzeug nur noch an nicht sofort sichtbaren Stellen verletzte, da sie ansonsten wegen mutmaßlicher Selbstmordgefahr in die „Gummizelle" verbracht werde, vor der sie panische Angst hatte.

Ich war ihr nun als Pflichtverteidiger beigeordnet worden, weil sie ein neues Strafverfahren am Hals hatte. Bei ihr waren größere Mengen Spice, einer Droge aus synthetischen Cannabinoiden sowie verschiedenen getrockneten Pflanzenteilen gefunden worden.

Sozialstaubsauger Gefängnis

Es dauerte fast ein Jahr, bis die Ladung des Gerichts zum Hauptverhandlungstermin kam. In dieser Zeit hatten wir immer wieder per Skype und Telefon Kontakt. Ein wenig taute sie auf und fasste etwas Vertrauen. Auch aus ihrer Akte erfuhr ich einiges über ihre Biografie. Sie kam aus einer sogenannten guten Familie. Ihr Vater war höherer Verwaltungsbeamter, ihre Mutter Lehrerin. Hinter den Kulissen aber war es alles andere als gut. Anna wurde von ihrem vier Jahre älteren Bruder sexuell missbraucht, seit sie sieben oder acht Jahre alt war. Sie hat dies wohl ihren Eltern auch erzählt, die zwar den Bruder immer wieder bestraften, aber hauptsächlich darüber besorgt waren, dass nichts nach außen drang. In der Schule schwänzte Anna häufig und machte andere Probleme. Den Ursachen ging jedoch niemand wirklich auf den Grund. Mit 14 oder 15 Jahren lief sie von zu Hause weg, prostituierte sich und nahm Drogen. Es ging für sie immer weiter bergab. Als sie verhaftet worden ist, war sie sogar obdachlos.

Obdachlose sind generell die am stärksten überrepräsentierte Gruppe im Strafvollzug.[88] Im ersten Wohnungslosenbericht der Bundesregierung von 2022 wird von 262.000 Wohnungslosen, darunter 38.500 Obdachlosen ausgegangen. D.h., etwa 0,3 Prozent der deutschen Bevölkerung sind wohnungslos. Dagegen waren nach Erkenntnissen des Autors Klaus Jünschke[89] im Herbst 2022 etwa 12 Prozent der Strafgefangenen bei Antritt der Haft ohne festen Wohnsitz. In aller Regel sind es Menschen, die schon viel Übles in ihrem Leben durchmachen mussten.

Klaus Jünschke[90] hat mit Inhaftierten gesprochen, die vor der Haft wohnungslos waren. Thorsten hat ihm berichtet:

> „Ich bin bei meiner Oma groß geworden, also bis zum fünften Lebensjahr mindestens war ich bei meiner Oma, die nachher aber zu alt wurde, um mich weiter halten zu können. Und dann musste ich leider zu meinem Vater, der mich dann doch mehr verdroschen hat, wie ich zu essen bekam. Bis das Jugendamt dann eingeschaltet worden ist, weil die Klassenlehrerin bemerkt hat, dass ich mich nicht mehr hinsetzen konnte. … Dann hat man die Striemen gesehen, die mein Vater mir beigebracht hatte. Und, ja, dann bin ich halt ins Heim gekommen, erst nach Bonn, wo ich aber schon mit den Drogen anfing, im Heim selber war es nur Ecstasy und Marihuana und ein bisschen Speed. …"

Der Soziologe Loic Wacquant[91] bezeichnet das Gefängnis als „eine Art Sozialstaubsauger, der den menschlichen Abfall der derzeitigen Transformationen beseitigt und die Schlacke der Marktgesellschaft – die kleinen Gelegenheitsgauner, die Arbeits- und Mittellosen, die Obdachlosen und die Immigranten ohne Papiere, die Drogenabhängigen, Behinderten und psychisch Kranken, die durch die Maschen des ausgeleierten Netzes von Gesundheitswesen und sozialer Sicherheit gefallen sind, sowie die Jugendlichen aus den Unterschichten, die durch die Normalisierung der prekären Lohnarbeit zu einem Leben mit marginalen Jobs und Durchwursteln bestimmt sind – aus dem öffentlichen Raum entfernt ..."

Annas biografischer Hintergrund ähnelt dem vieler Straffälliger, auch wenn ihrer in einer äußerlich heilen Welt spielt.

Der Inhaftierte Kenny Berger[92] schreibt: „Mein Vater ist der letzte Arsch. Er fickt mich, seit ich sieben bin. Die Amsel schreit sich ihre Seele aus den Federn. Ich sterbe, bevor ich sterbe ... Es ist hart, ein Kind zu sein. Nur weg mit den Jahren, ab in die Tonne, Müll zu Müll."

Mit ihrer Familie hatte Anna seit vielen Jahren keinerlei Kontakt mehr. Mit einer Ausnahme: ihre Großmutter mütterlicherseits. Diese besuchte sie zwar nicht in Haft, da sie gesundheitlich schon sehr angeschlagen und auf den Rollator angewiesen war. Die beiden telefonierten jedoch regelmäßig und schrieben sich. Zu dem Zeitpunkt konnte niemand ahnen, welche Folgen diese Schreiben noch haben sollten.

Zum Gerichtstermin wurde Anna von zwei Polizeibeamten vorgeführt, an Händen und Füßen gefesselt. Die Fesseln durften ihr während der Verhandlung abgenommen werden, der Eindruck jedoch, dass dort eine Schwerverbrecherin saß, blieb. Die Staatsanwältin mochte Mitte 20 sein und war als Kind höchstwahrscheinlich, anders als Anna, nicht sexuell missbraucht worden. Jedenfalls war sie noch nie in Haft gewesen und hat mutmaßlich noch kein Gefängnis von innen gesehen. Sie dozierte lang und breit darüber, wie verwerflich es sei, in Haft Drogen zu nehmen oder gar mit Drogen zu handeln. Berauschte Gefangene seien für die Behandlungs- und Resozialisierungsarbeit der JVA nicht erreichbar. Ob Anna sich die Inhaftierung denn nicht als Lehre hätte dienen lassen? Ich spürte, wie Anna zunehmend wütend auf die Staatsanwältin wurde. Wie konnte man nur derart empathielos über andere urteilen?

Oft raten Anwälte ihren Mandanten, vor Gericht möglichst nichts zu sagen, was nicht vorher abgesprochen wurde. Zu groß ist die Gefahr, dass sie sich ohne Not selbst belasten oder etwas sagen, was sich atmosphärisch schlecht auswirkt. Allerdings halte ich es für wichtig, dass die Angeklagten nicht alles passiv über sich ergehen lassen, sondern zumindest auch die Möglichkeit haben, ihre Sicht der Dinge zu schildern.

Einen Maulkorb kann man ohnehin niemandem verpassen. Anna schon gar nicht. Anders als vorher besprochen, wandte sie sich direkt an die Staatsanwältin. „Tschuldigung, wenn ich Sie mal unterbrechen muss. Sie haben doch keine Ahnung, oder? Überhaupt keine Ahnung, wie es im Knast zugeht …" Der Richter ermahnte sie, die Frau Staatsanwältin nicht zu unterbrechen, nicht unverschämt zu werden und sachlich zu bleiben. Anna winkte verächtlich ab, und ihr Blick sagte mir, dass sie innerlich zugemacht hatte. Von da an sprach sie kein Wort mehr. Sie beantwortete auch keine Fragen des Gerichts, und statt des letzten Wortes, das ihr wie jeder Angeklagten zustand, bat sie die Polizisten mit einer Geste, ihr wieder die Hand- und Fußfesseln anzulegen.

Strafe: Mehr als die Haft?

Am Ende bekam sie eine Freiheitsstrafe von acht Monaten. Ich befürchtete, dass sie nun völlig in die anstaltsinterne Subkultur abrutschen und noch mehr Drogen nehmen würde. Eine erfolglose Therapie hatte sie schon hinter sich, eine weitere wollte sie nicht mehr machen. Als sie sich jedoch einige Monate später wieder bei mir meldete, war ich sehr überrascht über den Anlass. Sie hatte in der Zwischenzeit eine Beziehung mit einer einige Jahre älteren Mitgefangenen angefangen, die zum wiederholten Male wegen Betrugs inhaftiert war. Diese hatte sich kurz nach ihrer Entlassung mit gefälschten Schreiben bei Annas Großmutter (deren Adresse sie von den Briefen in Annas Haftraum hatte) als Annas Rechtsanwältin ausgewiesen und von dieser so einige Tausend Euro ergaunert. Nun war sie über alle Berge, und Annas Großmutter hatte den Verdacht, dass Anna mit dieser Frau unter einer Decke steckte. Mir gegenüber versicherte Anna, damit nichts zu tun zu haben. Ich sollte Anzeige gegen ihre Ex-Partnerin erstatten.

Anna ist nur ein Beispiel dafür, warum es nicht sinnvoll ist, Straffällige mit anderen Straffälligen zusammen unterzubringen. Dass der eine vom anderen kriminelles Verhalten lernen kann, ist keine neue Erkenntnis. Die Wahrscheinlichkeit, selbst Opfer von Straftaten zu werden, steigt allerdings auch. Das gehört zu den belastenden Konsequenzen, die eine Freiheitsstrafe mit sich bringt. Gerecht kann das nicht sein.

Herr Ismaz, der Platzwart

Herr Ismaz war der Platzwart. Er sorgte dafür, dass die Tennisplätze in einwandfreiem Zustand waren und zog auch mal nach dem Training den Platz ab, wenn die Jugendlichen zu faul dazu waren. Herr Ismaz konnte wenig deutsch und sprach ohnehin nicht viel. Er grüßte immer freundlich, war aber etwas undurchsichtig. Einerseits wirkte er im Kreis der „Reichen und Schönen" etwas deplatziert, andererseits musste eben einer dafür sorgen, dass die Plätze bespielbar waren.

Es fing damit an, dass Herr Ismaz immer wieder Geld aus den Umkleidekabinen stahl. Es war unauffällig, wenn er sich dort aufhielt, da er auch für Reparaturen und Instandhaltung zuständig war. So konnte er, wenn gerade niemand anders anwesend war, in Ruhe die dort deponierten Taschen und Kleidungsstücke durchsuchen.

Zudem hatte er in der Umkleidekabine der Damen versteckte Kameras installiert. Das schlimmste aber war, als herauskam, dass Herr Ismaz kleine Mädchen missbrauchte. Meist tat er dies in der Dusche der Umkleideräume. Einmal pro Woche gab es ein sogenanntes „Schnuppertraining für Kinder", das im Verein alle verächtlich Sozialtraining nannten. Daran konnten gegen einen geringen Unkostenbeitrag auch Kinder von Familien teilnehmen, die sich die Mitgliedschaft in diesem Club nicht leisten könnten. Herr Ismaz pickte sich aus diesen Gruppen immer wieder Opfer heraus. Er musste noch nicht einmal Gewalt anwenden. Einem Mädchen erzählte er, er sei Manager und Trainer, sie könne weltberühmt und Millionärin werden, wenn er sie unter seine Fittiche nehmen würde. Dann könne sie ihren Eltern ein Haus kaufen. Voraussetzung für einen Tennisprofi sei allerdings, dass man lerne, seinen Ekel und seine Angst zu überwinden. Das musste sie mit ihm unter der Dusche unter Beweis stellen.

Benjamins Vater, der ursprünglich aus dem Libanon kam, hatte in Deutschland eine Malerfirma mit mehreren Angestellten aufgebaut. Zusammen mit Benjamins Mutter, einer gebürtigen Deutschen, hatte er drei Kinder. Benjamin, das jüngste der Kinder, ging aufs Gymnasium, wo er gute Noten erzielte. Er war bei Eltern und Mitschülern beliebt und machte, wie man so zu sagen pflegt, keine Probleme. Auch wenn sein Vater nicht viel Zeit für ihn hatte, da er sprichwörtlich Tag und Nacht arbeitete, war er ein lebensfroher Jugendlicher. Seine Mutter kümmerte sich sehr um ihn. In seiner Freizeit spielte er leidenschaftlich gerne Tennis und unternahm auch sonst viel mit seinen Tennisfreunden.

Seine Mannschaftskameraden, alle zwischen 15 und 18 Jahren alt, kamen aus sehr wohlsituierten Familien. Der Sohn des Vereinspräsidenten war der Mannschaftsführer von Benjamins Team. Der Tennisverein galt als eine der besten Adressen der Stadt.

Benjamins Eltern waren nicht arm, hatten aber bei Weitem weniger Vermögen als die Eltern seiner Freunde, die meist schon Häuser, Grundstücke und viel Geld von ihren Eltern und Großeltern geerbt hatten. Benjamins Vater musste sich alles selbst erarbeiten und davon seine fünfköpfige Familie ernähren. Ein wenig war Benjamin neidisch auf die anderen. Einmal flogen seine Freunde zum Wimbledon-Turnier, um dort ein paar Tage den besten Spielern der Welt zuzuschauen. Benjamin konnte sich eine solche Reise nicht leisten. Aber er wollte unbedingt dazugehören.

Selbstjustiz

Niemand wagte es, Herrn Ismaz bei der Polizei anzuzeigen. Herr Ismaz war das geistig etwas zurückgebliebene Mitglied einer irakischen Großfamilie, die einer brutalen Mafiaorganisation mit Kontakten in höchste Justizkreise vorstand. Wer ihn anzeigte, den würde der Clan von Herrn Ismaz ohne Zweifel töten. Eine anonyme Anzeige hätte ohnehin nichts gebracht.

Benjamin und seine Mannschaftskollegen entschlossen sich daher, die Sache selbst in die Hand zu nehmen. Sie wollten Herrn Ismaz eine Abreibung verpassen, und es ihm ein für alle Mal austreiben, sich an Kindern zu vergehen. Es sollte aussehen wie die Racheaktion einiger Väter der missbrauchten Mädchen.

Der ganze Verein wusste, dass Herr Ismaz abends immer noch ein paar Bier im Geräteschuppen trank, bevor er nach Hause ging. An diesem Abend im Winter war es bereits stockdunkel. Das Restaurant des Tennisvereins hatte seinen Ruhetag, und außer den Spielern auf den drei Hallenplätzen war niemand mehr auf der Anlage.

Mit Sturmhauben vermummt fielen Benjamin und seine Freunde, nachdem sie sich vorher Mut angetrunken hatten, über Herrn Ismaz her. Einer hatte sogar einen Baseballschläger dabei. Sie schlugen brutal auf Herrn Ismaz ein, und ließen ihn fast bewusstlos, mit einem blutenden Gesicht und einem Zettel zurück: „Hände weg von unseren Frauen und Kindern". Kurze Zeit darauf kam zufällig einer der Spieler aus der Halle, der Herrn Ismaz etwas fragen wollte. Er verständigte sofort die Polizei und den Notarzt. Es dauerte allerdings nicht lange, bis die Polizei Benjamin und seine Mannschaftskameraden als Tatverdächtige ermittelt hatte. Herr Ismaz hatte sie alle oft genug beim Tennis beobachtet und aufgrund ihrer Figuren trotz Dunkelheit und Maskierung erkannt.

Wenn Sie das alles lesen, haben Sie dann Mitgefühl mit Herrn Ismaz? Welche Strafe hielten Sie für Benjamin und seine Kameraden für angemessen?

Das Gericht verurteilte sie wegen schwerer und gefährlicher Körperverletzung zu Haftstrafen zwischen drei und vier Jahren. Benjamin und seine Mittäter waren zur Tatzeit höchstens 17 Jahre alt. Für Jugendliche ist die höchstmögliche Freiheitsstrafe zehn Jahre. Heranwachsende zwischen 18 und 21 können höchstens zu 15 Jahren verurteilt werden.

Herr Ismaz konnte nach mehreren Operationen wieder aus dem Krankenhaus entlassen werden. Ein Auge würde durch die brutalen Schläge weitgehend blind bleiben. Schlimm waren jedoch vor allem seine psychischen Langzeitfolgen. Herr Ismaz litt an massiven Panikattacken und Depressionen. Er war sehr lange nicht mehr arbeitsfähig. Mit ihm litten seine Frau und ihre gemeinsamen Töchter, die noch zur Schule gingen.

Das wäre alles bereits schlimm genug, wenn nicht ein weiterer, vielleicht auch entscheidender Umstand hinzukäme: Die ganze Geschichte über Herrn Ismaz stimmte von vorn bis hinten nicht. Er hatte weder Geld aus der Umkleidekabine gestohlen, noch dort versteckte Kameras installiert. Und schon gar nicht hatte er Kinder sexuell missbraucht. Herr Ismaz war auch nicht Teil eines kriminellen Familienclans. Er war aus dem Irak als junger Mann geflüchtet, weil sein Vater dort aus politischen Gründen ermordet worden war und auch er selbst in großer Gefahr war. Er hatte in Deutschland etwas innerliche Stabilität gefunden, die nun zerstört war.

Tödlicher Irrtum

Benjamin und seine Mannschaftskameraden waren durch den Sohn des Club-Präsidenten über Monate gegen Herrn Ismaz aufgehetzt worden. Der Sohn des Präsidenten hatte vor Gericht zu Protokoll gegeben, dass ihm einfach langweilig gewesen sei. Benjamins Vater sagte sich nach der Verurteilung des Sohnes von ihm los. Benjamin erzählte mir, dass für seinen Vater weniger der Überfall auf Herrn Ismaz das Problem gewesen sei, sondern eher die Tatsache, dass er so dumm gewesen sein konnte, sich von seinem Mannschaftsführer derart täuschen zu lassen. Jedes Kind hätte erkennen müssen, dass die ganze Geschichte über Herrn Ismaz Unsinn sein musste. Nur noch seine Mutter hielt weiter zu Benjamin.

Die Literatur ist voll von Frauen, die meist Männer mit List und Tücke dazu bringen, etwas „Böses" zu tun. Das Beispiel von Benjamin zeigt, dass es selbstverständlich nicht nur Frauen sind, die durch reine Manipulation eigentlich „gute" Menschen dazu bringen können, Schlechtes zu tun. Wenn man das Böse überhaupt irgendwo verorten wollte[93], dann wohl im Nichtwissen, der Täuschung und der Macht. Es ist bezeichnend, dass der erste Paragraph des Codex Hammurabi[94] nicht den Fall der Tötung eines Menschen erfasst, sondern den Fall der (womöglich falschen) Bezichtigung eines anderen, getötet zu haben, ohne dies beweisen zu können.

Nach Auffassung des Philosophen Jean-Claude Wolf[95] lässt sich der Sündenfall in der hebräischen Bibel so deuten, dass die Menschen erst nach dem Ungehorsam „gut" und „böse" unterscheiden können. Nicht der erste Ungehorsam sei per se böse, sondern der Wille, den ersten Ungehorsam zu vertuschen und nachträglich die Verantwortung auf die Schlange zu schieben. „Tarnen und Beschönigen" ist nach Auffassung von Wolf eine generelle Strategie des Bösen. Ablehnung und Leugnung seien die Leitmotive. Immer seien es andere oder äußere Faktoren, die als eigentlich Ursachen des Bösen bezichtigt würden.

Benjamin verortete die Ursache seiner Straftat nicht bei sich selbst, sondern bei der Täuschung durch seinen Teamkameraden. Dessen Vater war ein sehr reicher und mächtiger Mann mit Hunderten von Angestellten, ihm gehörte eine Möbelhauskette. Der Autor Rutger Bregman[96] bezeichnet Macht als Anästhetikum, das den Betreffenden von anderen abgrenzt. Mächtige Menschen sind egoistischer und rücksichtsloser als der Durchschnitt und hören weniger gut zu. Sie sind schamloser. „Sie erröten nicht".[97] Bregman berichtet dazu von einer aufschlussreichen Studie. Aus drei Teilnehmern an einer Studie wurde ein Anführer ausgelost. Die Teilnehmer mussten dann eine längere Aufgabe lösen, von der sie dachten, dies sei die Studie. Tatsächlich ging es jedoch um etwas anderes. Auf dem Tisch stand ein Teller mit fünf Keksen. Jede der Versuchsgruppen ließ den fünften Keks übrig, den vierten Keks aber aß fast immer der per Los bestimmte Anführer. Zudem stellte sich heraus, dass die Anführer auch nachlässiger zu essen schienen. Sie schmatzten lauter, aßen bei offenem Mund, oder ließen Krümel achtlos auf den Pullover fallen.[98]

Für unser Thema Kriminalität ist dies in mehrfacher Hinsicht von Relevanz. Die Arroganz der Mächtigen kann die Frustration und auch die Wut der Machtlosen schüren. Die Einhaltung von Regeln wird so gerade nicht gefördert. Viele Straffällige fühlen sich zudem im gesamtgesellschaftlichen Kontext ohnmächtig und lassen die so entstehenden Aggressionen dann an Schwächeren aus. Gerade in kriminellen Organisationen geht es den „Köpfen" um das berauschende Gefühl der Macht. Umgekehrt ist es nicht viel anders. Strafen ist Ausdruck von Macht, erhält diese aufrecht und verstärkt sie sogar.

Im Fall des Mannschaftsführers aus Benjamins Tennisteam hat sich die machtgetränkte Abgehobenheit des Vaters offenbar auf den Sohn übertragen, der andere eher als Spielfiguren und weniger als gleichberechtigte Wesen ansah.

Macht stützt sich zum Teil immer auf Manipulation (wie anders könnte man die damit einhergehenden Privilegien sonst vollständig erklären?), die einem umgekehrt Macht verleiht. Im Fall von Benjamin spielt beides eine Rolle. Er glaubte seinem Mannschaftsführer auch deswegen Dinge, die er einem anderen vielleicht nicht geglaubt hätte, weil dieser Teil der angeblichen gesellschaftlichen Elite war. So ließ er sich dazu bringen, etwas zu tun, was er für richtig und notwendig hielt, und niemals getan hätte, wenn er die wahren Hintergründe gekannt hätte.

Sehr bekannt ist das Experiment von Stanley Milgram aus den 1960er Jahren.[99] Milgram wollte damit beweisen, dass die Neigung des Menschen zum Gehorsam vor „Autoritätspersonen" sie dazu verleiten kann, einem hilflosen und nicht bedrohlichen Menschen große Schmerzen zuzufügen, und ihn vielleicht sogar in Lebensgefahr zu bringen. Die Studienteilnehmer, die Lehrer darstellten, wurden in dem Experiment unter Anleitung und Aufsicht eines Studienleiters dazu gebracht, anderen Menschen, den „Schülern", vermeintliche Stromschläge zu verpassen, wenn diese Fragen nicht richtig beantworteten. Eine erschreckend hohe Zahl der Studienteilnehmer ließ sich tatsächlich dazu bewegen, den zum Teil vor Schmerzen schreienden „Schülern" erhebliche Stromstöße zuzufügen. Zum Teil sind diese Ergebnisse sicher auf den durch die Autoritätspersonen ausgeübten Druck zurückzuführen. Zum guten Teil ist es aber auch unserer Anfälligkeit für Manipulationen zuzuschreiben. Die Teilnehmenden waren davon überzeugt, etwas Sinnvolles, Gutes oder Notwendiges zur Förderung der Wissenschaft zu tun. Sie vertrauten auf die Rechtschaffenheit der Studienleiter.[100]

Auch wenn die Geschichte über Herrn Ismaz gestimmt hätte, hätten Benjamin und die anderen das Recht selbstverständlich nicht in die eigene Hand nehmen dürfen. Das Beispiel verdeutlicht auch, warum das so ist. Was vorgefallen ist, und was nicht, muss in einem rechtsstaatlichen Verfahren ermittelt werden. Die Strafen oder anderen Folgen der Tat für den Täter müssen gesetzlich reguliert sein.

Bill und der Teufel

„Sie sind hier zur Wahrheit verpflichtet, sonst machen Sie sich strafbar. Ich frage Sie jetzt zum letzten Mal: Hatten Sie eine Beziehung zu Frau Miller?" Bill, der wie so häufig zu seinem knalligen rosa Hemd einen Anzug trug, bei dem Hose und Jackett nicht zusammenpassten, wurde, so weit es seine fast schwarze Hautfarbe zuließ, blass und sah mich hilfesuchend an. Ich warf einen Blick auf seine Frau, der einzigen Zuschauerin im Saal. Die grell geschminkte resolute Mutter von drei Kindern hatte in der Familie offenkundig das Sagen. Sie schien Bill von hinten mit ihren Blicken durchbohren zu wollen und wirkte wie die eigentliche Richterin des Verfahrens. Bill konnte einem leidtun. Das Gericht und seine Ehefrau hatten ihn in die Zange genommen. Es gab keinen Ausweg. Ich flüsterte ihm zu, was ich ihm schon vorher mehrfach erläutert hatte: „Sie müssen sagen, wie es war. Leider." Als Zeuge musste er, anders als der Angeklagte, aussagen, und dies wahrheitsgemäß. Der Angeklagte durfte schweigen oder lügen.

Es war ein Abend wie jeder andere seit etwa vier Jahren. Er hatte seiner Frau noch geholfen, die Kinder ins Bett zu bringen. Immerhin hatten sie seit einigen Monaten eine kleine Zweizimmerwohnung. In einem Zimmer schliefen die drei Kinder, in dem anderen seine Frau und er. Wie üblich stritten sie noch eine Weile, bevor er sich auf den Weg zum Stadtplatz machte. Dort traf er sich jeden Abend mit einigen Landsmännern, die in der gleichen Situation waren wie er.

Bill stammte aus Nigeria. Er hatte in Deutschland Asyl beantragt, und als dies abgelehnt wurde, dagegen eine Klage bei Gericht eingereicht. Seitdem wartete er auf die mündliche Verhandlung. Fünf Jahre war das nun her. Es frustrierte ihn ungeheuer, dass er nicht arbeiten durfte, obwohl er es regelmäßig bei der Ausländerbehörde beantragte. Er wollte seine Familie ernähren und nicht von Sozialleistungen abhängig sein. Dass es ein Land gab, in dem man nicht arbeiten durfte, obwohl man es wollte und konnte, und obwohl genügend Firmen einen gebraucht und eingestellt hätten, wollte auch nach all der Zeit nicht in seinen Kopf hinein. So ging es auch den anderen, mit denen er sich nun am Stadtplatz traf, um Alkohol zu trinken und vielleicht etwas Cannabis zu rauchen. Nach einigen Flaschen Bier war die Stimmung gut. Doch dann tauchte plötzlich Ayo auf. Ayo war ebenfalls ein Asylbewerber[101] aus Nigeria, und offensichtlich stark betrunken. Wütend ging er Bill an und beschuldigte ihn, mit seiner Freundin geschlafen zu haben. Bill bestritt es, aber alle wussten, dass es stimmte. Letztlich war es auch egal, was Bill sagte. Ayo war gekommen, um so Rache zu nehmen, dass alle es sehen konnten. Blitzschnell zog er ein Messer aus seiner Jackentasche, und stach Bill, der im ersten Moment noch dachte, Ayo hätte ihn lediglich mit der Faust geschlagen, zweimal in den Bauch. Später würde er zu Protokoll geben, dass er damit seine Ehre wiederherstellen musste. Er sei sonst in seiner nigerianischen Community nicht mehr respektiert worden. Zwar war auch Ayo eigentlich mit einer anderen Frau verheiratet, Amara Miller war aber zu dem Zeitpunkt eben seine Geliebte.

Was will das Opfer?

Bill überlebte nach einer Notoperation die Attacke. Nach einigen Wochen wurde er wieder aus dem Krankenhaus entlassen. Rechtzeitig genug, um sich auf den Prozess gegen seinen Täter vorzubereiten. Bill war hin- und hergerissen. Er wollte auf keinen Fall vor Gericht. Eine Mischung aus Angst und Abscheu verband ihn mit Gerichten und Behörden. Auf der anderen Seite wollte er zu seinem Recht kommen. Außerdem war es letztlich nicht eine Frage seines Wollens. Er musste als Zeuge vor Gericht erscheinen und aussagen, ob er wollte oder nicht. Er war das Opfer, der Hauptzeuge, und der Nebenkläger. Für den Verletzten einer Straftat gibt es unter bestimmten Voraussetzungen die Möglichkeit, sich einem Strafver-fahren als Nebenkläger anzuschließen. Als Nebenkläger kann man zum Beispiel Rechtsmittel einlegen, wenn man mit einem Freispruch gegen den Täter nicht einverstanden ist. Zudem kann man einen Anspruch auf Schadensersatz und Schmerzensgeld gegen den Täter geltend machen.

Wenn er schon vor Gericht erscheinen musste, wollte er wenigstens etwas Gestaltungsmöglichkeiten haben, sodass sich Bill dem Verfahren als Nebenkläger anschloss. Ich vertrat ihn in diesem Verfahren. Was Bill in dem Verfahren gegen Ayo, den Täter, erreichen wollte, war allerdings äußerst schwankend. Es hing auch damit zusammen, wie es ihm gerade ging. Nach einem massiven Streit mit seiner Frau und einer aus seiner Sicht unberechtigten Kürzung seiner Asylbewerberleistungen fragte er mich beispielsweise, ob es nicht die Möglichkeit gäbe, die Todesstrafe für Ayo zu beantragen. Auch die Schmerzen durch seine Bauchwunde waren mal mehr und mal weniger schlimm, was wiederum auch Einfluss auf Bills Strafbedürfnis hatte. Eine psychologische Unterstützung zur Verarbeitung des Geschehenen erhielt er nicht. In besseren Phasen war es ihm mehr oder weniger egal, was mit Ayo passierte. Er hatte sogar Verständnis für ihn, da Frau Miller zu dem Zeitpunkt dessen Geliebte war. Zuletzt wollte er zumindest ein Schmerzensgeld von Ayo bekommen.

Vor Gericht entschuldigte sich Ayo. Wenn es die anderen Mitglieder seiner Community nicht mitbekommen hätten, dass Bill eine Affäre mit seiner Geliebten hatte, hätte er es wohl bei einem ernsthaften Gespräch belassen. So aber wäre er in den Augen der anderen kein echter Mann geblieben, wenn er Bill nicht so eine brutale Abreibung verpasst hätte.

Frau Miller konnte als Zeugin nicht mehr befragt werden. Sie war inzwischen wieder nach Nigeria abgeschoben worden. Nun also wurde Bill gefragt, ob es überhaupt stimmte, dass er eine Affäre mit Frau Miller gehabt hatte. Es half alles nichts. Sein „Yes" war leise, aber deutlich. Ich wollte nun nicht in seiner Haut stecken, und traute mich kaum noch, in Richtung seiner Frau zu blicken. Bill erklärte dem Gericht, wie sehr er eigentlich seine Frau liebe. Die jahrelange Unsicherheit darüber, wie es weiterginge, und das Verbot zu arbeiten hätten ihn aber so mürbe gemacht, dass sein Selbstbewusstsein völlig weg gewesen sei. So hätte der Teufel von ihm Besitz ergreifen können, damit er sich mit einer anderen Frau einließ. Genauso deutete er nun den Angriff von Ayo. Der Teufel hätte auch von diesem nur Besitz ergreifen können, da er so geschwächt und als Mann in seinen besten Jahren zur Untätigkeit verdammt worden war.

Während das Gericht noch einige Formalia klärte, flüsterte mir Bill, der offensichtlich sehr erleichtert war, seine Aussage hinter sich zu haben, ins Ohr, was ich in dem abschließenden Plädoyer beantragen sollte. Ich schüttelte den Kopf, aber er blieb hartnäckig. „Please, please, that's all I'm asking for." Während der Staatsanwalt sein Plädoyer hielt, rang ich mit mir, ob ich ernsthaft das beantragen sollte, was er so sehr wünschte. Es war zwar ohne Aussicht auf Erfolg, aber wenn er es unbedingt wollte, konnte es zumindest auch nicht schaden. Ich beantragte daher in meinem Plädoyer für den Nebenkläger, dass dieser aufgrund des Vorfalls zum Ausgleich des ihm zugefügten Unrechts ein dauerhaftes Aufenthaltsrecht in Deutschland bekommen sollte. Da der Angeklagte sich aufrichtig entschuldigt hatte, wünsche sich mein Mandant auch keine harte Strafe für ihn, und verzichte auf die Geltendmachung finanzieller Ansprüche. Verurteilt wurde Ayo letztlich zu einer mehrjährigen Freiheitsstrafe. Die Vorsitzende Richterin war freundlich und verständnisvoll. Nachvollziehbarerweise hatte sie jedoch keine rechtlichen Möglichkeiten, meinem Mandanten das gewünschte Aufenthaltsrecht zu geben.

Das Beispiel zeigt, dass die Bedürfnisse der Opfer von Straftaten höchst individuell sein können, und keineswegs immer durch die Bestrafung des Täters befriedigt werden. Unser Strafrecht hält nur wenige Antworten bereit, um mit dem umzugehen, was dem Opfer angetan wurde. Manchmal kommt es den Geschädigten darauf an, dass dem Täter ein Übel zugefügt wird, manchmal aber eher auch darauf, dass die Justiz zum Ausdruck bringt, wie groß das Unrecht ist, das ihnen angetan worden ist. Diese Differenzierung ist derzeit schwer möglich. Es gibt nur unterschiedliche Härten von Geld- oder Haftstrafen.

Der Täter soll sich in Luft auflösen

Luisa vertrat ich als Zeugenbeistand in einem Verfahren wegen sexuellen Missbrauchs. Sie war im Alter zwischen sechs und zehn Jahren vielfach von ihrem Onkel sexuell missbraucht worden. Das kam erst etwa zehn Jahre später heraus, als sich ein anderes Opfer ihres Onkels offenbarte. Luisa, inzwischen selbst Mutter einer kleinen Tochter, war seit einigen Jahren in intensiver therapeutischer Behandlung. Während eines Aufenthalts in der psychiatrischen Klinik hatte sie den Vater ihres Kindes kennengelernt, der sich nach der Geburt der Tochter von ihr getrennt hatte.

Für Luisa war jeder Tag ein Kampf um etwas Erlösung. Erlösung von ihren Depressionen, ihren Ängsten, ihrem Selbsthass, ihren Zukunftssorgen. Sie war schwer traumatisiert und zitterte schon am Tag vor der Gerichtsverhandlung. Sie wollte das aber unbedingt durchziehen. Das Gericht ermöglichte es uns dann in der Verhandlung, dass der Täter aus dem Saal geführt wurde, und nur per Video ihre Zeugenaussage verfolgen konnte. Luisa wäre zusammengebrochen, wenn sie ihm persönlich gegenübergestanden wäre. Es war ihr egal, welche Strafe er bekäme. Sie wollte, dass sie ihm nie wieder begegnen musste, und dass er so etwas auch anderen nie wieder antun konnte. Auch mit Wut oder Hass ist man in irgendeiner Form auf den anderen bezogen und mit ihm verbunden. Luisa wollte ihren Onkel dagegen am liebsten völlig innerlich „streichen". Ihr ging es also um Sicherheit, nicht um Strafe.

Schuld oder Teufel?

Das individuelle Bedürfnis nach Rache und Vergeltung wird zudem, wie Ayo es deutlich gemacht hat, auch durch die Erwartungen der anderen bzw. dadurch beeinflusst, an welchen Kriterien der soziale Status gemessen wird. Er fühlte sich verpflichtet, Rache zu nehmen, um nicht in seiner Peer-Group unten durch zu sein.

Die schlechte Tat auf den Teufel zu schieben, kommt den meisten von uns heute absurd vor. Nach Ansicht der Päpste Johannes Paul II. und Benedikt XVI. allerdings existiert der Teufel als reale, und nicht nur als symbolische Präsenz.[102] So sieht es auch der aktuelle Papst Franziskus.[103] Nach katholischer Lehre war der Teufel ursprünglich ein guter Engel, der von sich aus böse wurde.[104]

Strafrechtlich und auch nach allgemeinem Verständnis ist die Grundlage der vorwerfbaren Tat die zumindest in gewissem Umfang freie Willensentscheidung des Täters. Das eine ist nicht unbedingt ein Widerspruch zum anderen, da religiöser und juristischer Diskurs unterschiedliche Gegenstände zum Inhalt haben. Beides beruht aber auf Glauben, nicht auf Wissen. Es gibt nicht mehr wissenschaftliche Beweise für die Freiheit des menschlichen Willens als für die Existenz des Teufels.

Und wenn ich mir ansah, wie sich Bill die schlimme Tat erklärte und auch auf die Umstände zurückführte, die sowohl ihn als auch den Täter geschwächt hätten, schien mir dies das Geschehen besser zu erklären als das Konstrukt der freien Willensentscheidung von Ayo. Auch hatte die Verortung der Schuld bei dem Teufel offenbar zur Folge, dass Bill auch eigenes Fehlverhalten als mitursächlich für die Tat anerkennen konnte, und dass er weniger wütend auf Ayo war.

Herr Muhrer hat immer alles richtig gemacht – fast immer

Mir persönlich wurde erst bei Straffälligen richtig deutlich, was alle Menschen und Vorgänge betrifft: Der Mensch und seine Taten sind Anamorphosen. Je nach Blinkwinkel sehen sie mehr oder weniger unterschiedlich aus. In der Kunst handelt es sich bei Anamorphosen um perspektivisch stark verzerrte Bilder, die nur unter bestimmten Bedingungen oder etwa bloß mithilfe eines Spiegels zu sehen sind. Beim Menschen ist damit weniger das optische Erscheinungsbild gemeint, sondern das Wesen der Personen, ihre Motive, Stimmungen und Gedanken. Hinsichtlich des tatsächlichen Geschehens gibt es oft bereits sehr unterschiedliche Darstellungen. Vor allem aber die Deutung des Vorganges hängt sehr von der individuellen Perspektive ab.

Bei Straftaten kann es zwar z. B. das Motiv des Täters sein, entgegen von dem, was er weiß oder denkt, etwas wahrheitswidrig zu bestreiten oder falsch darzustellen. Davon abgesehen haben die Beteiligten oder Anwesenden jedoch die Situation oft subjektiv tatsächlich völlig unterschiedlich erlebt.

Zuerst erzählte mir Frau Muhrer die ganze Geschichte. Ihr Mann, wie sie Ende 60, hatte vor über zehn Jahren ihren 24-jährigen Sohn, seinen Stiefsohn, mit dem Jagdgewehr erschossen. Er wurde deshalb wegen Mordes zu einer lebenslangen Freiheitsstrafe verurteilt.

Dass Täter und Opfer vor der Tat in einer näheren Beziehung standen, ist bei Tötungsdelikten nicht ungewöhnlich. Bei Mord, Totschlag und Tötung auf Verlangen in Deutschland im Jahr 2022 lebten 16,5 Prozent der Täter und Opfer im gemeinsamen Haushalt, und bei 32,2 Prozent bestand eine sonstige räumliche oder soziale Nähe.[105]

Ihr Mann war also nun einer dieser Täter, und ihr Sohn eines der Opfer. Seit zehn Jahren hatte Frau Muhrer ihren Mann nur einmal monatlich beim Besuch gesehen. Öfter konnte sie sich die An- und Rückfahrt zur JVA mit ihrer geringen Rente nicht leisten. Sie wirkte wirklich verzweifelt, als sie mir schilderte, dass sie ohne ihren Mann nicht länger leben könne. Sie litt an Asthma, Rheuma, Diabetes und zahlreichen weiteren gesundheitlichen Problemen. Die Ärzte hatten ihr gesagt, dass sie eine deutlich reduzierte Lebenserwartung hätte. Sie hatte große Angst, dass ihr Mann oder sie während der Haft sterben würden. Sie haben beide ihr ganzes Leben lang hart gearbeitet und mussten nun ihre Zeit im Alter getrennt voneinander verbringen.

Frau Muhrer gab sich große Mühe, stark zu wirken, wurde aber immer wieder durch krampfartige Weinanfälle unterbrochen. Sie hatte nun draußen niemanden mehr. Ihr Sohn war tot, ihr Mann im Gefängnis. Auch ihr vertrautes Umfeld musste sie verlassen. Nach dem Vorfall und der medialen Berichterstattung über den Prozess musste sie in ein anderes Bundesland umziehen. In ihrem Heimatort konnte sie nicht einmal mehr zum Bäcker gehen, ohne dort abfälligen Blicken oder Bemerkungen anderer Kunden ausgesetzt zu sein. Therapeutische Hilfe hatte Frau Muhrer in all den Jahren nach dem traumatischen Vorfall nicht erhalten. Auch sonst kümmerte sich niemand um sie. Sie kam auch noch aus einer Generation, in der es eher verpönt war, von sich aus um Hilfe zu bitten.

Ihr Sohn hat nicht mehr bei ihr zuhause gewohnt, als „… als diese …, ich meine, … als … also … das Ganze passiert ist". „Was ist denn passiert?" Sie erzählte mir stockend, was vor über zehn Jahren geschehen war: Ihr Sohn sei mit einem Freund zum Grillen vorbeigekommen. Alle hätten reichlich dem Alkohol zugesprochen. Ihr Mann sei dann müde geworden, und hätte sich in das Schlafzimmer im ersten Stock zurückgezogen. Unten hätte es einen Streit gegeben, weil der Freund ihres Sohnes Geld von ihr gewollt hätte, und schon völlig betrunken gewesen sei. Er hätte angefangen, richtig herumzupöbeln. Als er aufstehen wollte, sei er gestolpert und auf den Glastisch im Wohnzimmer gefallen. Das hätte einen großen Lärm verursacht, da auf dem Tisch noch eine Kaffeekanne und einige Teller standen. Sie selbst hätte vor Schreck laut aufgeschrien. Offenbar hätte ihr Mann das so gedeutet, dass der Freund ihres Sohnes sie angegriffen hat. Jedenfalls sei er die Treppe heruntergekommen und hätte zwei Schüsse abgegeben, von denen einer ihren Sohn tödlich verletzt hätte. Sie sei sich sicher, dass er nur Warnschüsse abgeben wollte, oder den Freund ihres Sohnes allerhöchstens verletzen, niemals aber töten wollte. Dass ihr

Sohn getroffen worden sei, sei ein tragischer Unfall. Schuld sei vor allem auch der Alkohol. Ihr Mann vertrage einfach nicht viel.

Die Sicht des Schützen

Kurze Zeit später besuchte ich Herrn Muhrer im Gefängnis. Er erzählte mir seine Version der Ereignisse, wobei er, genau wie seine Frau, immer wieder in Tränen ausbrach. Dreißig Jahre lang hätte er als Fliesenleger gearbeitet. Infolge dieser körperlich sehr belastenden Tätigkeit hätten ab Mitte 40 die gesundheitlichen Beschwerden zugenommen. Es seien auch mehrfache Operationen an Knie, Schulter und Bandscheibe notwendig geworden. Mit Anfang 50 hätte er sich so lange krankschreiben lassen, dass sein Betrieb ihn gekündigt hätte. Als er dann wieder arbeitsfähig geworden war, hätte er nur noch Zeitarbeitsverträge bekommen und die gleiche Arbeit zu einem deutlich geringeren Lohn verrichten müssen. Das sei auch deshalb sehr belastend gewesen, weil seine Frau und er ein kleines Einfamilienhaus gekauft hatten, und allein die Raten für den Kredit so hoch gewesen wären wie sein monatlicher Verdienst. Vor allem der finanzielle Druck hätte ihn über all die Jahre kaputt gemacht. Bluthochdruck, chronische Schlafstörungen, „das volle Programm". Aus einer vorherigen Ehe hatte er noch zwei Kinder, für die er, so gut es ging, Unterhalt zahlte.

Zu allem Überfluss litt der Sohn seiner Frau, das spätere Tatopfer, an ADHS. Er hätte früh angefangen, Alkohol zu trinken, und sei infolge von Drogenbesitz auch schon in Konflikt mit dem Gesetz geraten. Sein leiblicher Vater hätte sich nie um ihn gekümmert und auch keinen Unterhalt gezahlt, sodass Herr Muhrer und seine Frau ihn, so gut es ging, auch noch im jungen Erwachsenenalter unterstützt hätten. Allerdings hätte der Sohn, der von Sozialleistungen lebte, immer mehr von ihnen gefordert. Immer wieder sei er zu ihnen gekommen, meist betrunken, und erst wieder gegangen, wenn Frau Muhrer ihm das Bargeld gab, das sie gerade zu Hause hatten.

Manchmal waren es 50 Euro, manchmal auch weniger. Herr Muhrer hätte schon einmal versucht, seinem Stiefsohn Hausverbot zu erteilen, aber Frau Muhrer hätte das nicht über ihr Herz gebracht. Auch an dem Abend hätte sich das spätere Opfer wieder unmöglich aufgeführt, und ihm und seiner Frau die ganze Schuld für seinen schlechten Zustand gegeben.

Als er wieder Geld verlangt und sein Freund diese unverschämte Forderung auch noch unterstützt hätte, hätte Herr Muhrer die beiden aus dem Haus werfen wollen. Seine Frau hätte ihn wieder einmal davon abgehalten, sodass er nach oben ins Bett gegangen sei. Er sei aber so aufgewühlt gewesen, dass er nicht hätte schlafen können. Mit seinen Nerven sei er ohnehin seit Monaten, wahrscheinlich wohl seit Jahren am Ende. Er fühlte sich einerseits völlig erschöpft und ausgelaugt, und war doch andererseits so wütend, dass er am liebsten die ganze Welt ausgelöscht hätte. An das, was dann kam, könne er sich nur nebulös erinnern. Er sei ins Badezimmer gegangen, um noch einige Schlaftabletten einzunehmen. Da hörte er, wie sein Stiefsohn unten seine Frau angeschrien hätte. Da hätte er sein Jagdgewehr aus dem Tresor im Flur genommen, schnell zwei Patronen ins Magazin gesteckt, und sei die Treppe heruntergerannt.

„Ich wollte einfach nur, dass Ruhe ist. Ich wollte doch niemanden erschießen ... Ich wollte denen nur drohen, dass sie endlich abhauen!" „Was ist dann passiert, warum haben Sie dann doch geschossen?" „Der Sohn von meiner Frau und sein Freund sind aufgesprungen. Der Sohn hat einen Teller zerschlagen ... meine Frau hat geschrien ... der wollte ihr mit der Scherbe an die Gurgel gehen ... da hab ich geschossen ..." Er war jetzt völlig fertig und zitterte. „Der Junge von meiner Frau ... der ... hat das nicht verdient. Ich habe mich zwar oft über ihn geärgert. Aber der hatte es ja nicht leicht. Mit so einem Vater, und dann seine psychischen Probleme. Der hat es doch wirklich nicht verdient. Ich würde alles darum geben, das wieder rückgängig zu machen. Aber das geht nicht. Ich ... es ist ... ich weiß nicht, ob Sie sich das vorstellen können, ... immer wieder träume ich davon ... und will es ändern ... ich will, dass er überlebt, oder dass ich ihn nicht treffe, oder gar nicht schieße ... . Es hilft aber alles nichts, er ist tot."

Er starrte einige Zeit stumm vor sich hin. „Wissen Sie, Herr Rechtsanwalt, ... nächste Woche werde ich 70 ... ich hab' mein ganzes Leben nur gearbeitet ... nur Stress, nur Druck ... und jetzt? Meine Frau wird vor mir sterben. Die werden mich hier nicht mal zur Beerdigung lassen. Meine Kinder und die übrige Familie haben sich von mir abgewandt. Kann ja auch keinen Unterhalt mehr zahlen. Wenn ich mal unter die Erde gebracht werde, wissen Sie, wer an meiner Beerdigung teilnehmen, wer an meinem

Grab stehen wird?" Eine rhetorische Frage, ich konnte nur schweigend nicken. „Keine einzige Straftat hab' ich in meinem Leben begangen. Ich hab' doch immer alles richtig gemacht … immer alles richtig. Außer diese zwei beschissenen Schüsse. Immer gearbeitet, immer Schulden abbezahlt. Daran wird sich niemand erinnern. Ich bin dann nur noch der tote Mörder."

Therapeutische Unterstützung hatte Herr Muhrer in seiner bisherigen Haftzeit nicht erhalten. Seine einzige Stütze war der Anstaltspfarrer, der regelmäßig mit ihm sprach, und der wohl auch der einzige Teilnehmer an seiner Beerdigung sein wird.

Die Sicht der anderen

Kurze Zeit nach diesem Gespräch schickte mir die Staatsanwaltschaft die Akten des Verfahrens. Als Erstes las ich das Urteil. Das Landgericht stellte fest, dass Herr Muhrer nicht vorbestraft war. Zwei seiner ehemaligen Arbeitskollegen, die als Zeugen geladen waren, beschrieben ihn als freundlich und hilfsbereit. Sehr selten hätte man gemerkt, wenn ihm etwas zu viel wurde. Dann seien seine Reaktionen aber zu stark und impulsiv gewesen. Sein Chef bescheinigte ihm ein weit überdurchschnittliches Engagement – solange er körperlich noch dazu in der Lage war. Zum Vorgang selbst sah es das Gericht als erwiesen an, dass Herr Muhrer seinen Stiefsohn und dessen Freund töten wollte. Er sei zum einen darüber verärgert gewesen, dass der Sohn einmal wieder das letzte Geld seiner Frau bekommen hatte, obwohl sie selbst kaum über die Runden gekommen seien. Auch hätte sein Hass auf Homosexuelle eine Rolle gespielt. Ein Nachbar hat als Zeuge ausgesagt, dass Herr Muhrer oft auf „diese Schwuchtel" geschimpft hätte. Für mich war diese Tatsache (wenn es denn eine war) völlig neu. Weder Herr Muhrer noch seine Frau hatten auch nur angedeutet, dass es sich bei dem Freund des Sohnes um dessen Lebensgefährten gehandelt haben könnte. Dass das Magazin des Jagdgewehrs 5 Patronen aufnehmen konnte, Herr Muhrer aber nur zwei Patronen verwendete, wurde vom Gericht als Indiz dafür gewertet, dass Herr Muhrer, der als Jäger ein geübter Schütze sein müsse, von vornherein seinen Stiefsohn und dessen Freund erschießen wollte. Diese hätten nicht mit einem Angriff gerechnet, und seien daher arg- und wehrlos gewesen.

An dieser Einschätzung des Gerichts änderte auch die Zeugenaussage des Freundes des Stiefsohns nichts. Dieser sagte aus, dass Herr Muhrer nach seiner Wahrnehmung extrem wütend auf seine Frau war, weil die ihn nach oben ins Bett schickte, und er das Nachsehen gegenüber ihrem Sohn hatte. Der Freund des Sohnes glaubte, dass Herr Muhrer eigentlich seine Frau, und dann sich selbst erschießen wollte. Aufgrund des erheblichen Alkoholkonsums habe er dann aber die Nerven verloren, und einfach in den Raum geschossen.

Einige Medienberichte über das Strafverfahren waren noch im Internet zu finden. Dort wurde das Bild eines Jägers gezeichnet, der „mal wieder" betrunken war, und statt auf Tiere nun auf Menschen geschossen hatte. Mir hatte Herr Muhrer erzählt, dass er höchstens alle zwei Jahre einen Bekannten zur Jagd begleitet hätte. Für mehr hätte er weder die Zeit noch das Geld gehabt. Er hielt es für völlig absurd, dass er nun als „Jäger" in der Öffentlichkeit stand. Auch betrunken sei er fast nie gewesen.

Einige Wochen später konnte ich die Akte einsehen, die in der JVA über ihn geführt wurde. Danach hatte Herr Muhrer kaum eine Chance, nach 15 Jahren zur Bewährung entlassen zu werden. Die JVA hielt bei ihm eine Sozialtherapie[106] für nötig, die aber erst Sinn mache, wenn Herr Muhrer den Sachverhalt so zugab, wie er im Urteil stand. Herr Muhrer wiederum sagte mir, dass er nie etwas zugeben könnte, was er nicht getan hat.

Strafrechtlich, medial und letztlich gesamtgesellschaftlich wird ein Bild des Geschehens und der „bösen Tat" (re-)konstruiert, das kaum noch Raum für andere Perspektiven lässt. So werden viele Menschen die lebenslange Freiheitsstrafe für Herrn Muhrer für gerecht halten, wenn sie in der Zeitung lesen, dass er seinen unbewaffneten Stiefsohn erschossen hat. Aber ist es gerecht, dass seine Ehefrau, die als Mutter des Getöteten auch Opfer der Tat ist, nun ihren Lebensabend ohne ihren Ehemann verbringen muss? Ist es gerecht, dass der Anteil des Erschossenen am Geschehen, und auch der seines leiblichen Vaters, der sich nie um ihn gekümmert hatte, völlig unberücksichtigt bleibt? Ist die Tat von Herrn Muhrer wirklich vergleichbar mit der eines Mannes, der seine Ehefrau umbringt, um mit seiner Geliebten zusammenleben zu können, und dafür ebenfalls wegen Mordes zu einer lebenslangen Haftstrafe verurteilt wird?

Herr Muhrer jedenfalls wird aller Voraussicht nach nie mehr mit seiner Frau zusammenleben können. Er wird entweder in Haft sterben, oder im Greisenalter in ein Pflegeheim entlassen werden.

Unser Strafbedürfnis, und die Befriedigung unseres Gerechtigkeitsgefühls hängt sehr stark mit dem Bild zusammen, das vor allem medial vom Geschehen vermittelt wird. Dieses Bild ist notwendigerweise vereinfacht, und kann von dem abweichen, das die Beteiligten selbst vom Geschehen haben. Es wirkt wie ein objektives Bild, ein Foto, ist aber ein mehr oder weniger großer Ausschnitt einer auf Interpretationen bestehenden Rekonstruktion.

Die Hintergründe des Geschehens wurden nicht groß hinterfragt. Herr Muhrer hatte die Schuld daran, damit war der Fall erledigt. Lediglich die Vorschriften für die Aufbewahrung von Jagdwaffen wurden öffentlich diskutiert. Die Waffe und die Munition hatte Herr Muhrer jedoch allen Regeln entsprechend verwahrt. Er hatte doch immer alles richtig gemacht. Fast immer.

Herr Twoga, das Leben und der Tod

Auf der langen Zugfahrt las ich noch einmal seine Akte durch. Ich fragte mich, ob ich ihn, wenn ich noch Gefängnisdirektor gewesen, und die Todesstrafe in Deutschland noch nicht abgeschafft worden wäre, hätte hinrichten können.

Der Historiker Richard Evans[107] weist darauf hin, dass die Abschaffung der Todesstrafe im Grundgesetz der Bundesrepublik Deutschland nach Ende des Zweiten Weltkriegs nicht unbedingt nur humanen Erwägungen folgte. Manchen deutschen Politikern oder Vertretern der Justiz ging es wohl vor allem auch darum, dass deutsche Kriegsverbrecher (und damit womöglich ihresgleichen) nicht so hart bestraft werden konnten.

Empirische Belege für kriminalitätsreduzierende Effekte der Todesstrafe gab und gibt es jedenfalls nicht.[108] Eine abschreckende Wirkung lässt sich nicht überzeugend nachweisen.[109] Mit unserem Verständnis von der Würde jedes Menschen und dem Wert des Lebens ist sie auch nicht vereinbar.[110] Staaten mit der Todesstrafe geben zudem ein schlechtes Vorbild ab. Sie trägt eher zur Verrohung der Gesellschaft bei. Die europäischen Länder, die die Todesstrafe im 19. und zu Beginn des 20. Jahrhunderts abgeschafft haben (Finnland, Norwegen, Dänemark, Schweden, Niederlande, Belgien), gehörten im 20. Jahrhundert zu den Ländern mit den wenigsten Tötungsdelikten und Gewaltverbrechen weltweit.[111]

Gesellschaften mit hoher Hinrichtungsrate und drakonischen Strafen neigen dagegen dazu, auch Gesellschaften mit einem hohen Maß an zwischenmenschlicher Gewalt zu sein.[112]

Selbst die Kosten sind höher als die einer lebenslangen Freiheitsstrafe. Nach Untersuchungen in den USA belaufen sich die Kosten für eine Hinrichtung auf 3,2 Millionen Dollar, während derselbe Täter für nicht mehr als 600.000 Dollar für den Rest seines Lebens eingesperrt werden könnte.[113]

Selbstverständlich ist dieses Kostenargument nicht das Entscheidende. Die jedem noch so fortschrittlichen Strafsystem immanenten Ungleichgewichte haben bei der Existenz der Todesstrafe besonders dramatische Folgen. Richard Evans hat im Rückblick auf die Geschichte der Todesstrafe in Deutschland festgestellt, dass sich ein roter Faden der sozialen und ethischen Ungleichheit durch diese Geschichte zieht.[114] Immer wurden eher die Armen hingerichtet als die Reichen. Wer im 18. und 19. Jahrhundert einen sozial Höhergestellten tötete (z. B. einen Mann), landete viel eher auf dem Schafott als derjenige, dessen Opfer sozial tiefer stand (z. B. eine Frau).[115]

Einen Menschen töten, bevor er einen selbst tötet, ist die eine Sache. Aber einen Menschen umbringen, der entwaffnet und machtlos der Staatsgewalt unterworfen ist, ist aus meiner Sicht unmenschlich und armselig.

Manche Menschen wie Herr Twoga, den ich an diesem Tag im Gefängnis besuchte, haben anderen schlimmste Dinge angetan, und sich unmenschlich verhalten. Will man sich da auf die gleiche Stufe stellen, und sich ihnen gegenüber genauso verhalten? Nicht wenige sind dennoch offenbar nach wie vor der Meinung, dass wir die Todesstrafe brauchen. Aufsehen erregte z. B. eine Studie des Juraprofessors Franz Streng, nach der sich etwa ein Drittel der von ihm befragten Jurastudenten die Todesstrafe zurückwünschten.[116]

Als ich bei der Anstalt angekommen war und ihm dann gegenübersaß, einem Menschen aus Fleisch und Blut, hätte ich ihm ohnehin nichts antun können. Es ist allgemein ein Problem unserer arbeitsteiligen Massengesellschaft, dass auch Handlungen wie das Strafen an Spezialisten delegiert werden, und so zwar einerseits unkontrollierte und exzessive Gewalt verhindert, andererseits aber für die weit überwiegende Mehrheit der Gesellschaft die im unmittelbaren menschlichen Kontakt ggf. bestehenden Hemmungen ebenso wie die Konfrontation mit den Folgen umgangen werden.

Leblose Kindheit

Seine ersten Worte überraschten mich. „Sicher möchten Sie mich erst einmal richtig kennenlernen." „Äh … ja, genau." „Fragen Sie, fragen Sie. Fangen Sie ganz vorn an." „Ganz vorn? Na gut. Können Sie sich noch an Ihre Kindheit erinnern?" Er nickte. „Natürlich"

Ich wartete einige Momente, weil ich hoffte, dass er von sich aus anfangen würde, etwas aus seiner Kindheit zu berichten. Aber da kam nichts. Er sah mich erwartungsvoll an, und wartete auf die nächste Frage. „Ja ... ähm ... hatten Sie eine glückliche Kindheit? Hatten Sie Geschwister? Haben sich Ihre Eltern gut um Sie gekümmert?" Er nickte, als schien er froh zu sein, die Fragen beantworten zu können. „Ja, das war alles ganz normal. Ich hatte sieben, nein acht Geschwister." Wieder schien es das mit der Antwort gewesen zu sein. „Und was haben Ihre Eltern, wobei, Ihre Mutter konnte mit so vielen Kindern ja sicher nicht arbeiten, was hat Ihr Vater beruflich gemacht?" „Er war eigentlich Schreiner." „Eigentlich?" „Er hat dann irgendeine Verletzung gehabt und konnte nicht mehr arbeiten." Ich gewöhnte mich langsam daran, ihm jeden weiteren Satz aus der Nase ziehen zu müssen. „Und was hat er dann gemacht?" „Hmm, saß oft in der Kneipe. Manchmal hat mich die Mutter zu ihm geschickt, damit ich ihm Geld oder Zigaretten bringe." „Und Ihre Mutter?" „War meistens krank, und schlief viel." So trost- und leblos wie seine Antworten schien seine Kindheit gewesen zu sein. So konnten wir diese Lebensphase jedenfalls schnell abhaken.

Ich wollte ihn nun auf seine im Jugend- und jungen Erwachsenenalter begangenen Straftaten, die der Grund waren, warum wir uns nun gegenübersaßen, ansprechen. Das fiel mir nicht leicht. Diese schlimmen Taten waren so viel monströser als dieser knapp 70-jährige, dürre und vielleicht 1,65 m große Mann.

„Ja, Herr Twoga, Sie sind dann, glaube ich, im Alter von 17 Jahren das erste Mal massiv straffällig geworden." „Ja, da bin ich zum ersten Mal in den Knast gekommen." „Aha, und warum kamen Sie da in den Knast?" „War ne blöde Geschichte. Hat nen Streit mit meiner Freundin gegeben." Das war es. Mehr kam dazu nicht, und er schien davon auszugehen, dass dies auch eine alles erschöpfende Antwort war. Laut Akte hatte er seine damalige Freundin erst bewusstlos geschlagen und dann in der Badewanne ertränkt. Nach der Verbüßung von einigen Jahren Jugendhaft dauerte es nur wenige Monate, bis er eine neue Lebensgefährtin fand. „Und wie ging es dann weiter?" „Die hat mich bestohlen. Und nur getrunken. Zu nichts nütze war die eigentlich." Die aus seiner Sicht logische Konsequenz dieser Aussage musste ich mir wohl selbst denken, denn er schwieg wieder. Bei dieser Lebensgefährtin handelte es sich um eine 18-jährige Alkoholikerin, die ein kleines Mädchen in die Beziehung zu Twoga mitbrachte. Dieser erschlug beide mit einem Hammer. Dieses Mal wurde er zu einer lebenslangen Freiheitsstrafe verurteilt, und nach 18 Jahren entlassen. „In der Haft hab' ich ne Ausbildung als Maler gemacht. Hab draußen dann selbstständig gearbeitet." Nicht sehr lange, wie ich bereits aus der Akte wusste. „Und dann sind Sie hier ins Gefängnis gekommen?" „Ja. Weiß heut noch nicht, wie mir das passieren konnte. Na ja, Fehler machen wir ja alle." Er zuckte mit den Achseln. Sein „Fehler", wie er es nannte, war ein weiterer Mord an einer jungen Frau. Er hatte bei ihr Malerarbeiten verrichtet, und sie im Streit um seine Bezahlung erwürgt.

So eine Frau bringt man doch nicht um

„Und da war doch noch was, mit Ihrer damaligen Lebensgefährtin?" Aus den Akten wusste ich, dass er auch noch wegen versuchten Mordes verurteilt worden ist, den er jedoch bestritten hatte. Eine andere Lebensgefährtin hatte angegeben, dass er versucht hätte, sie mit einem Kissen zu ersticken. Er schüttelte den Kopf. „Das war Quatsch. Das war ne gute Frau. Is frühs extra aufgestanden, um mir Brote für die Arbeit zu schmiern. So ne Frau bringt man doch net um!" „Aber warum hat sie Sie dann beschuldigt?" Er lächelte. „Wie Fraun so sind … war eifersüchtig, weil ich auch'n paar andre hatte." Mir erschien dies wenig glaubwürdig. So konnte Herr Twoga jedoch anderen, und womöglich auch sich selbst gegenüber, behaupten, zumindest teilweise zu Unrecht verurteilt worden zu sein.

Straftaten gegen das Leben stellten 2022 nur 0,1 Prozent der polizeilich registrierten Straftaten dar.[117] In Rheinland-Pfalz, wo Herr Twoga seine Strafe verbüßte, waren 8,4 Prozent der Männer wegen Mordes oder Totschlags inhaftiert.[118]

Herr Twoga war allerdings sicher der traurige Rekordhalter an Tötungsdelikten. Er hatte mir einen langen Brief geschrieben, in dem er mir einige Probleme aus seinem Alltag schilderte. Es ging dabei unter anderem um die medizinische Versorgung und die Ernährung in Haft. Ich kam auf dieses Schreiben zu sprechen, und auf einmal wurde er redselig. In einem einstündigen Monolog beschwerte er sich u. a. darüber, dass der Anstaltsarzt ihn vor kurzem lang hätte warten lassen oder dass die Nudeln beim Abendessen mehrfach nur noch lauwarm gewesen seien. Ich konnte ihn kaum unterbrechen. Er war wirklich empört. Manchmal zitterte seine

Unterlippe vor Wut, und als er von dem Anstaltsarzt berichtete, der ihn aus seiner Sicht missachtet und hat warten lassen, war er den Tränen nahe. Angesichts der eigentlich harmlosen Dinge, die er mir schilderte, mutet es merkwürdig an, aber instinktiv war ich kurz davor, ihn zu trösten. Das war allerdings nicht notwendig. Mein Eindruck wurde immer stärker, dass er meine Reaktionen auf ihn ohnehin kaum wahrnahm. Zwischendrin erzählte er auch Vorkommnisse mit Mitgefangenen, die er für lustig hielt, ich aber für völlig profan. Auch dies schien ihn nicht anzufechten. Wahrscheinlich war er immer schon so gewesen, ein wenig lag es wohl auch an seinem Alter und der langen Haftzeit. Im Gefängnis bekommen die Dinge des Lebens eine völlig andere Wertigkeit. Anders als die allermeisten Inhaftierten sprach er nicht davon, dass er entlassen werden wollte.

Das war umso erstaunlicher, als Herr Twoga nun seit fast 30 Jahren durchgehend in Haft, und auch davor immer nur kurze Zeiten auf freiem Fuß war. Alles, was er von mir wollte, war offenbar, dass ich ihm Recht in seiner Empörung gab. Ich versprach ihm, einmal diesbezüglich an die Anstaltsleitung zu schreiben.

Ein Monster?

Das Erschreckende an ihm war für mich nicht das, was in ihm war, sondern das, was ihm fehlte. Wenn man von seinen Straftaten las, stellte man sich ein blutrünstiges Raubtier vor. Man dachte an ein Wesen, das nur darauf aus war, zu zerstören und zu vernichten. Es musste ein Mensch voller böser Energie sein. Im Gegensatz zu diesem Bild erschien er mir in der Realität eher wie ein kleingeistiger, emotionsarmer und extrem ichbezogener Spießbürger, der bisweilen explodierte, wenn etwas nicht in seinem Sinne lief.

Ein Spießbürger, der drei Frauen (und beinahe eine vierte) und ein Mädchen ermordet hatte. Mit seiner Familie oder anderen Menschen außerhalb der Anstalt hatte er seit Jahrzehnten keinen Kontakt mehr. Nur eine Stiefschwester aus einer anderen Beziehung seines Vaters schrieb ihm jedes Jahr zu Weihnachten.

War das Böse, das ich in Herrn Twoga nicht finden konnte, nur verborgen, auch vor dessen eigenen Blicken, und jederzeit bereit, wieder auszubrechen? Oder hatte es sich bereits ausgelebt, und sein Werk in Twoga erfüllt, der nun wie ein Künstler des Todes vor mir saß, dem nichts mehr Neues einfiel?

Ich glaube, Herr Twoga war nie auf der Suche nach Opfern gewesen. Er wollte nur Probleme aus dem Weg schaffen, mit denen er anders nicht umgehen konnte. Er konnte andere Menschen weder lieben noch hassen. Ihr Leben hatte für ihn einfach keinen großen Wert. Das galt in gewisser Hinsicht auch für sein eigenes. Vielleicht war er sogar in irgendeiner Art und Weise auf der Suche nach der reduzierten Existenz in Haft gewesen. Dort konnte er Kleinigkeiten nach seinem Maß groß machen. Die Mauern schützten ihn dabei vor dem wirklich Großen, das die anderen Freiheit und Leben nennen.

Herr Twoga stand auf, gab mir die Hand, und bedankte sich höflich. Dabei hatte ich ihm nur zugehört. Der Beamte führte ihn zur einen Seite des Raumes zurück in seine Welt, und ich ging zur anderen Seite hinaus in meine. Es war gut, dass er wohl niemandem mehr Schaden zufügen konnte. Es wäre unmenschlich und völlig sinnlos, ihn hinzurichten oder grausam zu behandeln.

Wenige Jahre später schrieb mir ein entlassener Mitgefangener von Herrn Twoga. Er fragte mich, ob ich noch Kontakt zu ihm hätte. Er wollte sich bei ihm bedanken. Als er selbst große Probleme in Haft gehabt und sogar einen Hungerstreik angefangen hätte, sei es Herr Twoga gewesen, der ihn gerettet und aus seinem Tief herausgeholt hätte. Die Anstalt teilte mir mit, dass Herr Twoga vor einiger Zeit verstorben war.

Johann und die Drehtür

Als ich zum Arbeitsbeginn am Morgen meinen Anrufbeantworter abhörte, war darauf eine Nachricht von Johann. Johann, ein bullig wirkender Typ mit Glatze, war ein Gefangener, den ich schon seit einigen Jahren als Anwalt vertrat. Er rief mich eigentlich fast nie an, und schon gar nicht mitten in der Nacht. Offenbar hatte er sich illegalerweise ein Handy organisiert. Er sprach sehr leise, um nicht von den Beamten im Nachtdienst erwischt zu werden. Obwohl er so leise sprach, war zu spüren, wie wütend er war. „Die machen mich hier fertig. Ich flippe bald aus, das geht nicht mehr lang gut. Ich schwörs Ihnen, Dr. Galli. Ich schwörs Ihnen!"

Johann, der zu diesem Zeitpunkt insgesamt fast sechs Jahre Haft wegen diverser Körperverletzungsdelikte hinter sich hatte und wenige Wochen vor seiner Entlassung stand, war die meiste Zeit ein freundlicher und kumpelhafter Typ. Er hatte jedoch Probleme, seine aggressiven Impulse zu kontrollieren. Wenn er sich ungerecht behandelt oder angegriffen fühlte, dann verlor er schnell die Beherrschung. Er beschimpfte und bedrohte diejenigen, von denen er sich missachtet fühlte, so massiv, dass die Situation oft eskalierte. Nicht selten schlug er dann auch zu. Da er von frühester Kindheit an selbst von beiden Elternteilen geschlagen und misshandelt worden war, saß dieser Mechanismus der Gewalt bei ihm sehr tief. Nach seinen Ausbrüchen tat es ihm oft leid, wovon sich diejenigen, die er verletzt hatte, allerdings auch wenig „kaufen" konnten. Früher oder später würde er, allen guten Vorsätzen zum Trotz, wieder ausflippen. Nach meiner Erfahrung mit ihm brauchte er viel mehr Zeit, Energie, Aufmerksamkeit und emotionales Entgegenkommen, als man im Alltag anderen Menschen für gewöhnlich zu geben bereit ist. Auch durch Bestrafung kann man anderen Aufmerksamkeit zukommen lassen, sodass strafwürdige Verhaltensweisen bei Menschen auch verstärkt werden können, die Aufmerksamkeit so dringend brauchen, dass sie ihnen in einer negativ konnotierten Form lieber ist als gar keine.

Im Haftalltag bekam Johann allerdings genau das Gegenteil der notwendigen Aufmerksamkeit, sodass es immer wieder zu Konflikten kam. Grund seines nächtlichen Anrufs war die Tatsache, dass er am folgenden Tag einen dreiwöchigen Arrest zu verbüßen hatte. Wieder einmal hatten sie ihn mit Cannabis erwischt. Cannabis half Johann dabei, ruhiger zu werden, war aber in Haft nach wie vor illegal. Der Tag nach Ablauf dieser drei Wochen war dann der Tag seiner Entlassung aus der Haft. „Muss das sein? Wie soll ich mich auf die Entlassung vorbereiten? Keinen Tag Lockerungen, kein Ausgang, nichts, aber drei Wochen Arrest, das soll diese scheissdrecks Resozialisierung sein?"

Ich versuchte in den nächsten Tagen, die JVA dazu zu bewegen, Johann zumindest einen Teil des Arrests zu erlassen. Während des Arrests durfte man weder telefonieren noch Besuch empfangen. Johann wollte zumindest noch einmal seine neue Lebensgefährtin sprechen, die er erst in Haft über eine Annonce kennengelernt hatte, und zu der er nach seiner Entlassung ziehen wollte. Leider hatte ich keinen Erfolg. Man müsse dem Drogenmissbrauch in Haft mit aller Konsequenz begegnen. Außerdem hätte Johann während seiner Inhaftierung so oft gegen die Regeln verstoßen, dass man ihm gegenüber beim besten Willen keine Nachsicht zeigen könne.

Er kam nach seiner Entlassung zu mir in die Kanzlei, um sich beraten zu lassen, ob es die Möglichkeit gab, den Staat wegen der aus seiner Sicht unmenschlichen Behandlung zu verklagen. Ich sah wenig Chancen. Johann wollte es sich noch einmal überlegen. Einige Wochen später rief mich Johann an. Er war wieder in Haft. Er hatte den Ex-Partner seiner neuen Freundin geschlagen, weil dieser sie (nach Johanns Angaben) gestalked hätte. Nun ging das Ganze wieder von vorn los.

Dustin und sein Sohn

Diesen Mandanten kannte ich bereits, da ich ihn schon vor Gericht vertreten hatte. Dustin, ein junger Mann Mitte 20, dem man sein Alkoholproblem erst bei einem Blick in die Augen ansah, hatte in einem kleinen Geschäft Süßigkeiten im Wert von etwa drei Euro gestohlen. Er war zum Zeitpunkt dieses Diebstahls wie meist stark angetrunken, und hatte keinen Cent mehr in der Tasche, um sich irgendetwas zum Essen zu kaufen. Er stellte sich so dilettantisch an, dass der Verkäufer in dem kleinen Laden den Diebstahl kaum übersehen konnte. Auch war es sehr einfach, Dustin so lange festzuhalten, bis die Polizei vor Ort war, um ihn festzunehmen. Sie mussten ihn eher stützen, da er kaum noch gehen konnte. Als einer der Polizisten ihn aus Dustins Sicht dabei zu hart anpackte, betitelte er diesen als „Wichser", was ihm zusätzlich eine Anzeige wegen Beleidigung einbrachte.

Die Richterin mochte vielleicht Ende zwanzig gewesen sein und war sehr freundlich. Das galt auch für die Vertreterin der Staatsanwaltschaft, eine Rechtsreferendarin, für die der Sitzungsdienst zu ihrer Ausbildung gehörte. Da saßen wir nun zusammen in dem großen Sitzungssaal. Mir persönlich kam die Veranstaltung angesichts der drei Euro, um die es ging, etwas absurd vor, aber wir spielten die uns zugedachten Rollen mit ganzem Ernst, wenn auch vor leeren Rängen. Die anderen ließen es sich zumindest nicht anmerken, wenn es ihnen ähnlich wie mir ging.

Für Dustin war das ganze ohnehin Alltag. Seit seiner Jugend war er im Dauerkonflikt mit dem Gesetz, und seine Aufenthalte in Freiheit zwischen Jugendheim, psychiatrischen Einrichtungen, Entziehungsanstalten und Gefängnis waren jeweils von überschaubarer Dauer. Ich war erstaunt, dass er überhaupt zur Verhandlung erschienen war. Für seine Verhältnisse war er auch einigermaßen nüchtern. Seine Einlassung zur Sache wirkte fast souveräner als das Verlesen der Anklageschrift durch die Rechtsreferendarin. Er sei betrunken gewesen, das sei jedoch keine Entschuldigung. Es täte ihm leid, er bitte um eine gerechte Strafe. „So schnell geht es leider nicht", meinte die Richterin. „Wir müssen noch eine Beweisaufnahme durchführen." Der Inhaber des kleinen Geschäfts, in dem Dustin die Süßigkeiten gestohlen hatte, war als Zeuge geladen, erschien aber nicht. Er hatte dem Gericht schriftlich mitgeteilt, dass er der Polizei schon alles gesagt hätte, und keine Zeit hätte, wegen 3 Euro vor Gericht auszusagen. Die Richterin diskutierte mit der Rechtsreferendarin, ob man den Ladeninhaber zwangsweise vorführen könnte. Letztlich wurde darauf zumindest verzichtet. Wir sahen uns gemeinsam die einzigen zwei Bilder aus der Akte an, ein Bild des Ladens, und eines der sichergestellten Süßigkeiten, und Dustin bestätigte, dass es sich dabei um den Tatort und das Diebesgut handelte. Damit war auch der Beweisaufnahme Genüge getan, und Dustin wurde zu drei Monaten Haft ohne Bewährung verurteilt. Für ihn wertete die Richterin sein Geständnis, gegen ihn sprachen jedoch seine zahlreichen Vorstrafen wegen ähnlicher Delikte, und die Tatsache, dass er zum Zeitpunkt des Diebstahls unter Bewährung gestanden hatte. Diese Bewährung würde nun widerrufen werden, sodass Dustin die nächsten zwei Jahre in Haft verbringen würde.

Haft, Entlassung, Tod

Von dort aus fragte er jetzt erneut nach meiner Hilfe. Ich hatte ihn seit einigen Monaten nicht gesehen, und als ich ihm in einem Besuchszimmer seiner Anstalt gegenübersaß, sah er besser aus als zum Zeitpunkt seiner Verurteilung. In Haft bekam er zumindest eine ausreichende medizinische Behandlung und Ernährung. Auch ist es nicht erlaubt, und zumindest sehr erschwert, Alkohol zu trinken. Die zeitweise Abstinenz tat Dustin offenbar gut, auch wenn er durch den jahrelangen massiven Konsum bereits deutlich gezeichnet war. Von illegalen Drogen hielt er sich, wie er mir immer wieder stolz versicherte, fern. Mit „Giftlern" wolle er nichts zu tun haben. Das sei Abschaum. Fast jeder scheint jemanden zu brauchen, auf den er herabschauen kann, oder den er dafür verurteilen kann, Normen nicht einzuhalten, die man selbst einhält. Ein inhaftierter Boss der Russenmafia hatte mir einmal erzählt, dass er seiner Frau noch nie untreu geworden sei. Er schien ehrlich empört über Männer zu sein, die ihre Frauen betrügen. Das sei für ihn das größte Verbrechen. Er selbst saß u. a. in Haft wegen Mordes und Geiselnahme.

Dustin konnte in der Anstalt keine Suchttherapie[119] absolvieren, wobei ich mir auch beim besten Willen nicht vorstellen konnte, wie es gelingen sollte, Dustin und den Alkohol auf Dauer zu trennen. Er wollte das auch gar nicht. Die Erinnerung an seine Kindheit waren für ihn so grausam, dass er meinte, diese Erinnerungen und sich selbst letztlich nur im Rausch ertragen zu können.

Ich sollte ihm nun helfen, irgendwie den Kontakt zu seinem siebenjährigen Sohn aufrechtzuerhalten. Dieser war in einer Pflegefamilie untergebracht, und normalerweise durfte Dustin ihn alle zwei Wochen besuchen. Nun jedoch saß er im Gefängnis, wo ihn sein Sohn nicht besuchen durfte. Das Jugendamt befürchtete, wohl nicht ganz zu Unrecht, einen schädlichen Effekt durch solch einen Besuch. Dustin durfte mit seinem Sohn telefonieren, was aber nicht wirklich funktionierte. Der Kleine sprach am Telefon kaum und konnte nicht verstehen, warum sein Vater nicht persönlich kommen konnte. Dass er im Gefängnis war, verstand er, aber er verstand nicht, warum die Menschen so böse sein konnten, seinen Vater dort einzusperren, und ihn nicht zumindest gelegentlich herauszulassen. Sein Vater konnte es ihm auch nicht so richtig erklären.

Die einzige Möglichkeit bestand also darin, dass ich für Dustin Ausgang beantragte. Ich teilte ihm jedoch offen mit, dass dies eigentlich aussichtslos sei. Inhaftierte mit einer unbehandelten Suchterkrankung bekommen in aller Regel keinen Ausgang, selbst wenn die Entlassung in wenigen Tagen in Aussicht ist. Für eine Ausführung, d. h. einen Ausgang, der von mindestens einem Beamten begleitet wird, ist in aller Regel zu wenig Personal vorhanden.

Einerseits hätte ich es nicht schlecht gefunden, wenn Dustins Sohn ihn so, wie er jetzt war, gesehen hätte. Sicherlich hatte er ihn noch nie zuvor nüchtern erlebt. Auf der anderen Seite stand zu befürchten, dass Dustin bei einem Ausgang zuerst den nächsten Kiosk ansteuern würde, um sich mit Bier und Schnaps zu versorgen, bevor er sich dann auf den Weg zu seinem Sohn gemacht hätte. So weit kam es jedoch ohnehin nicht. Ihm wurden, wie von mir vermutet, sämtliche Anträge auf Lockerungen oder auch eine vorzeitige Entlassung abgelehnt. Kurz nach seiner regulären Entlassung ist er gestorben. Es war ein unglaublich heißer Tag Anfang August, wahrscheinlich hatte er seit Tagen nur Bier und härteren Alkohol getrunken. Offenbar um sich abzukühlen, ist er in den nur knietiefen Stadtbach gestiegen, wo man ihn kurz darauf ertrunken auffand.

Man schätzt, dass etwa 100.000 Kinder und Jugendliche von der Inhaftierung eines Elternteils (meist des Vaters) betroffen sind.[120] Nachvollziehbarerweise ist eine solche Inhaftierung sehr belastend für die Kinder.[121] Nicht zuletzt ist die Wahrscheinlichkeit, dass die betroffenen Kinder später selbst kriminell werden, um ein Sechsfaches höher als bei Kindern ohne inhaftierte Eltern.[122] Nach meiner Erfahrung sind es zudem auch gerade die Bindung und der Kontakt zu ihren Kindern, die Straffällige dazu motivieren können, einen anderen Weg einzuschlagen. Ob es bei Dustin einen Unterschied gemacht hätte, ist fraglich. Vielleicht hätte es das. Ganz sicher jedoch würde es bei vielen Straffälligen und ihren Kindern die Wahrscheinlichkeit erhöhen, nicht (wieder) kriminell zu werden, wenn man sie nicht wie derzeit weitgehend trennen, sondern gemeinsam mit ihnen arbeiten würde.

Uri – ein guter Mann

Auf ihren Uri könne man sich hundertprozentig verlassen. Er sei ein guter Mann. „Leider", fügte Frau Yilmaz traurig lächelnd hinzu. Sie zeigte mir dazu ein Foto von einem sympathisch aussehenden Mann mit Schnurrbart, der stolz vom Fahrerhaus eines LKWs in die Kamera lächelt. Sie und ihr Mann waren Kurden und vor 25 Jahren nach Deutschland gekommen. Uri hatte nach seiner Lehre als KfZ- Mechaniker ursprünglich als Lastwagenfahrer gearbeitet. Als das dritte Kind kam, wollte er aber mehr für seine Familie da sein können und wechselte auf eine Verwaltungsstelle in seiner Spedition, die einem Landsmann gehörte. Zusätzlich hatte er eine 450-Euro-Stelle in einem Supermarkt, der ebenfalls einem Kurden gehörte.

Seine Frau, die halbtags als Pflegehelferin für türkische Seniorinnen und Senioren tätig war, und er waren sehr stolz, niemals Sozialleistungen in Anspruch genommen zu haben. Einen guten Teil des Geldes, das ihnen am Monatsende noch übrig blieb, überwies Familie Yilmaz in die Türkei. Die Eltern von Frau Yilmaz waren schwerstkrank und brauchten teure Operationen. Gegen die Kurden wurde zudem immer wieder Krieg geführt, sodass die Angehörigen der Familie Yilmaz, die noch in der Türkei lebten, mehrfach fliehen und umsiedeln mussten.

Beide sprachen gut Deutsch, ihre Kinder sogar perfekt. Ihren Alltag verbrachten sie jedoch fast ausschließlich in ihrer kurdischen Community. Jeder kannte jeden, und man unterstützte sich gegenseitig. Dort gab es einen eigenen Wertekodex, dem sich viele Mitglieder dieser Gemeinschaft stärker als allen Gesetzen verpflichtet fühlten, auch wenn sie inzwischen die deutsche Staatsbürgerschaft hatten. Vor allem war es selbstverständlich, sich gegenseitig zu helfen, koste es, was es wolle. Dieses System zahlte sich für alle aus. Wer einen Supermarkt hatte, versorgte den anderen kostenlos mit Waren und ließ sich dafür das Auto reparieren oder beim Umzug helfen.

Wie genau das ganze Drama in Gang gesetzt worden ist, konnte danach keiner mehr sagen. Ein Mitglied der Community organisierte jedenfalls die Einfuhr einer größeren Menge verschiedener Drogen. Abgewickelt werden sollte diese Einfuhr über die Spedition. Alle sollten am Gewinn beteiligt werden. Für Herrn Yilmaz hätte der Anteil bei etwa zehntausend Euro gelegen. Es wurde lange in der Gruppe diskutiert, ob man das wirklich machen sollte. Einige hatten vor allem Sorge vor Strafe, andere hatten auch moralische Bedenken. Letztlich sprach man sich für das Geschäft aus. Es sollte dabei sichergestellt werden, dass die Drogen im Handel nicht an Minderjährige gelangen könnten. Nach Einschätzung von Uris Frau spielte es auch eine Rolle, dass zu der Zeit wieder Angriffe auf die Kurden in ihrem Heimatland stattfanden, zum Teil mit Waffen deutscher Rüstungskonzerne. „Wenn Deutschland Waffen an unsere Feinde liefert, dürfen wir auch Drogen an unsere Freunde liefern." Uri, so erzählten es mir seine Frau und er selbst, war dennoch dagegen. Ob das stimmte, konnte ich nicht sicher einschätzen, es klang aber glaubwürdig. Sie hatten sich eine Existenz aufgebaut, ihre drei Kinder gingen auf ein Gymnasium, und sie waren Deutschland dankbar für die Chancen, die sie hier bekommen hatten. Dennoch machte Herr Yilmaz schließlich mit. Die Bindung zu seiner Community war stärker, und die anderen hatten ihm schon so oft geholfen. Es hätte sich schäbig angefühlt, wenn er nun gekniffen hätte. Außerdem hatte er seinem Chef, der es ihm ermöglicht hatte, vor Ort zu arbeiten und so seine Familie öfter zu sehen, versprochen, ihm dafür jeden Gefallen zu tun. Dieses Versprechen galt es nun einzulösen. Das Geld konnte er selbstverständlich auch gut gebrauchen.

Es kam, wie es kommen musste. Die Sache flog auf, und Herr Yilmaz wurde wegen der großen Menge von Drogen, um die es ging, zu einer über vierjährigen Haftstrafe verurteilt. Das war jedoch noch nicht das Schlimmste. Herr Yilmaz sollte sein Aufenthaltsrecht verlieren und aus Deutschland ausgewiesen werden.

Die Forderung, Kriminelle schneller und konsequenter abzuschieben, hört man häufig. Sie leuchtet vielleicht teilweise ein, wobei sich auch die Frage stellen kann, ob es moralisch vertretbar ist, schwierige oder gefährliche Menschen in ihr Herkunftsland abzuschieben, damit sie ggf. dort Straftaten begehen. Personen, die schwere Straftaten begangen haben, werden zudem erst einmal gerade nicht abgeschoben, sondern inhaftiert. In der Regel ist dann eine Abschiebung aus der Haft heraus erst möglich, wenn zumindest etwa Zweidrittel der Haftzeit verbüßt worden sind. Auch hier stellt sich fast immer das Problem der Familien. Es war für die Familie von Herrn Yilmaz undenkbar, zurück in die Türkei zu gehen. Bei einer Abschiebung und einem mehrjährigen Rückkehrverbot nach Deutschland könnte Herr Yilmaz seine Familie also nur noch bei Besuchen in der Türkei sehen. Für die Entwicklung und Sozialisierung seiner Kinder wäre das wohl wenig hilfreich.

Herr Yilmaz war auch alles andere als ein schlechter Mensch. Er war im Gegenteil sehr sozial und hilfsbereit. Sein Fehler bestand darin, dass er den Kreis, auf den sich sein soziales Handeln bezog, auf seine Community, und nicht auf unsere ganze Gesellschaft bezog. Herr Yilmaz hätte sich gerne und sicher erfolgreich für eine bessere Integration seiner Community in Deutschland und für eine Aufklärung gegen Drogenmissbrauch engagiert, um seinen Fehler irgendwie wiedergutzumachen. Stattdessen saß er in Haft, seine Familie musste sich verschulden, und seine Kinder wurden in der Schule gemobbt. Zu allem Überfluss hing über allem noch das Damoklesschwert seiner Ausweisung.

Rudi – „Die Eier rausreißen"?

Der sexuelle Missbrauch von Kindern löst bei den meisten Menschen große Abscheu aus. Die Folgen für die Opfer solchen Missbrauchs können massiv sein und die betroffenen Kinder ein Leben lang schwer belasten. Gleichzeitig wird dieser sexuelle Missbrauch von denjenigen, die ihn begehen, in der Regel als äußerst lustvoll erlebt. In kaum einem Bereich klaffen individuelles und öffentliches Empfinden so weit auseinander.

Der Anteil von Sexualdelikten (nicht nur bezogen auf Kinder) an den polizeilich erfassten Straftaten im Jahr 2022 betrug 2,1 Prozent.[123] Insgesamt wurden damit 38.621 Personen in Deutschland Opfer von Straftaten gegen die sexuelle Selbstbestimmung. Das Dunkelfeld dürfte allerdings um ein Vielfaches größer sein.[124] 6,2 Prozent der Opfer waren Kinder unter 14 Jahren, und 25,6 Prozent Jugendliche von 14 bis unter 18 Jahren.[125]

Rudi, ein schlanker Mann Mitte 30, der mit seinem Kapuzenpullover und den ausgebeulten Jeans oft wie ein Jugendlicher auftrat, hat zu dieser traurigen Statistik beigetragen. Er hatte die Realschule noch abgeschlossen, danach aber keine Ausbildung erfolgreich absolviert. Auch eine längerfristige Arbeitstätigkeit übte er nie aus. Immer wieder jobbte er als Kellner. Wegen seiner überhöhten Anspruchshaltung und mangelnder Kritikfähigkeit wurde ihm meist bald wieder gekündigt. Er fühlte sich zu Höherem berufen. Mit der finanziellen Unterstützung seiner Mutter eröffnete er u. a. ein eigenes Restaurant und ein Tattoo-Studio. Auch diese Unternehmungen scheiterten nach kürzester Zeit. Da seine Mutter immer wieder Geld nachschob, führte er dennoch ein Leben auf großem Fuß. Nach außen hin gab er den erfolgreichen Geschäftsführer und fuhr hochwertige Autos.

Er hatte keine festen partnerschaftlichen Beziehungen, pflegte jedoch Freundschaften zu einigen Frauen, die er als Mitarbeiterinnen in seinem Restaurant und seinem Tattoo-Studio eingestellt hatte. Diese Mitarbeiterinnen waren immer alleinstehende Mütter von Töchtern im Grundschulalter. Im Nachhinein stellte sich heraus, dass es diese Töchter waren, auf die er es abgesehen hatte. Er bot den Frauen z. B. an, die Mädchen zum Spielplatz zu bringen und sie zu beaufsichtigen, während ihre Mütter arbeiteten. Auch durften sie oft unter seiner Aufsicht seinen großen Swimmingpool im Garten benutzen.

Später vor Gericht würden die Mütter aussagen, dass sie nie Verdacht geschöpft hätten. Schließlich sei Rudi ihr Chef gewesen. Er hätte einen seriösen Eindruck gemacht und überhaupt nicht gewirkt wie ein Kinderschänder. Außerdem hätten sie die Jobs dringend gebraucht, kaum jemand sonst wollte sie als Alleinerziehende einstellen. Kinder sind bekanntlich immer mal wieder krank, was oft zu einem Ausfall der Mutter am Arbeitsplatz führt. Rudi jedoch hätte dies nichts ausgemacht. Ihren Töchtern hätten sie die Missbräuche nicht angemerkt.

Heraus kam die Sache erst durch eine Mitschülerin eines der Mädchen. Diese Mitschülerin erzählte ihrer Mutter etwas von einer Klassenkameradin, die mit einem Mann verheiratet sei. So nahm die Sache ihren Lauf. Auf dem sichergestellten Laptop von Rudi wurden neben vielen Bildern seiner kindlichen Opfer auch mehrere Tausend Bilder mit kinderpornografischem Material gefunden. Auch stellte man fest, dass er über soziale Netzwerke versucht hat, Kontakt zu weiblichen Kindern und Jugendlichen aufzubauen.

Der leibliche Vater des einen Mädchens konnte nicht ausfindig gemacht werden. Der Vater des anderen Mädchens wurde als Zeuge dazu befragt, ob ihm irgendetwas aufgefallen wäre. Dabei stellte sich heraus, dass er seine Tochter seit vielen Jahren nicht gesehen hatte, und auch nicht in der Lage war, Unterhalt zu zahlen. Wenn er aber etwas bemerkt hätte, da sei er ganz ehrlich, hätte er dem Angeklagten „die Eier rausgerissen, und ihn aufgeknöpft". Kinderschänder gehörten für ihn lebenslang hinter Gitter. Er schien sehr stolz auf sich zu sein, als er den Zeugenstand verließ.

Einen Sextäter vertreten?

Wahrscheinlich wird jeder Anwalt, der im Bereich des Strafrechts tätig ist, oft mit der Frage konfrontiert, wie man es mit seinem Gewissen vereinbaren könne, Menschen zu vertreten, die höchst verachtenswerte Taten wie Rudi begangen haben. Die politisch korrekte Antwort, dass jeder ein Recht auf ein faires Verfahren und eine gute rechtliche Vertretung haben muss, klingt sicher besser als zu sagen, dass man eben Geld verdienen will und muss. Ich denke jedoch, dass es auch darüber hinaus gute Gründe geben kann, sich in diesem Bereich zu engagieren, zumal nicht jeder Beschuldigte tatsächlich Missbräuche begangen hat. Oft steht Aussage gegen Aussage. Niemand hat sich zudem seine sexuelle Orientierung ausgesucht, und nicht wenige Täter wurden als Kind selbst missbraucht. Die Taten sind oft furchtbar, die dahinterstehenden Menschen nicht unbedingt.

Die gerichtlichen Hauptverhandlungen sind in solchen Fällen besonders herausfordernd, zum Teil auch belastend. Rudi hatte alle Vorwürfe der Anklage unumwunden eingestanden. Da falsche Geständnisse gar nicht so selten sind, wird in der Regel dennoch eine, wenn auch etwas weniger umfängliche, weitere Beweisaufnahme durchgeführt. Den Mädchen hat Rudi durch sein Geständnis immerhin die Vernehmung erspart. Jeder einzelne angeklagte Missbrauchsfall wurde jedoch vom Gericht durchgegangen, mit all den abstoßenden Details. Rudi hatte den Mädchen einerseits teure Geschenke wie die in dem Alter schon begehrten iPhones gegeben, und andererseits gedroht, dass er ihre Mütter entlassen müsse, wenn sie etwas weitersagen würden. Außerdem müssten sie dann von der Schule und kämen in ein Heim. Die Kleinen waren dadurch so eingeschüchtert, dass sie ihren Müttern nichts erzählten.

Bei Rudi sah ich meine Aufgabe als Verteidiger vor allem darin herauszuarbeiten, welche Umstände in seiner Biografie seine Neigungen begünstigt haben könnten, auch wenn dies erfahrungsgemäß nur wenig an der Höhe der Strafe ändert. Bei meinem Mandanten gab es einige Punkte, die womöglich mit zu seiner Straffälligkeit beigetragen haben. Sein Vater, ein reicher Versicherungsmakler, litt an Depressionen und brachte sich um, als Rudi drei Jahre alt war. Dieser war das einzige Kind seiner Eltern. Nach dem Tod ihres Mannes wurde er für seine Mutter, die nie wieder eine andere Beziehung einging, zum Ein und Alles. Sie verwöhnte ihn materiell unendlich. Gleichzeitig hatte sie panische Angst, dass ihm auch etwas passieren könne und sah ihn wohl auch etwas als Partnerersatz. Er schlief noch bis im Alter von 15 oder 16 Jahren mit ihr im selben Bett.

Verurteilt wurde Rudi schließlich zu einer mehrjährigen Haftstrafe. Zudem wurde durch das Gericht die Sicherungsverwahrung angeordnet. In Sicherungsverwahrung[126], einer sogenannten Maßregel der Besserung und Sicherung, werden Straffällige genommen, die ihre Strafe bereits verbüßt haben, aber als sehr gefährlich gelten. Die Sicherungsverwahrten haben einige Vorteile im Vergleich zu den Strafgefangenen, unter anderem einen größeren Haftraum. Die Sicherungsverwahrung kann theoretisch bis zum Lebensende andauern. Es wird jedoch regelmäßig mithilfe von Gutachtern gerichtlich überprüft, ob ein Verwahrter noch gefährlich ist oder entlassen werden kann. Am 31. März 2022 befanden sich in Deutschland 604 Straftäter in Sicherungsverwahrung.[127] Oft handelt es sich um Menschen mit erheblichen (sexuellen) Störungen, die schwer „weg therapiert" werden können.

Ungeliebtes Adoptivkind

Ein anderer, zu trauriger Berühmtheit gelangter Sexualstraftäter hatte sich daher für einen anderen Weg entschieden, seine Gefährlichkeit zu reduzieren, um überhaupt eine Chance auf eine Entlassung zu haben.

Die Kindheit dieses Mannes war noch viel übler als die von Rudi. Er wurde kurz nach der Geburt von seiner tuberkulösen Mutter, die wenige Wochen danach starb, getrennt. Sein Vater war lange nicht bekannt.[128] Offenbar handelte es sich um einen Bergarbeiter. Eine Ersatzmutter gab es nicht. So blieb er elf Monate lang in der Klinik, bevor er zu Adoptiveltern gebracht wurde. Seine Adoptivmutter war als Putzteufel bekannt, und hat den Kleinen offenbar regelmäßig geschlagen, wenn er nicht sauber war.[129] Seine Adoptiveltern steckten ihn in verschiedene Heime, in denen er, wie zu jener Zeit üblich, geschlagen und hart diszipliniert worden ist. Erst im Alter von 13 Jahren erfuhr der Junge während eines Heimaufenthaltes zufällig, dass er adoptiert worden war.[130]

Sein Vater sagte später vor Gericht aus, dass er den Fehler gemacht hätte, auf den (angeblichen) Rat des Krankenhausarztes zu hören, dem Jungen zu verbieten, mit anderen Kindern zu spielen, damit er nichts von seiner Adoption erführe.[131]

Sein Adoptivvater war Metzgermeister. Der Junge musste auch für ihn arbeiten: „Da gibt's dieses Gesetz, das einem Meister verbietet, die Lehrlinge wirklich ordentlich ranzunehmen. Vierzig Stunden in der Woche darf man sie heute nur noch arbeiten lassen. Ich sehe das für verkehrt an. Wenn es um sechs in der Früh losgeht, dann haben sie mittags um drei schon Schluss. Was macht so ein Junge von drei bis neun Uhr abends? Das kann nicht gut sein ... Und dann darf man ihnen noch nicht einmal eine ordentliche Tracht Prügel verpassen ... Sechzig Stunden in der Woche, das ist nicht zu scharf für einen Sechzehnjährigen."[132]

Mit 16 tötete Jürgen Bartsch zum ersten Mal einen Jungen. Drei weitere würden folgen. Alle vier Jungen, zwischen acht und zwölf Jahren, missbrauchte er sexuell, brachte sie um und zerstückelte dann die Leichen. Der fünfte Junge konnte sich befreien, und Bartsch wurde im Alter von 19 Jahren festgenommen. Zehn Jahre später wollte er sich kastrieren lassen. Die Operation missglückte, Bartsch verstarb dabei.

Eine Kastration ist heute mit Einverständnis der Betroffenen nach wie vor möglich. Sie kann auch auf chemischen Wegen erfolgen. Sexualstraftäter wählen allerdings sehr selten diesen Weg, um eine Chance zu haben, entlassen zu werden, zumal auch eine solche Kastration keine Entlassung garantiert. Gelegentlich empfehlen psychiatrische Gutachter, dass sich Sexualstraftäter verpflichten, im Falle der Entlassung Antidepressiva zu nehmen, zu deren eigentlich unerwünschter Nebenwirkung ein starker Verlust der Libido gehören kann.

Rudi jedenfalls wird wohl erst im Rentenalter entlassen, und zumindest für sehr lange Zeit keine Kinder mehr schädigen können. Seinen Opfern wird das jedoch nicht mehr helfen, und künftige Täter kaum abschrecken. Der Sexualtrieb ist grundsätzlich stärker als die Angst vor Strafe.

VERANTWORTUNG NÜTZT

Ich stimme dem Rechtswissenschaftler Klaus Günther[133] grundsätzlich zu:

> „Obwohl alle Evidenzen dafür sprechen, dass Strafe zwar in vielerlei Hinsichten wirkt, aber am wenigsten in der beabsichtigten, nämlich einer Verminderung oder Beseitigung der Kriminalität, bleibt der Glaube an das Strafen virulent und persistent."

Die Strafidee ist jedoch keine gänzlich schlechte Idee. Einige Bestandteile sind erhaltenswert, andere entwicklungsbedürftig, und wieder andere sollten ganz überwunden werden. Differenzierung im Denken und Handeln ist notwendig, um uns fortzuentwickeln und menschliche Spaltungen zu überwinden. Überholt ist vor allem der Kern dieser Strafidee, die Vergeltung individueller Schuld durch Zufügung eines Übels. Diese zivilisierte Form von Rache erschwert Reue, Wiedergutmachung und Heilung. Sie fördert nicht Miteinander und Kooperation, sondern Konflikte und Spaltung, und sie wiegt uns in einem falschen Glauben an Sicherheit und Gerechtigkeit.

Die weitgehende Verortung der schlechten Tat in einer individuellen Willensentscheidung des Täters, der Versuch, Unrecht durch die Zufügung von Leid auszugleichen, und die fast ausschließliche Konzentration auf die Frage, wie mit dem Täter umzugehen ist, greifen zu kurz. Das in fast allen Straftaten liegende konstruktive Potenzial (jedenfalls aus Sicht der Gesellschaft, nicht unbedingt aus Sicht der konkret Geschädigten) bleibt so weitgehend ungenutzt. Im Gegenteil erhöht die Fokussierung auf individuelle Täter die Gefahr, Ungerechtigkeit zu vergrößern, anstatt ihr entgegenzuwirken.

Rationale Resozialisierung statt Irrglaube an Strafe

Ich setze der Strafidee daher eine Idee der rationalen Sozialisierung entgegen. Dabei geht es nicht primär um ein lediglich für Fachleute relevantes neues Behandlungsprogramm für Straffällige. Die Strafjustiz setzt das (vermutete) Strafbedürfnis der Allgemeinheit um. Es geht also vor allem auch darum, dieses Bedürfnis zu hinterfragen.

Zudem bin ich überzeugt, dass der Umgang mit Kriminalität viel stärker zu einer gesellschaftlichen Aufgabe werden muss, die wir öffentlich diskutieren, mit der wir uns intensiver beschäftigen. Der ehemalige Vorsitzende Richter am Bundesgerichtshof Thomas Fischer[134] hält es dagegen für fraglich, ob die Mehrheit der Bevölkerung es akzeptieren würde, wenn der Umgang mit straffälligen Menschen aus der unsichtbaren Außenwelt, in der sie heute stattfinde, in die Mitte der Gesellschaft zurückverlegt werde.

Ich denke jedoch, dass es dazu keine Alternative gibt.

Zwar würde unsere moderne Massengesellschaft ohne den hohen Grad an Arbeitsteilung und Spezialisierung nicht funktionieren. Auch Fortschritt wäre in vielen Bereichen anders nicht denkbar. Die Delegation von Aufgaben und Kompetenzen an den Staat ist eine Form von Arbeitsteilung. Die Gefahr solcher Arbeitsteilung liegt jedoch darin, dass diejenigen, die etwas delegiert haben, sich kaum noch damit befassen, und sich in erster Linie auf die Rolle der Konsumenten von Produkten oder Dienstleistungen beschränken (müssen).

Je schmutziger das Geschäft, desto weniger wollen viele damit zu tun haben. Bis zu einem gewissen Grad ist das auch unvermeidbar. Je existenzieller allerdings die Fragen sind, um die es geht, umso mehr allgemeine Aufmerksamkeit haben sie verdient. Das „Produkt", um das es hier geht, ist Gerechtigkeit. Wir sind nicht nur Konsumenten, sondern auch Produzenten. Gerechtigkeit lässt sich nicht vom Menschen trennen wie andere Produkte. Ein erster Schritt in Richtung der (Re-)Sozialisierung ist also die Erkenntnis, dass der Umgang mit Kriminalität nicht derart weitgehend delegiert werden kann, wie es derzeit der Fall ist. Es geht um politisch umzusetzende, aber gesamtgesellschaftlich getragene Entscheidungen über die Verwendung von begrenzten Ressourcen wie Geld, Aufmerksamkeit und Energie. Und es geht um den Gebrauch von staatlicher Macht und Gewalt.

Können wir die Praxis der Ressourcenverwendung und vor allem der Gewalt verantworten? Nach Auffassung des Philosophen Julian Nida-Rümelin[135] ist dafür das Gesamt der Interessenlagen und Handlungsbedingungen einzubeziehen, aus denen wir dann die Gründe entwickeln, die für oder gegen eine Praxis sprechen.

Vernunft als Grundlage

Die Grundlage des Modells der rationalen Resozialisierung ist die Vernunft. Strafe bzw. Reaktion auf straffälliges Verhalten können in einer aufgeklärten Gesellschaft kein quasi-religiöser Akt bleiben, der ganz wesentlich auf den Glauben an eine metaphysische Vergeltung von Schuld setzt. Der Umgang mit Kriminalität muss vielmehr so rational wie menschenmöglich gestaltet werden. So kalt und berechnend, wie „Rationalität" klingt, ist es in diesem Kontext nicht gemeint. Humanes und rationales Handeln bedingen einander. Es geht darum, dieses Handeln bestmöglich zu begründen, seine Folgen zu berücksichtigen und dabei Glaubenssätze zu hinterfragen. Die sinngemäße Begründung „Wir wollen Vergeltung, daher ist sie richtig und notwendig", ist dabei gerade nicht ausreichend.

Das erfordert insbesondere eine Selbstreflexion derjenigen, die nicht in spürbarer Weise von unserem Strafrecht negativ betroffen sind, die also eher zu den Strafenden und nicht zu den Bestraften gehören. Anders ausgedrückt ist es die strafende Seite in uns, die vor allem kritisch analysiert werden muss. Die individuelle Aggression und Gewalt sind im Verlaufe der Menschheitsgeschichte verpönt und auch durch kollektive Gewalt zurückgedrängt worden. Die vom Einzelnen ausgehende Gewalt gilt als schlecht und böse, die kollektiv ausgeübte Gewalt oft als notwendig und gerecht. Wer sich also auf der Seite der Mehrheit sieht, kann im Brustton moralischer Überlegenheit härtere Strafen für Kriminelle fordern.

Der Unterschied zwischen manchen Strafwütigen und Straffälligen kann jedoch lediglich darin bestehen, dass erstere mehr Menschen auf ihrer Seite haben. Der Philosoph Arno Plack[136] bringt es so auf den Punkt:

„Triebpsychologisch sind Gewaltverbrecher und Strafwütige gleichermaßen destruktive Charaktere. Dass in die Strafe noch viel von den Affekten mit eingeht, die im Verbrechen wirksam sind, macht Verbrechen und Strafe schwer gegeneinander abgrenzbar."

Die Philosophin Franziska Dübgen[137] mahnt zu Recht:

„Denn es kann nur das verändert werden, was ins Licht gerückt und erkannt wird. Dies betrifft auch die Gewalt, die von den Institutionen ausgeht, die im Namen einer politischen Gemeinschaft operieren. Nur wenn wir diese Gewalt nicht von uns abspalten und verdrängen, kann eine neue Gerechtigkeit ihr utopisches Potenzial sukzessiv entfalten."

Ist das Streben nach Gerechtigkeit tatsächlich der reine Grund unseres Strafens? Sind unsere Strafen ein notwendiges und geeignetes Mittel zur Bekämpfung der Kriminalität? Schaffen sie Gerechtigkeit und Sicherheit? Gehen wir von rational begründbaren Annahmen zur Begründung unserer Praxis aus?

Zwar können auch gemeinsame Glaubensvorstellungen (vor allem religiöse) verbindend sein und sozialisierend wirken. Wenn sie jedoch Bereiche betreffen, die rational eigentlich erfasst werden könnten, ist die Gefahr groß, dass aus dem geglaubten Sinn ein tatsächlicher Unsinn wird. Der Glaube kann erst dort einsetzen, wo der Verstand endet. „Querdenker", „Fake News", „Alternative Fakten", „Klimaleugner" sind Schlagwörter und demokratiegefährdende Probleme unserer Zeit.

Auch zur Förderung der allgemeinen Akzeptanz unserer Strafjustiz, und um Verschwörungstheorien bzw. staats- und demokratiefeindlichen Tendenzen vorbeugen und standhalten zu können, ist es daher wichtig, staatliches Handeln möglichst rational zu begründen. Dies gilt umso mehr, wenn es sich um repressive Maßnahmen wie den Strafvollzug handelt. Vor allem jedoch kann die Strafjustiz in die Hände von politischen Kräften geraten, die es mit Fakten ohnehin nicht sehr genau nehmen und Menschenrechte nicht respektieren. Je genauer die mit dem Strafen verbundenen Interessen und Folgen herausgearbeitet werden, und je stärker Strafen auf nachvollziehbaren Gründen beruht, desto schwerer kann es missbraucht werden.

Die scheinbar rationale Begründung des Staates dafür, Straftaten durch die Zufügung eines Übels zu vergelten, lautet häufig, dass dies eben dem Vergeltungsbedürfnis der Mehrheit der Menschen entspräche. So stellt der Strafrechtsprofessor Tonio Walter[138] fest:

„Die Jurisprudenz setzt sich selbst die Prämissen, aus denen sie dann schließt, und diese Prämissenwahl richtet sich nicht nach den Gesetzen der Logik, sondern nach den Ansprüchen eines Publikums, das überzeugt werden möchte."

Furcht und Realität

Ganz überzeugt ist das Publikum scheinbar nicht immer. So zitiert der Kriminologe Jörg Kinzig[139] Umfragen, wonach mehr als die Hälfte der Bundesbürger Urteile als zu milde kritisiert und 62 Prozent überzeugt sind, dass die Gerichte bei jugendlichen Straftätern härter hätten durchgreifen müssen. Dabei ist jedoch zu beachten, dass diese Ergebnisse mit der medialen Darstellung der Gerichtspraxis zusammenhängen können.[140] Auch handelt es sich meist um generell formulierte Fragen. Bei der Einschätzung konkreter Fälle ist das Urteil der Öffentlichkeit nach den Erkenntnissen der Kriminologen Singelnstein/Kunz oft ähnlich oder sogar milder als das des entscheidenden Gerichts.[141]

Eine wesentliche Rolle bei der Beurteilung der Gerichtspraxis spielt zudem die Kriminalitätsfurcht. Wer subjektiv das Gefühl hat, dass die Kriminalitätsbelastung hoch ist oder zunimmt, wird dazu neigen, härtere Strafen zu fordern.[142] Diese Kriminalitätsfurcht hat jedoch wenig mit der tatsächlichen Kriminalität zu tun. So steigt die Kriminalitätsfurcht ab dem mittleren Lebensalter kontinuierlich an, obwohl die Wahrscheinlichkeit mit zunehmendem Alter sinkt, tatsächlich Opfer einer Straftat zu werden.[143] Frauen und alte Menschen haben statistisch ein geringeres Risiko Opfer zu werden, äußern aber verstärkt Kriminalitätsfurcht.[144] Kriminalitätsfurcht hängt zudem stark mit den medialen Gesetzmäßigkeiten zusammen. Untersuchungen zeigen, dass heute über Straftaten und deren Folgen viel häufiger als früher berichtet wird. Eine einzelne Straftat produziert also heute viel mehr Nachrichten.[145] Nach Singelnstein/Kunz[146] steht der Konsum von Boulevardzeitungen und privaten Nachrichtensendern im Zusammenhang mit härteren Strafeinstellungen. Auch die Nutzung gewalthaltiger Computerspiele wird in Zusammenhang mit einer verstärkten punitiven Einstellung gebracht.[147]

Eine aktuelle Studie des Zentrums für kriminologische Forschung Sachsen e.V.[148] konnte für das Jahr 2022 in 45,31 Prozent des fokussierten

Gebiets im Vergleich zu 2018 einen Rückgang der registrierten Straftaten verzeichnen. Von den Befragten nahmen allerdings nur 3,22 Prozent einen Rückgang wahr. 88,52 Prozent nahmen dagegen entgegen der tatsächlichen Entwicklung eine Zunahme der Kriminalität wahr.

Die Wahrnehmung von Kriminalität ist also schon nicht rational. Davon wird das Strafbedürfnis beeinflusst. Vor allem jedoch wird ein irrationales Bedürfnis nicht allein dadurch rational, dass sich der Staat seiner Umsetzung annimmt.

Evolutionärer Hintergrund

Zum Einstieg in die Frage nach der Rationalität ist es sinnvoll, zunächst dem Ursprung unseres Rache- und Vergeltungsbedürfnisses näherzukommen. Wie und warum könnte es entstanden sein, und was war sein ursprünglicher Sinn? Unsere Spezies, der Homo sapiens, die einzige noch verbliebene Menschenart, entstand vor etwa 300.000 Jahren.[149] Biologisch unterscheiden wir uns kaum von den Menschen vor Zehntausenden von Jahren. Unsere Instinkte und Bedürfnisse sind noch weitgehend identisch mit denen der ersten „echten" Menschen (nach dem Fundort der Fossilien auch „Cro-Magnon"-Menschen genannt).[150] Bis heute sind unsere Gehirne auf ein Leben als Jäger und Sammler programmiert.[151]

In dieser Zeit der Jäger und Sammler hat sich auch das herausgebildet, was heute noch Grundstruktur menschlicher Gesellschaft ist.[152] Die Frage ist also, welche Bedingungen zur Zeit der ersten Menschen vermutlich gegeben waren, und inwiefern sie sich von unserer heutigen Realität unterscheiden.

Zunächst waren die menschlichen Gruppen im Vergleich zu heute sehr klein. Die Gruppen von Schimpansen, unseren nächsten Verwandten, bestehen heute aus 20 bis 50 Mitgliedern.[153] Der Mensch konnte auch in etwas größeren Gruppen von bis zu 150 Mitgliedern leben. Jeder kannte jeden persönlich. Viele Gruppenmitglieder waren miteinander verwandt.

Der englische Anthropologe Robin Dunbar hat diese Zahl anhand des sog. Neocortexverhältnisses ermittelt.[154] Dies bezeichnet den Anteil der äußeren Hirnrinde („graue Zellen") am Gesamtvolumen des Gehirns.[155] Er wies anhand von Studien über verschiedene Spezies nach, dass es einen Zusammenhang zwischen diesem Neocortexverhältnis und der typischen Gruppengröße der jeweiligen Spezies gibt.[156] Er folgerte daraus, dass dies die Höchstzahl von Personen ist, mit der wir engere soziale Beziehungen pflegen können. In neueren Forschungen wird zwar davon ausgegangen, dass die Bestimmung einer so eindeutigen Größe der kognitiv möglichen sozial engeren Kontakte nicht möglich ist.[157] Da jedoch das Führen sozialer Beziehungen auch von der Zeit abhängt, die man darauf verwenden kann, wird die Größe der Gruppen unserer frühesten Vorfahren eher noch kleiner gewesen sein.[158]

Die einzelnen Gruppen unterhielten auch Kontakte zu benachbarten Gruppen.[159] Es ist umstritten, wie sich diese ersten Menschen in der Gruppe organisiert haben, und wie friedlich die Kontakte zu den anderen Menschengruppen waren.

Der Historiker Yuval N. Harari[160] hält es für gut denkbar, dass vor einigen zehntausenden Jahren einige Menschengruppen in kommunistischer Utopie lebten, während andere Gruppen streng hierarchisch strukturiert waren. Auch der Kontakt zu anderen Gruppen war nicht überall vergleichbar. In einigen Regionen scheinen Menschen friedlich zusammengelebt zu haben, während es in anderen blutige Konflikte gab.[161]

Die noch älteren, ursprünglichen Gruppen der Jäger und Sammler waren jedoch wohl tendenziell gleichberechtigt. Es gab allenfalls vorübergehend und inhaltlich bedingte Machtunterschiede aufgrund von mehr Wissen und Fähigkeiten.[162] Zur Begründung wird darauf verwiesen, dass es auch in heutigen „primitiven" Kulturen wenig Dominanz und viel Gleichheit gebe. Wer sich hervortun möchte, werde von der Gruppe ausgebremst, vereinzelt sogar getötet.[163] Für diese Ansicht spricht etwa eine Betrachtung der indigenen Piraha-Indianer am Amazonas. Dort gibt es keinen Häuptling, sondern eine Kultur der Gleichberechtigung. Es gibt auch keine Polizei oder Gerichte.[164] Sie sind untereinander tolerant und friedlich, aber sehr gewalttätig, wenn es darum geht, andere von ihrem Land fernzuhalten.[165]

Evolutionäres Erfolgsrezept der Kooperation

Die wesentlich von Charles Darwin[166] begründete Evolutionstheorie gründet auf vier Prinzipien: Die Individuen innerhalb einer Population unterscheiden sich in ihren Eigenschaften (Variation). Individuen mit für ihre Umwelt besser geeigneten Eigenschaften haben bessere Überlebens- und Fortpflanzungschancen (Selektion). Zumindest ein Teil dieser Variation ist erblich und wird an die Nachkommen weitergegeben (Heritabilität). Die Nachkommen werden deshalb mit größerer Wahrscheinlichkeit die zur Anpassung an die Umwelt geeigneten Eigenschaften tragen (Adaptation).

Kurz gesagt bedeutet Evolution das Einwirken der natürlichen Selektion auf die Unterschiede zwischen Individuen.[167] Diese Prinzipien gelten auch für den Menschen.[168] Die Frage ist also, welche Eigenschaften unserer Vorfahren die beste Anpassung an die Umgebung und die höchste reproduktive Fitness ermöglichten.[169]

Die Einheit, auf die selektiert wird, bzw. die infolge natürlicher Selektion überlebt, ist umstritten.[170] Geht es um Gruppen innerhalb einer Spezies, um die Spezies an sich, oder wählt die natürliche Selektion zwischen Genen aus? Dies könnte erklären, dass man sich besonders gegenüber Verwandten altruistisch verhält, da diese wahrscheinlich die gleichen Kopien der gleichen Gene in sich tragen.[171]

In einer Studie[172] zum Altruismus bekamen die Versuchspersonen ein Pfund für jede Minute, die sie die sehr anstrengende „Skifahrerposition" mit gebeugten Knien halten konnten. Die gemessen an der Dauer des Haltens der Position verdienten Geldbeträge gingen abhängig von der Person oder Einrichtung, die den Betrag bekommen sollte, in dieser Abstufung zurück: Versuchsperson selbst, Elternteil, Schwester/Bruder, Tante/Onkel/ Nichte/Neffe, Cousin, Freund gleichen Geschlechts. Weit abgeschlagen war eine soziale Einrichtung für Kinder.

In jedem Fall wird man annehmen müssen, dass eine Fähigkeit zur Kooperation für die ersten Menschen überlebenswichtig war. Die Theorie der Multilevel-Selektion[173] geht von drei Kategorien kooperativen Verhaltens aus, die auf verschiedenen Ebenen ansetzen: Die Verwandtschaftsselektion, die bei den Genen ansetzt; die Gruppenselektion, die auf der Ebene der sozialen Gruppe ansetzt; und Gegenseitigkeit und Reziprozität auf der Ebene des einzelnen Organismus (d. h., der individuelle Mensch verhält sich hilfsbereit und altruistisch, und wird im Gegenzug auch so behandelt).

Friedfertigkeit und Kooperation

Der Anthropologe Richard Wrangman sieht die Friedfertigkeit als Fundament des modernen Menschen, weil sie eine wesentliche Voraussetzung für komplexe Kooperation und soziales Lernen ist.[174] Friedfertigkeit ist dabei nicht deckungsgleich mit Kooperation. Ein kooperatives Verhalten kann z. B. auch in altruistischer Hilfe bestehen, die keinen (unmittelbaren) Vorteil für den Handelnden hat, und einem anderen Vorteile bringt, für die dieser nichts geleistet hat. Der Soziologe Nicholas Christakis[175] definiert Kooperation als den Beitrag zu einem Ergebnis, das allen Angehörigen einer Gruppe nutzt, unabhängig davon, ob die anderen sich daran beteiligt haben oder nicht. Infolge der Einwirkung der natürlichen Selektion auf die Unterschiede zwischen Individuen[176] sind wir heute vor allem Nachkommen von Menschen, die sich zumindest in der eigenen Gruppe tendenziell friedfertig und kooperativ verhalten haben.

Als Kind ist der Mensch ohnehin lange auf die Fürsorge anderer angewiesen, die wiederum zusammenwirken müssen, um ein Kind großzuziehen. Auch als Erwachsener hätte ein Mensch alleine kaum Chancen gehabt, sich über die Jagd die notwendige Nahrung zu beschaffen, oder sich gegen Raubtiere oder feindliche Menschengruppen zu wehren. Die Bereitschaft, sich an eine Gruppe zu binden, sicherte dem Einzelnen also höhere Überlebenschancen.[177] Es gab daher ein individuell angelegtes Bedürfnis nach Zusammenhalt, und eine grundsätzliche Notwendigkeit zur Kooperation. Das evolutionäre Erfolgsrezept des Menschen war diese Kooperation.[178] Nach welchen Regeln kooperiert wurde, war nicht von Gruppe zu Gruppe und von Generation zu Generation identisch. Es hat sich durch Versuch und Irrtum herausgebildet, und war immer abhängig von den äußeren Herausforderungen, mit denen die konkrete Gruppe umgehen musste.[179]

Allerdings könnten Individuen, die sich unsolidarisch und unkooperativ verhalten, einen Vorteil haben, wenn sich alle anderen solidarisch verhalten. Sie würden von den anderen profitieren, ohne dass diese im gleichen Maße etwas zurückbekämen. Der Kooperative wäre also der Dumme. Auch wäre das Überleben der ganzen Gruppe gefährdet, wenn unkooperatives Verhalten „Schule machen" würde. Unsere Vorfahren haben daher Verhaltensweisen entwickelt, um unkooperative Gruppenmitglieder zu disziplinieren und unsolidarisches Verhalten, das den anderen Mitgliedern der Gruppe geschadet hatte, „teuer" und nicht lohnenswert zu machen. Das funktionierte über die Zufügung von Schmerzen, eines Übels, und/oder den Entzug der Solidarität durch die anderen. Wer sich zu unsozial verhielt, wurde ausgeschlossen oder getötet.[180] Unsozial in diesem Sinne war auch zu aggressives Verhalten gegenüber anderen Mitgliedern der Gruppe oder der Versuch, mehr Macht als andere zu haben, ohne dass dies durch mehr Leistung oder Können im Dienste der Gruppe gerechtfertigt gewesen wäre. Dem zu begegnen war ein wesentlicher Teil der Grundidee des Vorläufers von dem, was wir heute unter Strafe verstehen.

Die Macht der Gruppe

Entsprechende Verhaltensweisen sind insbesondere auch durch unsere Affekte bedingt. Zunächst hat sich wohl das individuelle Rachebedürfnis Geschädigter entwickelt. Wer in einer Gruppe der ersten Menschen von einem anderen geschädigt oder verletzt worden ist, musste diesen ebenfalls verletzen, wenn er nicht wollte, dass der andere auf Dauer Vorteile in der Konkurrenz um knappe Ressourcen (in diesem Sinne z. B. auch Geschlechtspartner) hatte. Für den Psychiater Reinhard Haller ist es eine wichtige Motivation für Rache, einen Machtausgleich zu schaffen.[181] Gleichzeitig zeigte man so auch anderen, dass sie einen nicht gefahrlos angreifen können.

Wenn es jedoch nur dieses individuelle Rachebedürfnis gäbe, würden sich Stärkere gegen Schwächere, deren Rache sie nicht fürchten müssten, durchsetzen. Der Neurowissenschaftler Michael Tomasello[182] bezeichnet die Art, mit Konkurrenz innerhalb einer Gruppe so umzugehen, dass Individuen mit geringerer Kampffähigkeit denen mit größerer das überlassen, was diese haben wollen, als „Tiersozialität".

Noch heute zeigen sich die Probleme eines Ungleichgewichts der Macht in bestimmten Gesellschaftsformen, z. B. bei Sippen oder Familienverbänden, die von einem anderen Verband etwa wegen der Tötung eines ihrer Mitglieder Schadensersatz verlangen wollen. So berichtet der Ethnologe Günther Schlee[183] von Blutgeldverhandlungen im Norden Kenias. 1990 hatte dort ein junger Mann vom Clan der Degodia ein Mädchen vom Clan der Sakuye vergewaltigt, das weit entfernt von der Siedlung ihre Herde hütete. Er hat sie dabei zusätzlich mit Messerstichen entstellt. Die Sakuye forderten fünf Kamele als Kompensation, was die Degodia, ein kopfstärkerer und deutlich besser bewaffneter Clan, als grundsätzlich angemessenen Ausgleich bezeichneten. Sie appellierten allerdings an die „Brüderlichkeit" des Sakuye-Clans, der sich notgedrungen schließlich mit einem Kamel als Kompensation begnügen musste.

Es bedarf daher einer gemeinsamen Aktion der übrigen Gruppenmitglieder, bzw. einer zentralen Instanz, die über allen Individuen und Gruppen steht, damit eine Gesellschaft als Ganze gerecht funktionieren kann. Der Begründer der Psychoanalyse Sigmund Freud[184] stellt zutreffend fest:

„Das menschliche Zusammenleben wird erst ermöglicht, wenn sich eine Mehrheit zusammenfindet, die stärker ist als jeder Einzelne und gegen jeden Einzelnen zusammenhält. Die Ersetzung der Macht des Einzelnen durch die der Gesellschaft ist der entscheidende kulturelle Schritt."

Zudem stimmt die subjektive Einschätzung, von einem anderen übervorteilt worden zu sein, nicht notwendigerweise mit dem Gefühl der Gruppe für Solidarität untereinander überein. Der Rächer könnte am Ende derjenige sein, der sich unsolidarisch verhält. Rache kann maßlos sein[185], und ihrerseits wieder Rachebedürfnisse bei anderen wecken.[186] Dass die Reaktionen des unmittelbaren Opfers häufig nicht im Sinne der Gruppe sind, und dass das verletzte Individuum einen Ausgleich oft nicht allein schaffen konnte, haben mit zu dem beigetragen, was wir heute als das Bedürfnis wahrnehmen, Ungerechtigkeit zu vergelten, auch wenn es nicht uns persönlich zugefügt worden ist. Nur die Gruppe ist stärker als jedes einzelne, noch so starke Mitglied. Kooperation war und ist daher auch zu diesem Zweck notwendig.[187]

Gewalt und Aggressionen wurden so zunehmend reaktiv eingesetzt, um das wieder auszugleichen, was sich einer im Übermaß genommen hat. Es ging also darum, den „Täter" zu verletzen, zu schädigen, oder gar zu töten. Auch bei den Mitgliedern anderer, womöglich verfeindeter menschlicher Gruppen ging es darum, der anderen Gruppe einen mindestens ebenso großen Schaden zuzufügen, wenn ein Mitglied dieser Gruppe ein eigenes Mitglied verletzt hat.

Heutige Studien zeigen, dass es auch als befriedigend erlebt werden kann, wenn man sich an einem rächt, der die Tat zwar selbst nicht begangen hat, aber der gleichen Gruppe von Menschen zugerechnet wird.[188] Unkontrollierte Emotionen dagegen sind dem Fortkommen in der Gesellschaft generell nicht förderlich, und unbeherrschte Aggressionen befördern Menschen ins Abseits.[189] Das zeigt auch die Beobachtung heutiger indigener Gesellschaften. Wut gilt etwa bei den Ureinwohnern am Amazonas[190] oder bei den Inuit[191] als Todsünde. Im Menschen ist angesichts seines evolutionären Hintergrunds also letztlich beides angelegt: die

Fähigkeit zur ggf. auch tödlichen Gewalt und Aggression[192], um sich gegen feindliche Gruppen oder Konkurrenten in der eigenen Gruppe behaupten zu können, und die Fähigkeiten zu Friedfertigkeit und Kooperation.

Aggressionstrieb?

Es stellt sich dabei die Frage, welche dieser Fähigkeiten, die sich zum Teil überschneiden (Kooperation war auch zur Ausübung kollektiver Gewalt nach innen oder außen notwendig), und zum Teil widersprechen, stärker ausgeprägt ist. In diesem Zusammenhang ist auch von Relevanz, ob und in welchem Maß es sich bei diesen Fähigkeiten um Bedürfnisse oder Triebe handelt, die irgendwie ausgelebt werden müssen, und welche Rolle die Zivilisation dabei spielt. Befindet sich der Mensch, wie Thomas Hobbes meint, „so lange im bloßen Naturzustand (der ein Kriegszustand ist), wie persönliche Triebe das Maß von Gut und Schlecht sind"[193], und hält dieser Krieg eines jeden gegen jeden an, solange die Menschen ohne eine öffentliche Macht sind, die sie alle in Schrecken hält?[194]

Mit „Trieb" sind machtvolle biologische Kräfte gemeint, die im Leben eines Menschen vom Säuglingsalter an kommen und gehen und nach Abfuhr drängen.[195] Die Befriedigung des Triebs auf dem Höhepunkt seiner Forderungen wird mit Lust und einer (vorübergehenden) Minderung der Triebspannung belohnt.[196] Unvollkommene Befriedigung dagegen führt zu unvollkommener Spannungsminderung und Unbehagen.[197] Sigmund Freud[198] hält Aggression für solch einen Trieb.

„Das gern verleugnete Stück Wirklichkeit … ist, dass der Mensch nicht ein sanftes, liebebedürftiges Wesen ist, das sich höchstens, wenn angegriffen, auch zu verteidigen mag, sondern dass er zu seinen Triebbegabungen auch einen mächtigen Anteil von Aggressionsneigung rechnen darf."

Auch der Verhaltensforscher Konrad Lorenz[199] geht davon aus, dass die Aggression des Menschen als Trieb angelegt ist, der irgendwohin gerichtet werden muss:

„Man lebte mit zehn bis fünfzehn seiner besten Freunde sowie deren Frauen und Kindern in einer Gemeinschaft. Jeder hat dem anderen viele Male das Leben gerettet, und Rivalitäten traten zurück hinter der ständigen Notwendigkeit, sich gemeinsam gegen die feindlichen Nachbarn zu wehren. Alle Triebe intra-spezifischer Aggression fanden reichlich Absättigung nach außen."

Andere halten es dagegen für zweifelhaft, dass es einen dem Fortpflanzungstrieb vergleichbaren Aggressionstrieb gibt.[200] Der Psychiater Joachim Bauer[201] bezeichnet Aggression mit Verweis auf Darwin als rein reaktives Verhaltensprogramm. Wenn sich in der Evolution eine Neigung zur Gewalt entwickelt, sei sie immer strategischer Natur. Lebewesen würden Gewalt aufgrund ihrer Selektion nur dann anwenden, wenn der voraussichtliche Nutzen schwerer wiege als die voraussichtlichen Kosten.[202]

Die Ansicht, dass Aggression kein individueller Trieb ist, der unabhängig von den Umständen irgendwie ausgelebt bzw. befriedigt werden muss, ist vor diesem Hintergrund plausibler. Aggression kostet Energie und verleitet dazu, eigene Gefahren zu übersehen. Sie hat das Potenzial, überlebenswichtige Kooperation zu stören[203], und fordert wiederum Aggressionen anderer heraus. Sie ist teuer, da die Gruppe entsprechend auf sie reagiert. Es spricht daher viel dafür, dass sich individuelle Aggressionen, die nicht der individuellen Verteidigung oder dem Wohl der Gruppe dienen, im Verlaufe der Menschwerdung nicht halten konnten. Die allzu sehr im Eigeninteresse aggressiven Individuen sind in der Frühgeschichte der Menschheit von der Gruppe verstoßen oder umgebracht worden und konnten sich nicht fortpflanzen. Unter anderem das wiederum setzte die Fähigkeit zur Aggression und Gewalt in Kooperation mit der Gruppe voraus, die sich erhalten hat.

Die Beobachtung heutiger indigener Völker deutet darauf hin, dass es die Todesstrafe durch die Gruppe für zu aggressive Individuen gegeben haben muss.[204] So wurde etwa das als äußerst friedfertig geltende Wildbeutervolk der !Kung San aus der Kalahariwüste von Botswana erforscht. Einer von ihnen hatte drei Männer getötet. Die Gemeinschaft lauerte ihm daraufhin auf und verwundete ihn tödlich. Frauen und Männer durchbohrten ihn auch noch mit Pfeilen und Speeren, als er längst tot war. So wollten alle gemeinsam die Verantwortung für seinen Tod übernehmen.[205]

Studien über Babys zeigen, dass der Mensch dagegen von Natur aus (d. h. nicht erst durch Erziehung bzw. Einwirkung durch die Außenwelt) eher eine Neigung zu kooperativem Verhalten zeigt. So greifen Babys im

Alter von wenigen Monaten bei Puppenspielen eher nach Puppen, die sich kooperativ zeigen.[206] Zwar könnte man argumentieren, dass gerade Babys und Kleinkinder demonstrieren, wie aggressiv der Mensch eigentlich ist, und wie viel äußerer Einwirkung es bedarf, diese Aggressionen zu zähmen.[207] Auf das ganze Leben bezogen erreichen Menschen ihren höchsten Grad an Aggressionen im Alter von zwei Jahren.[208] Zum Glück für ihre Umwelt sind sie da noch sehr klein und schwach.

Zum einen sind Babys jedoch, anders als der „fertige" Mensch, völlig machtlos und abhängig. Sie können auch am Anfang noch nicht zwischen innerer und äußerer Welt unterscheiden, d. h. Hunger oder Durst werden als tödliche Bedrohungen erlebt, die reaktiv Aggressionen auslösen. Zum anderen zeigt sich in der Entwicklung jedes Individuums immer auch ein Stück Entwicklung des Menschen an sich. Dieser, bzw. seine nicht-menschlichen Vorfahren, waren womöglich vergleichsweise aggressiv. In seiner evolutionären Fortentwicklung konnte sich ein anlassloser individueller Aggressionstrieb jedoch nicht halten. Wir können dagegen noch heute beobachten, wie sehr den Menschen der Entzug gesellschaftlicher Solidarität bzw. der Ausschluss aus der Gruppe schmerzt. Mobbingopfer sind ein Beispiel dafür. Auch scheint es unter „normalen" Umständen einen tiefverwurzelten Widerwillen gegen die Verletzung von anderen zu geben.[209] Soziale Interaktionen, die mit gegenseitigem Vertrauen und guter Zusammenarbeit verbunden sind, führen dagegen zur Ausschüttung von Glücksbotenstoffen.[210]

Grundsätzliche Friedfertigkeit und ein Trieb zum sozialen Miteinander und zur Kooperation[211] gehören also zum Wesen des Menschen, nicht aber ein Trieb zur Aggression. Diese ist weitgehend nur noch reaktiver Natur. Sie dient grundsätzlich der Abwehr von Gefahren bzw. Bedrohungen und der Vermeidung von Schmerz. Dazu gehört auch der Schmerz, der durch den Ausschluss aus einer Gruppe oder den Verlust der Anerkennung der Gruppe entsteht. Wo daher Aggressionen auch in Form von Rache[212] erwartet werden, werden sie tendenziell auch gezeigt. Der Anthropologe Christopher Boehm[213] berichtet aus der Erforschung einiger Stammesgesellschaften, in denen Ehre ein hohes Gut war. Wenn die Ehre verletzt wurde, war es nicht nur moralisch vertretbar, Blutrache zu üben, sondern notwendig, um die Ehre wiederherzustellen.

Gene und Umwelt

Das schließt nicht aus, dass es vereinzelt auch Individuen gibt, die unabhängig von den sozialen Umständen eine genetisch bedingte starke Neigung zu Gewalt und Aggressionen haben. Generell wird angenommen, dass etwa die Hälfte der Variation von antisozialem Verhalten auf genetische Einflüsse zurückgeht.[214]

Wie stark jedoch Wechselwirkungen zwischen der genetischen Ausstattung und den Umwelterfahrungen sind, zeigen Experimente mit Ratten. Diese halten sich lieber im Dunkeln auf. Viele bekommen ein Magengeschwür, wenn man sie dauerhaft im Hellen hält. Es sei denn, es wurde durch das Fürsorgeverhalten der Mutter unmittelbar nach der Geburt (Ablecken) ein Gen für Stressresistenz aktiviert. Wenn dieses Fürsorgeverhalten verhindert wird, werden die betreffenden Ratten nicht stressresistent.[215]

Auch beim Menschen zeigen Studien die große Bedeutung frühkindlicher Bindung für die spätere Auswirkung der genetischen Ausstattung des Kindes. Menschen, die eine bestimmte Variante eines im Hinblick auf die Stressverarbeitung bedeutsamen Gens besitzen, reagieren nur dann empfindlich, wenn frühe negativ prägende Einflüsse wirksam waren. Dabei spielt insbesondere die emotionale Zuwendung der ersten Bezugspersonen eine gewichtige Rolle. Bei emotionaler Wärme und Verlässlichkeit entwickeln Kinder eher ein stabiles Stressverarbeitungssystem, das sogar noch besser funktioniert als das von Menschen, die eher die genetisch unempfindliche Variante besitzen.[216] Eine Anfälligkeit für Stress erhöht wiederum auch die Wahrscheinlichkeit von Aggressionen.

Selbst im Hinblick auf die Aggressionsneigung schlechte genetische Voraussetzungen können also (sicher nicht immer) durch das soziale Umfeld ausgeglichen werden. Umgekehrt ist es leider ähnlich. Auch bei guten bzw. normalen natürlichen Voraussetzungen kann in einem lieblosen Umfeld ein latent aggressiver Mensch heranwachsen. Bei vielen Erwachsenen, die einem als unverhältnismäßig bzw. aktiv aggressiv erscheinen, stecken von diesen subjektiv empfundene Gefährdungen etwa des Selbstwertes hinter diesen Aggressionen. Sie haben aufgrund ihrer Biografie und der Missachtung ihrer Bedürfnisse in frühester Kindheit Angst, zu kurz zu kommen, und nehmen sich dabei aus Sicht der anderen zu viel. Ihre Aggression ist eigentlich reaktiv und wird falsch als aktiv gedeutet.

Auch die in der Rache und im Strafen liegende Aggression ist reaktiver Natur, da mit ihr auf individuelle Aggressionen bzw. Fehlverhalten[217] reagiert wird. „Der" Mensch ist seiner Natur nach also eher friedfertig und kooperativ, und nicht aggressiv. Wenn das Umfeld es zulässt.

Die Philosophin Hannah Arendt[218] bemerkt dazu:

> „Die Vorstellung ist tief in uns verwurzelt, dass der Mensch versucht wird, Böses zu tun, und sich anstrengen muss, Gutes zu tun. Dagegen sind Menschen mindestens ebenso oft versucht, Gutes zu tun, und müssen sich anstrengen, Böses zu tun."

Studien zeigen, dass Menschen eher bereit sein können, selbst Stromschläge zu bekommen, statt dabei zuzusehen, wie sie stattdessen Fremden zugefügt werden.[219] Zu dieser fest in der menschlichen Natur verankerten Friedfertigkeit und Kooperationsneigung haben auch die Vorläufer unserer Strafidee beigetragen.

Staat und Gefängnis

Vor rund 5300 Jahren begann der Aufstieg der Staaten mit Gesetzen, Gerichten, Polizei und Richtern[220], die Strafverfolgung und Strafen in die Hand nahmen. Der bereits genannte langfristige Rückgang von Tötungsraten in Westeuropa (unter zwei pro 100.000 Einwohner pro Jahr) wird auch auf das Gewaltmonopol des Staates zurückgeführt, das Legitimität und Nutzen privater Gewaltanwendung noch weiter minimiert.[221]

Das bestätigt jedoch nicht unbedingt, wie die oben erwähnte Beobachtung nicht staatlich organisierter und dennoch weitgehend friedlicher Gesellschaften zeigt, dass Hobbes mit seiner Einschätzung recht hat, dass der Naturzustand des Menschen ohne den Schrecken der öffentlichen Gewalt den dauernden Krieg untereinander bedeuten würde. Ihm ist jedoch insoweit zuzustimmen, als die staatliche Organisation für Massengesellschaften die sinnvollste ist, um Gewalt untereinander zu reduzieren. Das begründet weder die Sinnhaftigkeit einer totalen oder weitgehenden Überwachung, noch harte Strafen. Das Problem, das dabei entstehen kann, ist eher das von zu viel staatlicher Gewalt und von Gesetzen, wie es Jean-Jacques Rousseau[222] zum Ausdruck bringt, die „dem Schwachen neue Fesseln anlegten und dem Reichen neue Kräfte gaben."

Menschen zur Strafe die Freiheit zu entziehen, und sie dafür zusammen mit anderen Straffälligen in einer weitgehend geschlossenen Anstalt einzusperren, ist eine vergleichsweise neue Idee. Im alten Rom und antiken Griechenland wurden Menschen noch in erster Linie eingesperrt, um sie zu zwingen, Schulden zu bezahlen, oder um ihnen den Prozess machen zu können.[223] Seit dem 12. Jahrhundert nach Christus gab es Gefängnisse in norditalienischen Städten. Ab dem 13. Jahrhundert wurden in den städtischen Kerkern etwa von Florenz oder Venedig Freiheitsstrafen vollzogen.[224] Erwähnt wurde die Freiheitsstrafe auch in der „Peinlichen Halsgerichtsordnung" Karls V., vor allem in Form einer Ersatzfreiheitsstrafe etwa für Diebe, die eine Geldbuße nicht begleichen konnten (Art. 157).

In der zweiten Hälfte des 16. Jahrhunderts sind zunächst in London und Amsterdam neuartige Institutionen der Einsperrung entstanden.[225] Im 17. Jahrhundert wurden dann in ganz Europa zunehmend Zucht- und Arbeitshäuser errichtet.[226] In Deutschland wurde das erste Zuchthaus im Jahr 1608 in Bremen eröffnet.[227] Im Zuge der Aufklärung setzte sich die Ansicht durch, dass straffällig gewordene Menschen zu konformen Mitgliedern der Gesellschaft erzogen werden sollten.[228] Ziel der aufgeklärten Strafkritik war dabei weniger eine Humanisierung des Strafens, sondern eher eine Steigerung seiner Effizienz.[229] So entstand, wie es der Strafvollzugsexperte Bernd Maelicke ausdrückt, die Idee der „totalen Überwachung und Kontrolle der Gefangenen"[230], die Anfang des 19. Jahrhunderts der Sozialreformer Jeremy Bentham mit dem Modell eines Gefängnisses in panoptischer Bauweise[231] umsetzte.[232]

Für eine Überwindung des Gefängnisgedankens setzen sich in Deutschland immer mehr Menschen ein, wie etwa das wesentlich von dem Soziologen und Rechtswissenschaftler Johannes Feest initiierte Manifest zur Abschaffung von Strafanstalten und anderen Gefängnissen[233] zeigt.[234] Die Inhaftierungsrate, d. h. der Anteil von Inhaftierten pro 100.000 Einwohner, ist heute in Deutschland im internationalen Vergleich mit etwa 70 pro 100.000 relativ niedrig. In den USA sind es fast zehnmal so viele.[235] In Deutschland gibt es derzeit 172 Gefängnisse.[236] Wir haben heute also eine andere Organisation von Strafe. An die Stelle der Mehrheit einer Gruppe ist der Staat getreten. Auch die Art von Strafe hat sich gewandelt. Aus Verletzung, Tötung, Ächtung oder Ausschluss wurde die Inhaftierung. Nicht geändert hat sich aber der zum Beginn der Menschwerdung zurückreichende Grundgedanke des Strafens: Die Zufügung eines Übels als Reaktion auf Fehlverhalten, mit dem Sinn, ein durch dieses Verhalten entstandenes Ungleichgewicht wieder auszugleichen.

Empfundene Gerechtigkeit

Unser Verständnis von ausgleichender Gerechtigkeit beruht noch sehr stark auf den skizzierten ursprünglichen Strukturen der kleinen Gruppen von Jägern und Sammlern. So führt die Rechtswissenschaftlerin Elisa Hoven[237] aus: „Der Wunsch nach Ahndung einer Straftat ist nicht Ausdruck irrationaler Rachsucht, sondern eines intakten Gerechtigkeitsempfindens. Wenn ein Täter Rechtsgüter anderer wie das Leben, das Eigentum oder die sexuelle Selbstbestimmung verletzt, selbst aber keine Einbußen hinnehmen muss, entsteht ein Zustand der Ungleichheit. Das Ungleichgewicht durch die Überdehnung der eigenen Freiheit auf Kosten anderer kann nur durch eine Einschränkung ebendieser Freiheit behoben werden."

Ich gebe Elisa Hoven in vielen Dingen recht, hier jedoch muss ich widersprechen. Das Ungleichgewicht kann in vielen Fällen ebenso oder besser durch Wiedergutmachung ausgeglichen werden. Das Opfer aufzubauen, wäre zudem eine sinnvollere (staatliche) Reaktion, als den Täter ebenfalls so zu erniedrigen, dass wieder Gleichheit mit dem erniedrigten Opfer besteht.

In anderen Fällen, zum Beispiel bei der Tötung, dem sexuellen Missbrauch eines Menschen oder einem Vermögensschaden in Millionenhöhe, ist diese Wiedergutmachung nicht oder nur zu einem kleinen Teil möglich. Das betrifft jedoch zum einen nur einen Bruchteil der mit Strafe bedrohten Handlungen. Zum anderen kann ein Ungleichgewicht bezogen auf das Mehr an Freiheit, die sich der Täter genommen hat, nicht ausgeglichen werden, indem ihm das genommen wird, was er dem Opfer genommen hat. Derjenige, der einem anderen das Leben genommen hat, hat dadurch kein Leben erlangt, das ihm weggenommen werden könnte.

Der Gedanke, den Täter mindestens ebenso zu schädigen, wie er einen anderen geschädigt hat, macht vielmehr nur unter Konkurrenzgesichtspunkten Sinn. Wenn in einer Gruppe der Urmenschen einer dem anderen einen Arm gebrochen hat, dann hatte er diesem gegenüber einen Vorteil z. B. bei der Jagd oder bei der Verteidigung gegen Raubtiere. Dem Täter mindestens ebenso einen Arm zu brechen, konnte daher aus Sicht des Opfers ein gerechter Ausgleich sein.

Selbstverständlich wird in unserem System niemandem mehr zur Strafe der Arm gebrochen. Das Übel wird „umgerechnet" in einen Freiheitsentzug. Heute wird der unmittelbar Betroffene häufig immer noch das Bedürfnis verspüren, dem Täter ebenfalls den Arm zu brechen. Dieses Bedürfnis ist jedoch grundsätzlich[238] irrational, da es weder die eigene Verletzung heilt, noch sonst Nachteile oder ein Ungleichgewicht ausgleicht.

In der ersten Zeit der Menschen war der Schaden des Opfers oft gleich mit dem Gewinn des Täters. Er hatte einen Konkurrenten geschwächt, wenn er diesem das Essen weggenommen oder ein Mitglied von dessen Gruppe getötet hat. Gerade in Männern lebt noch einiges von diesem archaischen Konkurrenzdenken, das Menschen veranlasst hat, scheinbar ohne Anlass insbesondere die Männer anderer Gruppen anzugreifen[239], die sich dann wiederum rächten.

Heute hat einer wenig davon, dem anderen den Arm gebrochen zu haben, außer vielleicht ein kurzes Gefühl der Überlegenheit oder der Aggressionsabfuhr. In einer Gesellschaft von über 80 Millionen Menschen fällt der Einzelne als Konkurrent des Anderen kaum ins Gewicht. Die körperliche Leistungsfähigkeit spielt – anders als die finanzielle, weshalb Geldstrafen in bestimmten Fällen Sinn machen können – für die Konkurrenzfähigkeit ohnehin nur noch eine sehr untergeordnete Rolle.

Das allgemeine Gerechtigkeitsempfinden täuscht auch insoweit, als die so empfundene Gerechtigkeit eine weitgehend egalitäre Gesellschaft voraussetzt. Gerechtigkeit kann nur im Gesamtkontext des gesellschaftlichen Zusammenlebens sinnvoll gedacht werden. Ein ungleiches oder ungerechtes System wird durch einen auf eine einzige Handlung bezogenen Ausgleich eines Ungleichgewichts gestützt. So kann die isoliert betrachtete Gerechtigkeit im Kontext tatsächlich zur Ungerechtigkeit werden.

Vor kurzem habe ich einen jungen Mann vertreten, der im Wert von einigen hundert Euro Waren bei Amazon bestellt hat. Als Besteller und Bezahler hat er seinen Vater (der davon nichts wusste) angegeben, dessen Zugangsdaten er sich organisiert hatte. Er hat sich die Waren zuschicken lassen, der Vater sollte bezahlen. Dieser hat es nicht getan, sodass Amazon Opfer eines Betrugs geworden ist. Einige der Sachen hat mein Mandant wieder an Amazon zurückgeschickt, sodass der tatsächliche Schaden zuletzt vielleicht noch bei 300 Euro lag. Da der junge Mann dies aber zum wiederholten Mal getan hatte, wurde er zu einer mehrmonatigen Freiheitsstrafe ohne Bewährung verurteilt. Dem Milliardenkonzern Amazon machen die 300 Euro nichts aus. Das vom Täter angerichtete Ungleichgewicht ist bezogen auf die Tat minimalst. Im größeren Kontext besteht dafür ein riesiges Ungleichgewicht zuungunsten des Täters.

Es geht also oft nicht mehr um den Ausgleich eines Ungleichgewichts, sondern um die Einhaltung von Regeln. Die Regel, dass man nichts bestellen darf, ohne es zu bezahlen, macht Sinn. Genauso macht es zu Abschreckungszwecken Sinn, dass die Reaktion auf einen Bruch dieser Regel diesen für den Täter „teurer" machen sollte als das von ihm zu Unrecht erlangte oder ersparte. Wenn man es doppelt so teuer machen würde, würde das meinen Mandanten vielleicht 1000 Euro kosten. Ein mehrmonatiger Freiheitsentzug zur Strafe steht dagegen völlig außer Verhältnis. Die Tatsache, dass die Strafe immer härter bzw. die Freiheitsstrafe länger wird, wenn jemand wiederholt straffällig wird, kann zudem nicht mit einem angestrebten Ausgleich erklärt werden. Dieser wäre bei jeder einzelnen Tat gleich hoch.

Kooperation und Gruppe

Ein zu selbstsüchtiges Verhalten eines Einzelnen schädigte ursprünglich zudem auch jeden anderen in der Gruppe, sodass auch jeder ein individuelles Interesse daran hatte, gegen solches Verhalten vorzugehen. Wer etwa in einer solchen kleinen Gruppe von vor 100.000 Jahren ein anderes Gruppenmitglied verletzte, das sich dann womöglich nicht mehr an der Jagd beteiligen konnte, gefährdete nicht nur den Verletzten, sondern alle. Wenn einer sich zu viel von der vorhandenen Nahrung nahm, mussten die anderen möglicherweise hungern. Derjenige, der sich in einer Gruppe von 15 oder 40 Menschen unkooperativ verhält, schadet den anderen Mitgliedern dieser Gruppe also viel mehr als ein Mensch, der sich in einer Gesellschaft von 80 Millionen Menschen unkooperativ verhält.

Wenn wir als nicht unmittelbar Betroffene heute medial von Straftaten erfahren, wird unser Strafimpuls jedoch immer noch durch das unbewusste Gefühl geprägt, dass der Straffällige das Überleben der ganzen

Gruppe, d. h. auch von jedem von uns persönlich gefährdet. Man fühlt sich selbst angegriffen, verletzt und geschädigt, obwohl man es kaum noch ist. Man verweigert dem Straffälligen das Mitgefühl in dem Glauben, er hätte umgekehrt auch kein Mitgefühl mit der Gruppe an sich.

Die Wertung des Verhaltens anderer im Hinblick auf die Kooperation in der Gruppe hat noch einen weiteren Aspekt. Wer sich in den kleinen Gruppen der Anfangszeit unsozial verhielt, der konnte sich auch nicht mehr darauf verlassen, dass sich die anderen ihm gegenüber sozial verhielten. Es erscheint allerdings plausibel, dass sich der „Abweichler" (wenn er sich nicht zu unsozial verhalten hatte und ausgestoßen oder getötet worden ist) auch wieder eingliedern konnte, indem er künftig wieder kooperatives Verhalten an den Tag legte. Jedes Mitglied der Gruppe sah und merkte mehr oder weniger alles (also auch das im Sinne der Gruppe Nützliche), was die anderen taten. Diese Eingliederung, die letztlich darauf beruht, den anderen nun wieder als produktives und gleichberechtigtes Mitglied der Gesellschaft zu sehen, gibt es formal bei uns auch. In der Wahrnehmung vieler ist der entlassene Straftäter aber nicht wieder gleichwertig. Der Makel der Haft bleibt an ihm hängen.

Das Korrektiv des Ur-Menschen durch das persönliche Erleben der Entwicklung des Abweichenden steht uns nicht zur Verfügung. Ein anderer wesentlicher Unterschied besteht darin, dass es in kleinen Gruppen, in denen jeder fast alles mitbekam, kein Dunkelfeld gab. Derjenige, der sich aus Sicht der anderen unsozialer als der Durchschnitt verhalten hat, ist tatsächlich von der Norm abgewichen, an die sich die anderen hielten. Heute dagegen muss in bestimmten Bereichen der Kriminalität ein Bruchteil der Menschen für das büßen, was viele andere ebenfalls tun.[240]

Abschreckung damals und heute

Auch die mit Strafen bezweckte Abschreckungswirkung war in kleinen Gruppen viel größer. Diese Abschreckungswirkung hängt maßgeblich vom Aufdeckungsrisiko ab.[241] In einer kleinen Gruppe musste jeder davon ausgehen, dass fast alle seiner Handlungen aufgedeckt würden.

Heute dagegen wird die Abschreckungswirkung von Strafen weit überschätzt. Gerade bei stark affektiv motivierten Straftaten wie Sexual- oder Gewaltdelikten spielt der Abschreckungsgedanke eine sehr untergeordnete Rolle. Für Gewaltdelikte hat das Gefängnis nach Auffassung des Sozialpsychologen Hans Toch[242] keine maßgebliche abschreckende Wirkung. Der Lohn und die Strafe der Gewalt würden an seiner positiven oder negativen Wirkung für das Ego, nicht am langfristigen Wohlbefinden gemessen. Die Perspektive der Gewalt sei kurzfristig, impulsiv, und wenig kalkuliert. Andere Straftaten wie Betrug oder Diebstahl werden in der Regel in dem Glauben begangen, nicht ertappt zu werden. Wer davon ausgeht, ohnehin nicht bestraft zu werden, hat selbstverständlich auch wenig Angst vor einer Strafe. Zudem kommt es bei der Abschreckungswirkung nicht oder wenig auf die Art oder Härte der Sanktion an.[243]

Dass nicht alles so ist, wie man instinktiv meint, zeigt auch folgendes Beispiel aus den USA, von dem der Kriminologe Karl Schumann berichtet.[244] Im Dezember 1975 sorgte sich Richard Rowe, ein zu doppelt lebenslänglich Verurteilter, um seinen zwölfjährigen Sohn. Damit dieser nicht auf die schiefe Bahn geriet, erfand Rowe mit anderen das „Juvenile Awareness Projekt". Ins Gefängnis eingeladenen Jugendlichen sollte der harte Alltag vorgeführt werden. Um zu belegen, dass diese Besuche abschreckend wirken, wurden Vergleichsgruppen gebildet. Den Mitgliedern der einen Gruppe von Jugendlichen wurde in regelmäßigen Besuchen die Realität der Haft vor Augen geführt (die Experimentalgruppe), den Mitgliedern der anderen Gruppe nicht (die Kontrollgruppe). Den Jugendlichen der Experimentalgruppe wurde von der allgegenwärtigen Gewalt und den Vergewaltigungen berichtet, oder auch die beängstigende Isolationszelle gezeigt. So sollten die Jugendlichen abgeschreckt werden. Anfangs erzählten die Insassen lediglich, wie schlimm es ist. Dann wurden die Jungen auch zunehmend rüde behandelt, und angeschrien oder herumkommandiert.

Das Ergebnis des Experiments fiel jedoch anders aus als erwartet. Als man viele Jahre später beide Gruppen verglich, stellte sich heraus, dass die Jugendlichen aus der Experimentalgruppe mehr Straftaten als die aus der Kontrollgruppe begingen.[245] Die Gefängnisbesuche hatten keine abschreckende, sondern eine kriminogene Wirkung.

Strafe, Kooperation und Konkurrenz

Hinzu kommt ein weiterer wesentlicher Unterschied von unserer heutigen Realität zu derjenigen der ersten Menschengruppen. Die Frage, inwieweit die einzelnen Mitglieder unserer Gesellschaft sich sozial verhalten und im weitesten Sinne kooperieren, also dazu beitragen, dass die Gesellschaft insgesamt profitiert, ist nur zu einem geringen Teil überhaupt strafrechtlich fassbar.

Ein Millionenerbe, Topmanager oder Politiker kann sich in dem komplexen System der Regeln unserer modernen Gesellschaft (ohne dass dies systematisch so sein muss) ganz legal unsozialer als mancher Krimineller verhalten. Auch Macht kann heute innerhalb der Strukturen unseres Systems erlangt werden, ohne sich körperlich aggressiv zu verhalten oder sonst Straftaten zu begehen.

Bertold Brecht[246] hat es so auf den Punkt gebracht:

„Es gibt viele Arten zu töten. Man kann einem ein Messer in den Bauch stechen, einem das Brot entziehen, einen von einer Krankheit nicht heilen, einen in eine schlechte Wohnung stecken, einen durch Arbeit zu Tode schinden, einen in den Krieg führen usw. Nur weniges davon ist in unserem Staat verboten."

Eine ungerechtfertigte Entlassung kann einen mehr in seinen Rechten verletzen als der Diebstahl geringwertiger Sachen.[247]

Unser Staat hat das Gewaltmonopol und ist bei weitem mächtiger, als jeder einzelne es je sein könnte. Unsere Strafen sollen auch nicht grundsätzlich in die Machtverhältnisse der Bürger untereinander eingreifen. Durch den freien Wettbewerb ist unsere Gesellschaft vielmehr gerade auf Machtunterschiede angelegt. Die Tatsache, dass es vor allem Menschen mit wenig sozialer Macht sind, die bestraft werden, unterstreicht, dass es eigentlich nicht mehr darum geht, die zu mächtig werdenden einzubremsen. Es scheint zum Teil eher darum zu gehen, die Machtverhältnisse aufrechtzuerhalten oder gar auszubauen.

Es geht beim Strafen in seiner derzeitigen Form auch nicht mehr darum, die gesamtgesellschaftliche Kooperation zu fördern, indem Trittbrettfahrer diszipliniert werden. Als Trittbrettfahrer kann nur bezeichnet werden, wer mehr profitiert, als er beiträgt, d. h., wer von bestimmten

Regeln profitiert, die er selbst dann nicht einhält. Die meisten Straftäter waren oder sind auch Opfer, und insgesamt sind diejenigen, die mehr nehmen als geben, nicht unbedingt bei der Mehrheit der Straffälligen zu finden. Instinktiv setzen wird dennoch manche Straftäter mit dem zu machtwilligen und aggressiven Mitglied einer Gruppe der ersten Menschen mit dem Impuls gleich, ihn „ordentlich zurechtzustutzen", oder mit dem Schmarotzer, der sich zurücklehnt, die anderen arbeiten lässt, und dem wir dies so teuer wie möglich machen wollen. Das Strafen fällt uns umso leichter, als wir uns als Strafende (anders als die ersten Menschen) in keiner Gefahr mehr sehen, der Bestrafte könnte zurückschlagen.

Bleibender Teil der Gesellschaft

Nicht nur körperliche Strafen wie Schläge sind nicht mehr zeitgemäß. Auch ein völliges Ausschließen von Straffälligen aus der Gesellschaft ist heute aus guten Gründen nur in Extremfällen möglich[248], und ein Töten überhaupt nicht. Der Straffällige, den die ersten Menschen vielleicht getötet oder verstoßen hätten, bleibt heute Teil unserer Gesellschaft.

Noch zur Zeit des Fränkischen Reiches stießen insbesondere die Städte Delinquenten, nachdem sie den Staupenschlag[249] erlitten und Urfehde geschworen hatten, zum Stadttor hinaus – auf Kosten der ländlichen Gegend.[250] Im Spätmittelalter und in der frühen Neuzeit war die Stadt- und Landesverweisung die meistgewählte Sanktion der vormodernen Kriminaljustiz.[251] Dieser Gedanke findet zum Teil heute noch bei straffällig gewordenen Ausländern wie Uri[252] Anwendung.

Der zeitweilige Ausschluss aus der Gesellschaft durch die Strafhaft, der dem Impuls der ersten Menschen gleicht, „Problemfälle" loszuwerden, verursacht heute jedoch häufig erst zusätzliche Probleme. In Zeiten zunehmender Globalisierung gilt dies auch bei der Abschiebung von Straftätern ins Ausland.

Schuld und Gerechtigkeit

Der falsche Glaube an den Sinn der Vergeltung wird auch nicht dadurch rational, dass mit ihr eine durch das Gericht festgestellte Schuld ausgeglichen wird. Der Gedanke von Schuld und Sühne steht im Zentrum unseres Erwachsenenstrafrechts.[253] Die „Erfindung" und Begrenzung individueller Schuldfähigkeit hat einerseits zu einer Beschränkung maßloser Strafen oder der Bestrafung z. B. von Kindern geführt. So saßen 1913 noch 13.000 Zwölf- bis Dreizehnjährige in deutschen Gefängnissen.[254] Andererseits war das Konzept der Schuld jedoch wohl auch der Versuch, die Übelszufügung, für die sonst nicht ausreichend Gründe gefunden werden konnten, irgendwie zu rechtfertigen.

Der damalige hessische Generalstaatsanwalt Fritz Bauer[255] bezeichnete die „Konzeption des freien Willens als Ideologie, um ein Vergeltungsstrafrecht zu legitimieren und das schlechte Gewissen zu besänftigen, das aus der Aggressivität des Vergeltungstriebs der Menschheit erwächst." Scheinbar geht die Rechnung so jedenfalls auf. Die Schuld des Straffälligen wiegt nach dem Urteil eines Gerichts soundso schwer, dass im Gegenzug auch die Zufügung des Übels soundso schwer sein muss. Das entspricht nicht mehr so extrem, aber im Kern immer noch dem, was Immanuel Kant[256] mit seinem bekannten Inselbeispiel zum Ausdruck bringt:

„Selbst, wenn sich die bürgerliche Gesellschaft mit aller Glieder Einstimmung auflösete (z. B. das eine Insel bewohnende Volk beschlösse auseinander zu gehen und sich in alle Welt zu zerstreuen), müßte der letzte im Gefängniß befindliche Mörder vorher hingerichtet werden, damit jedermann das widerfahre, was seine Thaten werth sind, und die Blutschuld nicht auf dem Volke hafte, das auf diese Bestrafung nicht gedrungen hat: weil es als Theilnehmer an dieser öffentlichen Verletzung der Gerechtigkeit betrachtet werden kann."

Strafe und Gerechtigkeit werden so getrennt von ihrer sozialen Nützlichkeit gedacht[257], und die zumindest in gewissem Umfang freie Willensentscheidung zur Grundlage von dem gemacht, was Strafe ausgleichen soll. In der Rechtswissenschaft wird seit langem versucht, den Sinn der Strafe von solcher Vergeltung auf Resozialisierung, Sicherung und Abschreckung zu lenken. Ihr Wesen ändert sich dadurch allerdings kaum, und die Kriminalpolitik lässt sich von rechtswissenschaftlichen Theorien nur mäßig beeindrucken.

Vielleicht lässt sich unser strafender Staat ein wenig mit einem Mann vergleichen, der aus Wut sein Kind schlägt, weil es ihm Kaffee über die Hose geschüttet hat. Das Kind fängt an zu weinen, seine Frau und seine beiden anderen Kinder sehen ihn erschrocken, vorwurfsvoll und fragend an. Nach einigem Überlegen begründet der Mann seinen Schlag damit, dass er damit das Übel ausgleichen müsse, das sein Kind ihm zugefügt hätte. Gerechtigkeit sei das höchste Gut des Menschen. Das Kind hätte sich auch dafür entscheiden können, ihm keinen Kaffee auf die Hose zu schütten. Der Respekt vor der Entscheidung des Kindes gebiete eine entsprechende Reaktion in Form eines Schlages. Auch wolle er dem Kind so beibringen, dass es in Zukunft ihm oder anderen Menschen keinen Kaffee auf die Hose schüttet, weil es damit nur Schwierigkeiten im Leben hätte. Der Schlag sei notwendig, aber auch ausreichend gewesen, um das Kind und seine Geschwister davon abzuhalten, nochmals Kaffee auf seine Hose zu schütten. Eine Ermahnung hätte nicht den gleichen Erfolg gehabt. Wenn er sich eine neue Hose kaufen müsste, würde das Geld dann für Kinderspielzeug fehlen. Usw. Das ist offensichtlich sehr konstruiert. Genau wie die Begründung unserer Strafen.

Diese Annahme eines wie auch immer gearteten freien Willens entzieht sich jedenfalls der empirischen Überprüfbarkeit.[258] Ob der Streit um die Willensfreiheit überhaupt je geklärt werden kann, ist fraglich.[259] Wie groß die individuelle Willensfreiheit ist, und ob es sie gibt, kann und muss hier dahingestellt bleiben.

Auch im derzeitigen System wird davon ausgegangen, dass diese angenommene Freiheit jedenfalls begrenzt ist. Der Gedanke der Resozialisierung würde keinen Sinn ergeben, wenn die Entscheidung, ob jemand Straftaten begeht oder nicht, letztlich ohnehin eine völlig freie wäre. Wir wissen heute zudem, dass es viele äußere Faktoren gibt, die die Wahrscheinlichkeit deutlich erhöhen, dass ein Mensch straffällig wird. Es kann nicht gerecht sein, die Entscheidung eines Menschen, bei dem solche Risikofaktoren wirksam geworden sind, mit dem gleichen Maß zu messen wie die Entscheidung eines Menschen, bei dem dies nicht der Fall ist.

Nach richtiger Ansicht von Fritz Bauer[260] hat unser Schuldbegriff daher einen fiktiven Charakter. Fingierte Schuld sei jedoch gerade keine Schuld:

„Mit dem Prinzip des Schuldstrafrechts allein: ‚Du kannst, denn du sollst' lässt sich Zufall, Schicksal und alle Ungerechtigkeiten dieser Welt nicht beseitigen. Mir scheint, es fügt neues Unrecht hinzu."

Schuld und Vergeltung

Unabhängig davon, dass schon die Fiktion von Schuld und die Feststellung der Schwere einer individuellen Schuld der Willkür der Menschen unterliegt, erschließt es sich nicht, warum diese Schuld (nur) durch den Komplementärbegriff der Vergeltung[261], d. h. durch Zufügung bzw. die zwangsweise Inkaufnahme eines Übels getilgt werden kann. Denkbar wäre auch eine Vergebung, oder eben eine Wiedergutmachung. Dass mit dieser Übelszufügung die vorgeblich schlechte Willensentscheidung des Täters nicht rückgängig gemacht werden kann, liegt ohnehin auf der Hand. Der Psychoanalytiker Erich Fromm[262] bezeichnet die rachsüchtige Gewalt als irrationalen Versuch, auf magische Art das, was in der Realität geschehen ist, wieder ungeschehen zu machen. Der Schaden des Opfers wird so nicht behoben, und der Täter auch nicht nach Ende der Übelszufügung so behandelt, als hätte er die Tat überhaupt nicht begangen.

Nach Auffassung der Philosophin Martha Nussbaum[263] ist es die Denkweise vieler Kulturen, dass durch Schädigungen der Status des Betroffenen herabgesetzt wird, und dementsprechend durch die Zufügung von Schmerz als Reaktion das Gleichgewicht wieder hergestellt wird.[264] Wenn der Fokus auf dem relativen Status liege, mache Vergeltung also tatsächlich Sinn.[265]

Ganz überzeugend ist diese Auffassung nicht, da der Status des Opfers nicht unbedingt dadurch wieder erhöht wird, dass der des Täters durch einen Dritten, den Staat, erniedrigt wird. Auch kann der soziale Status eines Täters nicht nur mit einer Übelszufügung, sondern auch mit der öffentlichen und offiziellen Feststellung wieder „geradegerückt" werden, dass er nicht das Recht hatte (und damit auch künftig nicht hat), dem anderen einen Schaden oder ein Leid zuzufügen.

Es gäbe jedoch Nussbaum zufolge ohnehin einen wichtigeren Status als diesen relativen Status: die für alle geltende und für alle gleiche Menschenwürde.[266] Darauf zu achten, dass allen von Natur aus und unveräußerlich die gleiche Würde zukommt, sei weder eine relative Sache noch eine der Konkurrenz. Was auch immer einen Straftäter erwarte, eine Verletzung seiner Würde sollte ebenso wenig gewünscht werden, wie wir einer Verletzung der Würde des Opfers zugestimmt hätten. Es erhöhe das Opfer nicht, wenn man den Peiniger in seiner Würde herabsetze. Würde sei, anders als der relative Status, kein Nullsummenspiel.[267]

Zwar gilt auch nach unserem Grundgesetz der Schutz der Menschenwürde für jeden, egal, was er getan hat. Das ist jedoch nach geltender Rechtsauffassung kein Widerspruch zum Schuldstrafrecht. Selbst eine ggf. lebenslange Inhaftierung verstößt nach Auffassung des Bundesverfassungsgerichts nicht gegen die Menschenwürde, solange jeder zumindest die theoretische Chance hat, z. B. durch die Teilnahme an Therapiemaßnahmen seine Gefährlichkeit zu verringern, um entlassen werden zu können. Es reicht also nach dieser Ansicht zum Schutz der Menschenwürde aus, dass der Betroffene nicht völlig zum Objekt staatlichen Handelns gemacht wird, sondern zumindest noch die Chance hat, irgendwann wieder weitgehend seinem eigenen Willen folgen zu können. Die Freiheitsstrafe jedoch muss er sich aufgrund seiner eigenen Willensentscheidung für die Straftat zurechnen lassen. Damit wird letztlich auch der Begriff der Würde mit der Annahme der Existenz eines zumindest in gewissem Umfang freien Willens verknüpft. Auch, wenn sie nach herrschender Rechtsauffassung durch Strafe nicht verletzt wird, so wird sie doch unzweifelhaft herabgesetzt, ohne dass die des Opfers dadurch wiederhergestellt wäre. Auch die Begründung der Vergeltung mit dem Gedanken des Ausgleichs individueller Schuld oder des sozialen Status durch Strafe ist daher letztlich nicht rational.

Und wer ehrlich in sich hineinsieht, wird wahrscheinlich feststellen, dass auch der Glaube an den freien Willen in dem Maße zu sinken beginnt, in dem man davon in negativer Art, d. h. bei eigenem Fehlverhalten oder bei drohender Bestrafung betroffen ist. Der eher instinktive Gedanke „der Täter solle bekommen, was er verdient" lässt sich nicht mit einem Konzept von Gerechtigkeit vereinbaren, das mehr als nur einen isolierten Vorgang erfasst. Unabhängig davon, dass der so zugesprochene negative Verdienst sehr willkürlich festgelegt wird, müssten dann auch Menschen, die in Kindheit und Jugend ähnliches durchgemacht haben wie manche Straffällige, aber nicht kriminell werden (sondern z. B. mit psychischen

Problemen zu kämpfen haben) ebenso das bekommen, was sie verdienen (nämlich als Gegensatz zum Übel einen Vorteil). Auch diejenigen, die der Gesellschaft Schaden zufügen, ohne sich strafbar zu machen, müssten dann die Rechnung dafür bekommen. Das alles geschieht bekanntlich nicht. Ganz zu schweigen davon, dass auch jemand straffällig werden kann, der ansonsten viel Gutes getan hat. Dann aber zu behaupten, der Straftäter, der erwischt wurde, bekäme, was er verdient, ist in den Worten des Philosophen Walter Kaufmann[268] eine Beleidigung.

An die Stelle des Prinzips von Schuld und Vergeltung sollte daher das Prinzip Verantwortung treten. Damit wird der Umgang mit der „Straftat" von einer metaphysischen wieder auf die soziale Ebene verlagert. Verantwortung ist anders als die rückwärtsgerichtete Vergeltung ein zukunftsorientiertes Prinzip. Es nimmt zwar eine in der Vergangenheit liegende Handlung zum Ausgangspunkt, die Blickrichtung geht jedoch in die Zukunft. Personen können daher für Handlungen, die derzeit nicht strafbar sind, auch künftig dafür nicht in die Verantwortung genommen werden. So können Kinder kognitiv und emotional nicht vollumfänglich erfassen, was sie angerichtet haben. Das ist jedoch wesentlicher Bestandteil der Übernahme von Verantwortung für die Tat vor allem gegenüber den Opfern. Gleiches gilt, wenn es bereits an einem vorsätzlichen oder fahrlässigen Handeln fehlt, wie etwa bei einem epileptischen Anfall. Auch dann erlebt derjenige, der vielleicht durch einen solchen Anfall einen Autounfall verursacht hat, diesen nicht als von ihm als bewusstes Subjekt verursacht. Reue und Einsicht sind so nicht möglich.

Auch wenn ein Mensch in seiner Kindheit selbst Opfer war, oder seine Mutter während der Schwangerschaft große Mengen Alkohol getrunken hat, muss er jedoch die Verantwortung übernehmen, wenn er selbst als Erwachsener einem anderen Unrecht antut. Wie jemand seiner Verantwortung gerecht wird, hängt zum Teil von dem angerichteten Schaden, zum Teil aber auch von dem ab, was vom Täter konkret erwartet werden kann. Es ist auch legitim, einen Menschen in Verantwortung für seine Taten zu nehmen, selbst wenn sie ganz oder zu einem guten Teil durch Gene oder äußere Umstände bestimmt sind. Diese Legitimität folgt nicht aus einem metaphysischen Prinzip, sondern aus der Notwendigkeit des sozialen Miteinanders. Die Ansprüche aller Individuen müssen miteinander in Einklang gebracht werden. Die Tat und ihre Folgen sind eher dem Täter, als anderen präsenten Umständen oder Menschen zuzurechnen. Und für die Zukunft lernen kann unstrittig jeder Mensch, unabhängig davon, ob man einen freien Willen konstruiert oder nicht. Wenn einem Täter also vor Augen geführt wird, dass sein Handeln schädliche Folgen für andere und belastende für ihn persönlich durch die Zuweisung der Verantwortung hatte, wird das potenziell sein künftiges Handeln im Sinne der anderen Gesellschaftsmitglieder beeinflussen.

Einen anderen als Person ernstnehmen und seinen Entscheidungen auch insofern Respekt zu zollen, als es schlechte Entscheidungen waren, erfordert nicht die Bestrafung[269] im Sinne einer Übelszufügung. Auch durch eine Zurechnung der Folgen und ein in die Verantwortung nehmen dafür wird ein Mensch als Entscheidungsträger respektiert. Das bedeutet umgekehrt, dass die Gesellschaft Mitverantwortung für die Ursachen individueller Normbrüche übernimmt, indem sie diese anerkennt, und möglichst aufarbeitet. Auch das fällt leichter, wenn nicht von Schuld, sondern von Verantwortung die Rede ist.

Täuschende Instinkte

In den kleinen Verbänden der Ur-Menschen haben sich die Regelmäßigkeiten des Verhaltens in den täglichen Interaktionen herausgebildet, wobei es viel unmittelbarer als heute um das Überleben und den täglichen Konflikt zwischen Konkurrenz und Kooperation ging. Ein differenziertes Regelwerk zur Steuerung von Verhalten, zum Ausgleich unterschiedlicher Interessen und zum Umgang mit Konflikten, wie wir es heute etwa durch unser Zivil- und Arbeitsrecht haben, gab es nicht. Es gab keine Möglichkeit der Sanktionierung durch Abmahnung oder Kündigung am Arbeitsplatz, und es gab keine zentrale Instanz, die notfalls mit Zwang dafür Sorge trug, dass Vereinbarungen zwischen Individuen (wie etwa heute zivilrechtliche Verträge) einzuhalten sind. Es gab nur das „Ausfechten" der Konflikte um Macht, Gleichberechtigung, oder knappe Ressourcen. Dieser Gedanke des Kampfes gegeneinander oder miteinander gegen andere lebt in unserem heutigen Strafrecht noch fort, auch wenn es inzwischen in einiger Hinsicht sinnvollere Wege gibt, mit den entsprechenden Konflikten umzugehen, und wir einen Staat mit seinen Institutionen haben, der sehr viel mächtiger als jeder einzelne ist. Ohne diesen mächtigen Staat mussten die Menschen viel Wut und Rachegelüste aufbringen, um einen „Übeltäter" zur Rechenschaft zu ziehen. Da diese Gewalt mit einem Aufwand von Energie und auch mit potenziell tödlicher Gefahr verbunden war (schließlich konnte sich der zu Bestrafende auch wehren), war es evolutionär sinnvoll, das Bedürfnis nach Vergeltung mit einem Lustgefühl zu verknüpfen.

Diese Lust verspüren wir noch heute, auch wenn sie ein wenig gedämpft und umgeleitet ist. Zu den maßgeblichen Unterschieden der heutigen Situation gehört auch die Existenz von Geld und Eigentum. Einerseits führt deren ungleiche Verteilung zwar zu Konflikten und sozialen Ungleichgewichten. So geht etwa Joachim Bauer[270] davon aus, dass die Kombination von Ressourcenmangel und Erfindung des Eigentums soziale Ungleichheit mit sich brachte. Der Abschied vom egalitären Prinzip durch ungleiche Verteilung von Ressourcen, Besitz oder Vermögen und damit verbundene unterschiedliche Grade der sozialen Anerkennung konnte zu einem Erleben sozialer Ausgrenzung und damit zu Aggressionen führen. Andererseits geht es bei Geld und Eigentum zumindest nicht mehr unmittelbar um Leib und Leben, und man kann vom anderen (dem Täter) etwas bekommen, was einem nützt, ohne diesen verletzen oder gar töten zu müssen.

So spricht etwa Norbert Elias von einer Affekte dämpfenden und transformierenden Wirkung des Geldes. Schon in der Ritterzeit verstümmelte man regelmäßig nur die Ärmeren und Niedrigerstehenden, für die kein beträchtliches Lösegeld zu erwarten war, und verschonte die Ritter, für die man ein Lösegeld erwarten konnte.[271]

Die Gefühle, Instinkte und Bedürfnisse, die unseren Umgang mit Straffälligen und Kriminalität prägen, sind noch weitgehend identisch mit denen der ersten Menschen. Die äußeren Bedingungen sind nunmehr jedoch gänzlich andere. Rational lässt sich der Vergeltungsgedanke heute daher nicht mehr begründen. Dem dennoch nach wie vor bestehenden Vergeltungsbedürfnis nachzugeben, wie wir es immer noch tun, ist für uns jedoch ebenso schädlich, wie unserer evolutionär angelegten Lust auf Süßes zu folgen.

Schädliche Vergeltung

Die in der Vergeltung liegende Übelszufügung ist zu einem guten Teil sinnlose Gewalt, die vor allem die Bestraften und ihre Angehörigen schädigt. Sie ist aber auch gesamtgesellschaftlich gesehen destruktiv. Das liegt vor allem auch daran, dass der Sinn dieser Vergeltung den Bestraften nicht vermittelt oder kommuniziert wird bzw. werden kann, und deren Unsinn den Strafenden nicht offen kommuniziert wird.

Kommunikation ist die Grundlage der Sozialisierung und des gesamtgesellschaftlichen Zusammenhalts. Strafe muss kommuniziert werden (können), und Strafe ist selbst Kommunikation[272]. Gegenüber den Straffälligen funktioniert diese Kommunikation fast überhaupt nicht. Die Verurteilung selbst verstehen und akzeptieren einige (vermutlich eine große Minderheit) noch. Was dann aber während des Vollzuges der Strafe passiert, ist für die allermeisten unverständlich. Der Freiheitsentzug selbst, also die Strafe, wird mit zunehmender Zeit für die meisten nicht mehr nachvollziehbar.

„Wem soll das jetzt eigentlich etwas bringen?" Diese Frage höre ich von vielen meiner inhaftierten Mandanten. Warum darf z. B. jemand, der zu einer Freiheitsstrafe verurteilt worden ist, nicht telefonieren, wann und mit wem er will? Warum darf er nicht gelegentlich die Anstalt für einige Stunden verlassen, wo er selbst doch sicher ist, dies weder zu Straftaten noch zur Flucht zu missbrauchen? Warum darf er sich nicht von seiner Frau ein Buch schicken lassen, sondern muss dieses Buch für teures Geld über einen Versandhändler bestellen? Warum muss er immer noch in Haft bleiben, obwohl er sein Fehlverhalten längst eingesehen und das Opfer ihm verziehen hat? Usw., usw.

Der Gefangene wird zur Strafe einer neuen Realität und den Eigenlogiken der Anstalten ausgesetzt, die ihre Rechtfertigung allein aus der Existenz dieser Anstalten ziehen. Die Missbilligung des Verhaltens, das, was man dem Straftäter vor allem sagen will, dass sein Verhalten schlecht war, dass es Unrecht war, dass womöglich einem Opfer Leid zugefügt worden ist, wird so „übertönt". Die eigentliche Nachricht kommt kaum an.

Nach Arno Plack[273] erklärt auch die Verbitterung, und nicht nur die kriminelle Infektion durch Mitgefangene, die extrem hohen Rückfallraten von Inhaftierten. Diese Verbitterung und eine innere Abwendung von Staat und Justiz ist bei vielen (Ex-)Inhaftierten und ihren Angehörigen deutlich zu spüren. Ihr eigenes Fehlverhalten tritt in der Wahrnehmung zurück hinter dem aus ihrer subjektiven Sicht noch größeren Fehlverhalten von Staat und Gesellschaft ihnen gegenüber. Selbst wenn Inhaftierte nach der Haft nicht mehr oder jedenfalls weniger kriminell werden, ist wenig damit gewonnen, wenn sie zu Staat und Gesellschaft eine destruktive Einstellung entwickelt oder verstärkt haben.

Robin, der leitende Kloputzer

Mein Mandant Robin hatte eine Freiheitsstrafe von 18 Monaten wegen gefährlicher Körperverletzung zu verbüßen. Grundlage dieser Verurteilung waren mehrere Faustschläge, die er in angetrunkenem Zustand auf einem Bierfest einem anderen jungen Mann (der zum Glück nicht schwer verletzt wurde) im Streit verpasst hatte. Zudem hatte er ihm seinen Bierkrug an die Brust geschmissen.

Robin war zuvor schon einmal wegen eines Betäubungsmitteldelikts zu einer Jugendstrafe verurteilt worden. Ansonsten hatte er jedoch einen einwandfreien Lebenslauf vorzuweisen. Er war Anfang 20 und steckte gerade mitten in seiner Ausbildung zum Bierbrauer. Diese Ausbildung musste er infolge seiner Inhaftierung abbrechen. Seine Verlobte trennte sich von ihm. Eine Fortbildungsmaßnahme, die ihn interessiert hätte, wurde ihm in Haft nicht angeboten. Da er ein freundlicher und angenehmer Zeitgenosse war, durfte er in einer Vertrauensstellung als „Hausarbeiter" arbeiten.

Bei dieser Tätigkeit bekommen die Häftlinge zum Teil auch Zugang zu Dienstzimmern und ähnlichem, sodass sie nur von ausgewählten Gefangenen verrichtet werden darf. So putzte er ein Jahr lang unter anderem die Beamtentoiletten – für einen Stundenlohn von knapp zwei Euro. Die magere Bezahlung wird damit begründet, dass die Arbeit in Haft keine „richtige" Arbeit, sondern eine Resozialisierungsmaßnahme sei. Arbeit ist der Rechtswissenschaftlerin Kirstin Drenkhahn[274] zufolge seit der Gründung der ersten Vorläufer des modernen Gefängnisses vor fast 500 Jahren das Mittel, mit dem die Gesellschaft die größten Hoffnungen im Hinblick auf eine Resozialisierung von Strafgefangenen verbindet.

Als Robin ein von ihm beantragter vierstündiger Ausgang mit der Begründung abgelehnt wurde, es bestünde die Gefahr, dass er in Freiheit in Kontakt mit Menschen aus dem Drogenmilieu kommen könnte, schien er endgültig „vom Glauben abgefallen" zu sein. Der Großteil seiner Mitinhaftierten konsumierte in Haft Drogen. Wenn es also Menschen aus dem Drogenmilieu gab, dann dort.

Bei dem beantragten Ausgang wollte Robin lediglich seine Schwester besuchen, die gerade ein Kind bekommen hatte. Robin war eigentlich ein fröhlicher Mensch. Nach Phasen der Verbitterung nahm er zunehmend eine zynische Einstellung zum Rechtsstaat ein. Er nahm ihn einfach nicht mehr ernst und machte sich einen Spaß daraus, die Anstalt mit sinnlosen Anträgen zu beschäftigen. Unter anderem beantragte er, über den Anstaltsleiter ein psychiatrisches Gutachten anzufertigen. Er selbst war in seinem Gerichtsverfahren psychiatrisch begutachtet worden, und ein moderner Strafvollzug sei nur auf Augenhöhe wirksam. Auch schrieb er Briefe an Anstaltsleitung, Staatsanwaltschaft und Gericht, in denen er sich für seine Resozialisierung und das Lernen der Verantwortung für ein eigenständiges, rechtstreues Leben bedankte. Er unterschrieb diese Briefe mit „Robin, Leitender Kloputzer" – als Gegenstück zum Anstaltsleiter, der mit „Leitender Regierungsdirektor" zeichnete.

Dass die Faustschläge große Fehler waren und im Extremfall sogar den Tod des anderen zur Folge gehabt haben könnten, war ihm bewusst („Das war scheiße. Richtig scheiße"). Er wäre bereit gewesen, z. B. in Schulen zu gehen und den Jugendlichen zu erzählen, wie es zu seiner Tat gekommen ist, welche Folgen diese hätte haben können, und wie er sich schon im Vorfeld anders hätte verhalten können, damit es gar nicht so weit gekommen wäre. In Filmen sind sehr häufig Faustschläge an den Kopf zu sehen, die in den allermeisten Fällen ohne tragische Folgen bleiben. In der Realität kann dies ganz anders sein. Diese Chance wurde nicht genutzt, da seine Bestrafung Vorrang hatte. Robins Vater, ein pensionierter Lehrer, sagte mir, dass er sein lebenslanges Vertrauen in den Rechtsstaat verloren hätte.

Auch mit nachvollziehbareren Reaktionen auf Normbrüche wird man nicht jeden erreichen können. Dr. M. oder Herr Twoga haben aus ihrer Sicht selbst nicht viel falsch gemacht. Sie werden wahrscheinlich nie verstehen, dass fast alle das anders sehen. So ticken aber bei Weitem nicht alle Straffälligen, die durchaus vernünftigen Argumenten gegenüber zugänglich sind. Die Strafe kann aber oft vernünftig nicht begründet werden.

Schule des Verbrechens

Nicht wenige werden, wie Robin durch die Strafe, daher (weiter) in eine Oppositionshaltung zu unserer Justiz und unserem Staat bewegt. Maximilian Pollux, ein bekannter YouTuber, der einige Jahre in der JVA Straubing inhaftiert war, in der ich zu der Zeit Abteilungsleiter war, erzählte mir in einem Gespräch nach seiner Haft[275], dass er kurz davor gewesen sei, in Haft zum Terroristen zu werden. Er hat zum Glück die Kurve gekriegt und einen sehr erfolgreichen Weg einschlagen können. Das gelingt den allermeisten Ex-Inhaftierten jedoch nicht. Die Haft wird bekanntlich gerne als „Schule des Verbrechens" bezeichnet. Das liegt zum einen an den kriminellen Fähigkeiten, die man dort lernen kann, vor allem aber auch an der oppositionellen Einstellung, die dort gefördert wird.

Wenn Strafe das Ziel haben soll, die Betroffenen an die Gesellschaft mit ihren Normen zu binden, dann muss sich ihr Sinn auch den Bestraften vermitteln lassen. In dem Maße, in dem dies nicht gelingt, wird Strafe als ungerechte Gewalt und Übelszufügung verstanden, die einen von denen, in deren Namen sie erfolgt, entfernt, oder mit einem Gefühl von Wut und einem Bedürfnis nach Rache verbindet.

Die Kommunikation des Sinns von Strafe ist heute viel wichtiger als zu Beginn der Menschheit. Dort war jedes Individuum – wenn es nicht die Möglichkeit hatte, sich einer anderen Gruppe anzuschließen[276] – auf „Gedeih und Verderb" auf die Gruppe angewiesen. Auch dieses Bedürfnis und die Angst vor dem Ausschluss haben Individuen, die gemaßregelt worden sind, dazu veranlasst (wieder) mitzuwirken. Die Angst vor dem Verstoßen werden ist heute noch fast ebenso groß. Es gibt jedoch viel mehr Möglichkeiten als damals. Man kann sich heute anderen gesellschaftlichen Untergruppen anschließen, die ebenfalls zu den an den Rand Gedrängten gehören.

Wer sich bei den ersten Menschen zu viel herausnahm, der konnte es zwar nicht wollen oder gutheißen, aber doch verstehen, wenn die anderen ihn in die Grenzen wiesen, oder ihm mindestens den Schaden zufügten, den er selbst verursacht hatte. Selbstverständlich könnten wir heute Robin nicht einige Faustschläge zur Strafe verpassen, wie es vielleicht die ersten Menschen getan hätten. Diese Strafe wäre jedoch vielleicht nachvollziehbarer.

Unsere heutige Strafe ist dagegen nicht mehr logisch und rational. Sie kann deshalb auch gegenüber den Straffälligen (und schon gar nicht ihren Familienangehörigen) nicht überzeugend kommuniziert werden.

Auch Öffentlichkeit und Justiz müssen besser miteinander kommunizieren, wenn die Reaktion auf Straftaten rationaler werden soll. Die Justiz agiert tendenziell noch sehr stark in dem Bewusstsein, sich nicht oder wenig erklären zu müssen. Es wird nach außen auf das eigene Regelsystem und darauf verwiesen, dass sich dieses letztlich nur Fachleuten erschließe. Es ist jedoch irrational, sich einerseits bei der Grundlage des Strafens auf das allgemeine Vergeltungsbedürfnis zu berufen, und andererseits die Allgemeinheit außen vorzuhalten, wenn es um den Vollzug dieses Bedürfnisses geht. Die Justiz betreibt Rosinenpickerei, wenn sie Zweifeln an der Rationalität ihres Geschäfts damit begegnet, dem allgemeinen Willen zu dienen, und andererseits auf dieser irrationalen Grundlage eine in sich geschlossene und von außen nicht wirksam angreifbare Logik entwickelt.

Die Öffentlichkeit muss zudem auf Grundlage aller Fakten überzeugt werden und sein, damit auch justizielle Maßnahmen, die den Schwerpunkt von der Vergeltung auf die Resozialisierung oder die Vermeidung von Schäden legen, von einer gesamtgesellschaftlichen Akzeptanz getragen sind. So zeigen z. B. Erfahrungen aus Kanada, dass es ein Problem mit der öffentlichen Akzeptanz gibt, wenn sich Straffällige aus Sicht der Öffentlichkeit im Hausarrest nur zu Hause aufhalten und keine Probleme verursachen, die rechtschaffene Menschen ohnehin nicht verursachen.[277] Erst recht herrschte öffentliches Unverständnis, wenn wohlhabende Menschen ihren Hausarrest im Luxus verbringen.[278]

Ein vergewaltigtes Mädchen

In Deutschland hat ein Urteil aus dem November 2023 für großes Aufsehen gesorgt.[279] Nach Medienberichten vergewaltigten neun Männer im September 2020 ein stark angetrunkenes 15-jähriges Mädchen im Hamburger Stadtpark, raubten es aus und filmten dies mit dem Handy. Acht von den Angeklagten erhielten Bewährungsstrafen[280], wirklich ins Gefängnis musste nur einer. Das entschied eine Jugendkammer des Hamburger Landgerichts. Die Verurteilten erhielten Jugendstrafen zwischen einem Jahr und zwei Jahren und neun Monaten wegen Vergewaltigung. Sie müssen jeweils 60 Stunden Arbeit leisten und ihr Opfer aus dem Ertrag entschädigen.[281] Diese Urteile lösten in Teilen der Bevölkerung große Empörung aus. Der Internet-Mob fiel über die Vorsitzende Richterin her, die u. a. Morddrohungen erhielt.[282]

Ich teile die Empörung über die jungen Männer, die eine weitgehend hilflose Jugendliche mehrfach vergewaltigt und mutmaßlich schwer traumatisiert haben. Dieser Empörung über Forderungen nach harter Strafe (oder gar Verschärfung des Strafrechts) Ausdruck zu verleihen, greift jedoch zu kurz. Haftstrafen führen gerade bei Jugendlichen häufig erst recht auf eine kriminelle Laufbahn, die künftige Opfer verursacht. Mehr Aussicht auf Erfolg hat eine intensive Arbeit mit den jungen Menschen in ihrer Lebensrealität.[283] Das muss aber auch vonseiten der Justiz und der Justizpolitik viel stärker öffentlich kommuniziert werden, um dem dumpfen Mob zumindest den argumentativen Boden zu entziehen, aber auch, um seriösen und berechtigten Sorgen hinsichtlich eines möglichst gerechten Umgangs mit solchen schrecklichen Taten begegnen zu können. Die entscheidende Frage ist vielmehr, wie dem betroffenen Mädchen bestmöglich geholfen wird, und wie offenbar im Bereich des Hamburger Stadtparks eine Kultur unter Jugendlichen und jungen Männern bestehen konnte und kann, die einen solchen furchtbaren Übergriff offenbar auch noch als eine Tat feiert, die mit dem Handy gefilmt und wohl verbreitet wird.

Dieses Beispiel verdeutlicht, dass Maßnahmen, die aus Sicht der Fachleute ggf. Sinn machen, auch entsprechend kommuniziert und nach außen begründet werden müssen. Allerdings setzt dies eine interessierte und rationalen Argumenten zugängliche Öffentlichkeit voraus.

Thomas Fischer[284] nennt Gerechtigkeit eine Funktion von Kommunikation. Was gerecht ist, bzw. von der Allgemeinheit so empfunden wird, muss ausgehandelt und kommuniziert werden. Dabei geht es im Kern um einen ausgewogenen Ausgleich von Interessen der individuellen Gesellschaftsmitglieder untereinander und von Interessen des Einzelnen mit denen der Gruppe/Gesellschaft als Ganze.

Unser Empfinden für die gerechte Strafe beruht noch sehr stark auf den längst überholten sozialen Rahmenbedingungen. Es lässt sich nur aufrechterhalten, wenn man selbst nicht von der Strafe betroffen ist und sich nicht näher damit befasst.

Die meisten Bestraften empfinden die Strafe als ungerecht und nicht als ausgewogenen Ausgleich ihrer Interessen mit denen der anderen. Schuld und Vergeltung können den Bestraften nicht überzeugend vermittelt werden. Die strafrechtlichen Normen selbst stellen im idealen Fall einen gerechten Ausgleich der Interessen dar. Anders ist dies mit dem, was für ihre Einhaltung oder bei ihrem Bruch getan wird.

Mit der strafenden Gesellschaft wiederum wird nicht offen kommuniziert. Sie wird häufig in ihrem Irrglauben an den Sinn von Vergeltung bestätigt, und damit auch getäuscht. Dazu trägt, mehr oder weniger ungewollt, die Institution Gefängnis maßgeblich bei. Durch den öffentlich kommunizierten Anspruch, seine Insassen zu resozialisieren und die Allgemeinheit gleichzeitig vor ihnen zu sichern, bekommt die rückwärts orientierte und irrationale Vergeltung einen vernünftigen äußeren Anstrich, ohne sich im Inneren wesentlich verändert zu haben.

Sinn und Unsinn

Wenn die Strafe in ihrer jetzigen Ausprägung nicht rational ist: Was von dem, wie es jetzt ist, sollten wir vernünftigerweise beibehalten? Wir brauchen weiterhin eine staatliche Struktur mit einer Justiz, die sich um den Umgang mit Kriminalität kümmert.[285] Ein Recht, das im Idealfall über allen gleichermaßen steht, und dessen weit möglichste Einhaltung von einer übergeordneten Instanz gesichert wird, ist ein vernünftiger Fortschritt.

Bei aller grundsätzlichen Gleichberechtigung hatten die Macht in den Kleingruppen unserer Urahnen tendenziell wohl vor allem Männerbündnisse, die sich gegen zu aggressive „Alpha-Männer" durchsetzten, aber eben auch generell gegen Frauen.[286] Zudem wurde die oder der Einzelne wohl vor allem auch als mehr oder weniger nützlicher Kooperationspartner gesehen. Mitgliedern, die wertvoll für die Gruppe waren, z. B. junge und starke Männer, die man für die Jagd brauchte, hat man so womöglich mehr „durchgehen" lassen. Ein solches Mitglied zu stark zu schwächen, oder gar zu töten oder auszuschließen, wäre schlecht für die ganze Gruppe. Bei Mitgliedern, die aus reinen Kosten-Nutzen-Erwägungen eher hinderlich waren, war man jedoch weniger zimperlich. Das „Unkooperative" wurde vielmehr wohl auch in der bloßen Existenz gesehen. So griffen Mütter in manchen indigenen Gesellschaften zum Neonatizid, dem Töten von Neugeborenen, wenn die Aussichten auf ein erfolgreiches Großziehen schlecht waren.[287] Die Gruppen der Jäger und Sammler ließen Alte und Kranke, die zur Belastung geworden waren, zurück oder töteten sie.[288] Harari[289] berichtet, was ein junger Mann vom Volk Ache', die bis in die 1960er Jahre als Jäger und Sammler durch Urwälder von Paraguay streiften, einem Anthropologen erzählte: „Ich habe immer die alten Frauen umgebracht ... Hier, bei den Weißen, bin ich schwach geworden."

Diesbezüglich haben wir uns weiterentwickelt.

Bestrafung der Armen

Ein Strafrecht, das alle Mitglieder einer Gesellschaft gleichermaßen betrifft, ist allerdings auch in einer Demokratie kaum denkbar. Gesellschaftliche und politische Machtverhältnisse spiegeln sich immer auch im Strafrecht wider. Vor dem Gesetz sind zwar – mehr oder weniger – alle gleich. Das Gesetz selbst ist jedoch zum Teil auch Ausdruck von Ungleichheit.

Vom reinen „Unterschichtenstrafrecht" hat man sich Ende der Sechzigerjahre abgewandt.[290] Zunehmend wurden auch wirtschaftliche Sachverhalte in den Bereich des Strafrechts eingeführt. Bei Menschen aus prekären sozialen Milieus ist die Wahrscheinlichkeit, bestraft zu werden, dennoch nach wie vor ungleich größer als für Menschen aus „besseren" Milieus. Inhaftierte Banker, Rechtsanwälte oder Ärzte sind immer noch die absolute Ausnahme. Nun könnte man argumentieren, dass Mitglieder dieser Schichten sich eben sozialer verhalten. Das greift jedoch zu kurz. In diesen Milieus kann man Aggressionen, Machtwillen, Frustrationen, Egoismus, Geldgier anders ausleben, und sich möglicherweise legal unsozialer verhalten als mancher drogensüchtige Schwarzfahrer oder Dieb.[291]

Reste von diesem Denken, diejenigen möglichst aus dem Sichtfeld zu bekommen, die nicht wenige als irgendwie lästig betrachten, oder sie sich für die eigenen Zwecke nutzbar zu machen, gibt es zudem immer noch. Der „Nutzen" für andere Gesellschaftsmitglieder könnte in der Erhaltung und dem Ausbau der Machtverhältnisse bestehen, und darin, von eigenem unsozialen Verhalten abzulenken.

Nicht nur die Freiheitsstrafe trifft überwiegend Menschen aus prekären Milieus. Knapp 60 Prozent der bundesweit zu einer Geldstrafe Verurteilten haben Monatseinkommen von lediglich bis zu 750 Euro, gut 95 Prozent verfügen höchstens über 1500 Euro monatlich.[292]

Ein Sinn, vor allem die am Rande der Gesellschaft stehenden zu bestrafen, liegt auch darin, ihnen dann die Verantwortung für ihre Lage zuweisen zu können. So wurde aus der drogensüchtigen und obdachlosen Prostituierten Anna[293] eine Straftäterin, die durch eigene Schuld im Gefängnis gelandet ist.

Das ist allerdings nicht mit unserem Verständnis von der Würde und Gleichberechtigung der Menschen vereinbar. Es widerspricht auch dem Sinn des aus heutiger Sicht unmenschlichen, aber nach kaltem Kosten-

Nutzen-Kalkül zweckmäßigen bzw. zum Überleben der ersten Menschengruppen womöglich notwendigen Vorgehens. Wir sollten Menschen nie als Last oder Belastung sehen, aber innerhalb dieser Logik wird der Mensch als Gefangener zur größten Last. Haft kostet viel (mittlerweile wohl etwa 250 Euro pro Tag und Gefangener), erschwert die Chancen, eine sozialversicherungspflichtige Arbeit zu finden usw. Diese unproduktiven Folgen werden auch nicht durch die (geringe) Abschreckungswirkung der Strafen aufgehoben.

Der ursprüngliche Gedanke, Menschen, die nicht zum Erfolg der Gruppe beitragen konnten, bzw. mehr nahmen als gaben, weil sie einfach nicht anders konnten, zu „bestrafen", indem man sie umbrachte oder verstieß, ergibt heute auch aus diesem Grund keinen Sinn mehr. Und gerade die Freiheitsstrafe ist ungeeignet, um Menschen zu einem im weitesten Sinn produktiven Leben zu ermutigen.

Einige Schritte in Richtung der Entkriminalisierung von Bagatell-, Armuts- oder Betäubungsmitteldelikten sind in jüngster Zeit zu beobachten. So soll etwa das „Schwarzfahren" entkriminalisiert werden. Bereits jetzt haben sich einige Städte und Kommunen entschieden, keine Strafanzeige gegen ertappte Schwarzfahrer zu stellen.[294] Beim Besitz von Cannabis ist im Frühjahr 2024 die viel diskutierte Straffreiheit des Besitzes von kleinen Mengen zum Eigenbedarf Gesetz geworden. [CS1] [TG2]

Das ändert aber nichts daran, dass vor allem Menschen wie Dustin[295], Ronnie[296] oder Anna[297] nach wie vor eingesperrt werden. Dies führt zu einer zunehmenden Spaltung zwischen unseren sozialen Milieus und zu einer Vergrößerung der Ungleichheit. In diesem Wissen wäre es rational, das Strafrecht zumindest auf schwerere Delikte zu beschränken.

Wir und die anderen

Unsere Wahrnehmung und Behandlung „des Kriminellen" enthält irrationale Anteile, die sich auf Strafen und Straffälligkeit auswirken. Zum Kern von Sozialisierung gehört das Maß, in dem unsere Selbstwahrnehmung von der Einschätzung der anderen abhängig ist. Damit hängen die Fragen zusammen, wie viel Einfluss das Individuum auf seine Rolle im Sozialen hat, und inwieweit es möglich ist, einmal eingenommene oder zugewiesene Rollen zu wechseln.

Wir haben nicht die individuellen Kapazitäten, jeden anderen Menschen, mit dem wir in irgendeiner Form konfrontiert werden, auch in jeder Hinsicht wie ein Individuum wahrzunehmen, um ihn gedanklich und gefühlsmäßig einzuordnen.[298] Eine gewisse Kategorisierung ist daher unvermeidbar. In der Frühzeit der Menschheit konnten so auch andere Lebewesen mit ihren regelmäßigen Eigenschaften wahrgenommen werden, ohne in jedem Einzelfall aufwendig nachzuforschen, ob auch dieses Exemplar diese Eigenschaften hat. Bären waren gefährlich, wenn man ihnen zu nahekam, sodass dieses Bild der Gefährlichkeit auf jeden individuellen Bären übertragen werden konnte. Die Überlebenschancen der Menschen wurden so erhöht. Bei jedem individuellen Bären neu zu prüfen, ob er gefährlich ist, hätte dagegen manches Todesopfer erfordert. Bei den ersten Menschen war es zudem hilfreich, fremden Menschen mit gehörigem Misstrauen zu begegnen. Es konnten tödliche Feinde sein. Auch der fremde Mensch gehörte damit in die Kategorie „anders und potenziell gefährlich". Wir neigen heute dazu, straffällig gewordene Menschen ebenso einzuordnen, als gehörten sie nicht ganz zu „uns" und seien grundsätzlich gefährlich. Wir sehen in ihnen kaum noch das Potenzial zum Guten, und dafür im Übermaß das Potenzial zum Schlechten. Diese (in Massengesellschaften notwendigerweise viel stärker ausgeprägte) Kategorisierung unter Menschen führt allerdings notgedrungen dazu, dass Individuen, die man in eine bestimmte Kategorie einordnet, es schwer haben aus dieser Kategorie wieder herauszukommen, auch wenn sie Eigenschaften tatsächlich nicht haben, die man mit Menschen in dieser Kategorie verbindet.

Eine Theorie zur Erklärung von Kriminalität, der Labeling Approach[299] (auch als Etikettierungsansatz bezeichnet), führt kriminelle Karrieren auch darauf zurück, dass die einmal straffällig gewordenen nicht mehr aus dieser Rolle herauskommen. Wenn der Kampf gegen Vorurteile und die kollektive Zuteilung einer Rolle zu schwer oder gar aussichtslos ist, ist die Versuchung groß, diese Rolle dann auch innerlich anzunehmen. Aus Scham und Schuld werden Trotz und Stolz.

So lässt Friedrich Schiller[300] seinen Protagonisten in „Der Verbrecher aus verlorener Ehre – Eine wahre Geschichte" sagen:

> „Alle Welt floh mich wie einen Giftigen, aber ich hatte endlich verlernt, mich zu schämen. Vorher hatte ich mich dem Anblick der Menschen entzogen, weil Verachtung mir unerträglich war. Jetzt drang ich mich auf und ergötzte mich, sie zu verscheuchen. Es war mir wohl, weil ich nichts mehr zu verlieren und nichts mehr zu hüten hatte. Ich brauche keine gute Eigenschaften mehr, weil man keine bei mir vermutet … Es war die letzte Ausflucht, die mir übrig war, die Ehre entbehren zu lernen, weil ich an keine mehr Anspruch machen durfte. Hätten meine Eitelkeit und mein Stolz meine Erniedrigung erlebt, so hätte ich mich selber entleiben müssen … Ich wollte Böses tun, soviel erinnere ich mich noch dunkel. Ich wollte mein Schicksal verdienen. Die Gesetze, meinte ich, wären Wohltaten für die Welt, also fasste ich den Vorsatz, sie zu verletzen; ehemals hatte ich aus Notwendigkeit und Leichtsinn gesündigt, jetzt tat ich's aus freier Wahl zu meinem Vergnügen."

Der Labeling Approach erklärt dementsprechend sekundäre Devianz, die aus negativen Reaktionen anderer auf primäre Devianz entsteht. Das kriminelle Label überschreibe alle anderen personenbezogenen Label.[301]

Auf die andere Seite des Extrems weist Jean-Paul Sartre[302] mit seinem viel zitierten und oft missinterpretierten Satz hin: „Die Hölle, das sind die andern." Damit meint er: „Und es gibt eine Menge Leute auf der Welt, die in der Hölle sind, weil sie zu sehr vom Urteil anderer abhängen."

Wenn man allerdings zu wenig auf das Urteil anderer gibt, kann auch dies ein Weg in die Straffälligkeit sein. In diesem Spannungsfeld bewegen sich (straffälliges) Verhalten von Individuen und der kollektive Umgang mit Straffälligen. Wir müssen beides achtsam und rational behandeln: unsere persönliche Abhängigkeit vom Urteil anderer, und unser Urteil über andere.

Straffällige, insbesondere ehemalige Inhaftierte hängen zudem in einiger Hinsicht tatsächlich vom Urteil anderer ab, z. B., wenn es um einen Arbeitsplatz geht. Die Kategorisierung als krimineller „(Ex-)Knacki" und die damit verbundene Stereotypisierung einer Person, der grundsätzlich nicht zu trauen ist, sind so stark, dass es für die davon betroffenen Individuen oft schwierig ist, sie aufzubrechen. Erleichtert und verstärkt wird diese Rollenzuweisung durch die Institution Gefängnis. Allen, die dort eingesperrt sind, werden jedenfalls in der Tendenz kategorisch bestimmte Eigenschaften wie böse, gestört, gewalttätig und Ähnliches zugesprochen. Gesamtgesellschaftlich sinnvoll ist dies im Hinblick auf eine (Re-)Sozialisierung nicht.

Die soziale Diskriminierung[303] ist so heute oft noch stärker als die Strafe selbst. Psychologisch spielen bei der Abhängigkeit vom Urteil anderer und der Annahme bzw. Zuweisung bestimmter Rollen Scham und Beschämung eine große Rolle. Die Wirkung von Beschämung wird vielfach unterschätzt. Auch Inhaftierte, die ich zum Teil seit Jahren betreue, schämen sich, genauer oder sogar überhaupt über ihre Tat zu sprechen.

In indigenen Gesellschaften werden die meisten Regeln des Zusammenlebens mit Scham sanktioniert.[304] Die Beschämung muss dabei nicht unbedingt durch eine Anprangerung erfolgen. So wurde etwa bei den Inuit beobachtet, dass sie auf sozial unerwünschtes Verhalten Einzelner mit übertrieben zuvorkommendem und großzügigem Verhalten reagiert haben, um den Betroffenen zu beschämen und so zum Ausdruck zu bringen: „Ich mache es besser als Du."[305]

Derjenige, der für eine Straftat verurteilt und in die Verantwortung genommen wurde, und dem damit notwendigerweise eine besondere soziale Rolle auferlegt worden ist, sollte künftig, wenn er seine Verantwortung wahrgenommen hat, ebenso deutlich sichtbar aus dieser Rolle wieder entlassen werden. Die Verurteilung selbst findet öffentlich mit einer großen Zeremonie statt. Wenn wir uns allerdings anmaßen, jemandem die Schuld zu geben oder ihn in die Verantwortung zu nehmen, müssten wir denjenigen auch wieder davon erlösen, wenn er sie verbüßt bzw. wahrgenommen hat. Derzeit verwenden wir viel Mühe auf das Labeling als Straffälliger, und wenig auf das De-Labeling.[306]

Ein Gericht spricht öffentlich Recht über einen Angeklagten. Wir bräuchten daher Symbole oder Zeremonien, die den Betroffenen auch wieder ebenso als gleichberechtigt akzeptiertes Mitglied in die Gesellschaft aufnehmen und ihn „entschämen".[307]

Scham ist ein belastender Zustand, in dem man sich in den abwertenden Augen der anderen sieht. Das kann sehr schmerzhaft sein, da es die Urangst weckt, in der Gruppe der Menschen „unten durch" zu sein. Scham kann einen also zur Demut, Reue und Wiedergutmachung veranlassen, um wieder zur Gruppe gehören zu können. Wenn die Gruppe allerdings den Beschämten allen Bemühungen zum Trotz nicht wieder voll respektiert, können Scham, Schuldgefühl und Angst in Wut und Aggressionen umschlagen, oder sich so manifestieren, dass der Betreffende Depressionen oder andere psychische Probleme entwickelt. Ein dritter Weg, den psychopathische Straftäter und manche „Berufskriminelle" gehen, ist der in die innere Unabhängigkeit vom kritischen Blick der Mehrheit der Menschen, oder von anderen Menschen überhaupt.

Beschämen ist viel wirksamer, wenn es von Menschen kommt, die uns auch weiterhin wichtig sind.[308] Wenn wir dagegen Ausgestoßene werden, berührt uns die Beschämung derjenigen, die uns ausgestoßen haben, nicht. Bei den Straffälligen, die Scham und Schuld empfinden können, steht die öffentliche Beschämung jedoch noch im Raum. Wer seiner Verantwortung im Anschluss an die Verurteilung gerecht geworden ist, sollte daher auch die öffentliche und formale Anerkennung dafür erhalten.

Resozialisierung

Grundsätzlich sinnvoll ist der Gedanke der Resozialisierung, der auch der derzeitige Strafvollzug dienen soll. Resozialisiert werden sollen Straffällige, die bestimmte Verhaltensnormen bzw. geschützte Rechtsgüter wie Leben oder Eigentum verletzt haben. Mit diesen Normen bringen wir zum Ausdruck, was jeder vom anderen erwarten darf. Man darf erwarten, nicht beleidigt, bestohlen, vergewaltigt oder getötet zu werden. Andere Normen sind nicht (straf-)rechtlich, sondern moralisch gefasst und gestützt (z. B. „Du sollst nicht fremdgehen"). Unser großes Repertoire an möglichen Verhaltensweisen und die Notwendigkeit, in der Gemeinschaft zu leben und daher eigene Interessen mit denen anderer abzustimmen, wird durch die Normierung, die flexibel an innere und äußere Umstände angepasst werden kann, im Idealfall in ein ausgewogenes Verhältnis gebracht. Ein weiteres Korrektiv ist das Verhalten von Generationen und Millionen von Menschen, die vor uns gelebt haben.

Thomas Fischer[309] definiert Normativität als „wechselseitige Mischung von Sein und Sollen, Erkennen und Fordern, die als spezifisch menschlich angesehen wird". Im besten Fall sind Normen im Interesse der Gesellschaft an sich, und so wirkmächtig, dass sie von den Individuen vielfach auch dann eingehalten werden, wenn sie gegen das eigene unmittelbare Interesse verstoßen.[310] Wir können also in Deutschland von jedem Wildfremden erwarten, dass er die Regeln einhält, deren Verletzung unter Strafe gestellt ist.

Diese Seite der Medaille betrachten wir gerne. Die andere, wonach auch wir uns allen anderen gegenüber zügeln müssen, vermutlich weniger gerne. Der italienische Strafrechtsreformer Cesare Beccaria[311] bringt dies so auf den Punkt:

„Kein Mensch hat aus freien Stücken einen Teil seiner eigenen Freiheit aus Rücksicht auf das Gemeinwohl weggegeben; dieses Hirngespinst besteht nur in Romanen. Wenn es möglich wäre, würde jeder von uns wünschen, dass die Gesetze, die die anderen

binden, ihn nicht bänden; jeder Mensch macht sich zum Mittelpunkt aller Verhältnisse des Erdballs."

Ähnlich sehen es Friedrich Nietzsche:[312]

„Jede Moral ist … ein Stück Tyrannei gegen die ‚Natur', auch gegen
die ‚Vernunft'."

und Sigmund Freud:[313]

„Wenn die Kultur nicht allein der Sexualität, sondern auch der
Aggressionsneigung des Menschen so große Opfer auferlegt, so verstehen wir es besser, dass es dem Menschen schwer wird, sich in ihr
beglückt zu finden. Der Urmensch hatte es in der Tat darin besser,
da er keine Triebeinschränkungen kannte. Zum Ausgleich war seine
Sicherheit, solches Glück lange zu genießen, eine sehr geringe."

Knast und Resozialisierung – geht das?

Auch wenn wir von Natur aus soziale Wesen sind, ist es jedenfalls nicht
immer leicht, sich an unsere (strafbewehrten) Regeln zu halten. Nachdem
im 19. und auch noch im 20. Jahrhundert kriminelles Verhalten vor allem
mit biologischen Besonderheiten des Individuums erklärt wurde[314], wird
heute davon ausgegangen, dass das individuelle Einhalten der Normen
vor allem mit der Sozialisierung zusammenhängt.

Der heute allgemein verwendete Begriff der „Resozialisierung Straffälliger" lässt sich sowohl im Hinblick auf die dieser Formulierung zugrundeliegenden Annahmen, als auch im Hinblick auf das, was inhaltlich damit
gemeint ist, unterschiedlich deuten. Ist die Person straffällig geworden,
weil sie nicht sozialisiert war, oder ist sie durch die Straffälligkeit oder die
Inhaftierung entsozialisiert worden? Soll eine Resozialisierung in oder
durch die Inhaftierung stattfinden, oder erst danach? Ist Sozialisierung
gleichbedeutend mit einem rechtstreuen Leben? Es ist wohl ein bisschen
von allem dabei. Im Kern geht es darum, die Wahrscheinlichkeit, dass
Inhaftierte wieder straffällig werden, zu minimieren.

Es kann dabei nicht der Anspruch sein, jeden straffällig gewordenen
Menschen durch den Strafvollzug[315] völlig zu (re-)sozialisieren. Der

Anspruch kann vielmehr überhaupt nur sein, möglichst viele Straffällige zu einem Leben zu verleiten, in dem sie so wenig wie möglich strafbare Handlungen begehen. Wenn also ein wegen Körperverletzung Inhaftierter entlassen wird und danach nur noch einen Diebstahl begeht, wäre das schon ein Resozialisierungserfolg in diesem Sinne. Besser gesagt ein potenzieller Resozialisierungserfolg, denn welche Rolle der Strafvollzug für die spätere Entwicklung dieses Inhaftierten hatte, ist schwer zu sagen. Hätte der Mann ohne Strafvollzug weitere Körperverletzungsdelikte begangen? Oder wäre die Körperverletzung auch ohne die Inhaftierung eine einmalige Angelegenheit geblieben, und hätte der Straffällige, wenn er nicht zu einer Freiheitsstrafe verurteilt worden wäre, vielleicht nicht mal mehr einen Diebstahl begangen?

Das kann sehr schwer wissenschaftlich erforscht werden. Zufallsexperimente sind der Goldstandard der kriminologischen Forschung.[316] Das bedeutet, man müsste vergleichbare Gruppen von Menschen bilden, die z. B. eine Körperverletzung begangen haben. Die eine Gruppe wird inhaftiert, die andere nicht, und nach Jahren und Jahrzehnten vergleicht man, welchen Effekt die Inhaftierung auf die Rückfallquote hatte. Nur eine Losauswahl, wer in welche Gruppe kommt, kontrolliert dabei nach der Wahrscheinlichkeitstheorie alle relevanten Faktoren. Wird dagegen die Kontrollgruppe nicht per Los, sondern durch gezielte Auswahl zusammengestellt, kann man nicht sicher sein, ob später gefundene Unterschiede zur Experimentalgruppe auf die Maßnahme oder die Selektion zurückgehen. Durch Los ist auch eine Kontrolle der Faktoren gegeben, deren Messung unmöglich ist, die unbekannt sind oder deren Relevanz sich erst nach Ende der Forschung herausstellt.[317]

Solchen Experimenten stehen nachvollziehbarerweise ethische und juristische Bedenken im Weg. Teilweise sind diese Bedenken allerdings wohl auch vorgeschoben, weil es die Justizpolitik gar nicht so genau wissen will.[318] Selbst über die Wirksamkeit spezieller Maßnahmen innerhalb des Strafvollzuges gibt es relativ wenig Studien.[319]

Eindeutige Aussagen über den Resozialisierungserfolg des derzeitigen Strafvollzugs sind daher schwer. Die Mehrheit der Inhaftierten wird nach der Haft jedoch wieder straffällig, und nicht wenige werden erneut inhaftiert.[320] Von der größten Gruppe der Gefangenen, die kürzere Freiheitsstrafen bis zu zwei Jahren verbüßen, werden etwa zwei Drittel innerhalb von zwölf Jahren wieder strafrechtlich auffällig, von den Inhaftierten mit längeren Freiheitsstrafen etwa 47 Prozent.[321] Das betrifft jedoch nur das Hellfeld der aufgedeckten Straftaten. Das Dunkelfeld ist in einigen Bereichen noch deutlich größer.[322]

Vor diesem Hintergrund sind durch die Inhaftierung jedenfalls keine großen Erfolge zu erwarten. Besonders gilt das für junge Menschen. Lange Freiheitsstrafen für Jugendliche haben kaum Einfluss auf die Anzahl und Schwere der Delikte. Einige Studien weisen sogar auf gegenteiligen Effekt hin. Gerade Intensivtäter sind eher auf gezieltere und unterstützende Maßnahmen angewiesen.[323] Auch bei Erwachsenen erscheint es plausibel anzunehmen, dass die Rückfallwahrscheinlichkeit durch den Strafvollzug unter dem Strich eher erhöht, jedenfalls aber nicht reduziert wird. Der Strafvollzug wirkt systematisch entsozialisierend statt resozialisierend.[324]

Die Erhöhung der Rückfallgefahr gilt wohl nicht für Delikte wie Mord (bei denen ohnehin nur eine äußerst geringe durchschnittliche Rückfallgefahr gegeben ist), aber z. B. für viele „Armutsdelikte", Drogenkriminalität oder die Straffälligkeit von den Personen, die bereits eine kriminelle Lebenseinstellung entwickelt haben. Klaus Günther[325] bringt es auf den Punkt:

„Von allen Rechtfertigungen der Strafe hat die Resozialisierung freilich in den letzten Jahrzehnten das traurigste Schicksal erlitten".

Ähnlich sieht es der Rechtswissenschaftler Henning Ernst Müller:[326]

„Und selbstverständlich teile ich – wie auch der größte Teil der deutschen Strafrechtslehrer und Kriminologen – die Kritik an der Wirklichkeit der Resozialisierung, die im Freiheitsstrafvollzug selten gelingt bzw. kaum gelingen kann."

Ernsthafter Wille

Die angestrebte Resozialisierung kann auch nach meiner Überzeugung in den gegebenen Rahmenbedingungen nicht funktionieren, obwohl es gerade seit den 1960er Jahren durchaus den ernsthaften Willen gab und gibt, es zu versuchen.

Der Rechtswissenschaftler Horst Schüler-Springorum, einer der wichtigsten Wegbereiter eines auf Resozialisierung ausgerichteten Strafvollzuges in Deutschland, hat Sozialisation als einen Prozess verstanden, in dem der Mensch lernt, mit anderen nach Maßgabe jener Normen, Werte, Orientierungen und Handlungsmuster, die innerhalb der ihn umgebenden Gesellschaft als angemessen gelten, in soziale Beziehungen zu treten.[327] Dieser Prozess sollte im Gefängnis nachgeholt oder unterstützt werden.

Gefängnis und Strafe waren allerdings lang vor der Resozialisierungsidee entstanden. Diese Idee musste also in den Strafgedanken, der im Wesentlichen in der Zufügung eines Übels besteht, und den Gefängnisgedanken, der im Wesentlichen darin besteht, eine große Anzahl von Straffälligen in eine geschlossene Anstalt einzusperren und die Umwelt dabei vor ihnen zu schützen, hineingepresst werden.

Wenn man sich vor Augen führt, wie langwierig und komplex eine Sozialisierung im Kontext von Familie, Kindergarten, Schule, und Freundeskreis ist, bis man das Erwachsenenalter erreicht hat, wird deutlich, dass diese Zeit in einem Gefängnis nicht annähernd nachgeholt werden kann. Die physischen und psychischen Strukturen des Individuums in seiner Interaktion mit der Umwelt werden vor allem in jüngeren Jahren ausgebildet. Es wird schwer, andere in ihren Rechten zu respektieren und Verhaltensregeln einzuhalten, wenn einem das als Kind nicht beigebracht worden ist. Wer (lebens-)wichtige Personen in der maßgeblich prägenden Phase des Aufwachsens als unzuverlässig, lieblos, gewalttätig oder destruktiv erlebt hat, der wird dieses Menschenbild als Erwachsener nur sehr schwer aus sich herausbekommen, er wird zudem große Mühe haben, eine auch gefühlsmäßig prosoziale Einstellung zu entwickeln. Das gilt auf der anderen Seite auch, wenn einem Menschen von früh auf vermittelt worden ist, dass er weitestgehend tun kann, was er will.

Dass man „eigentlich" nicht stehlen darf, weiß jeder Dieb, und dass man nicht schlagen darf, jeder Körperverletzer. Es bedarf keines Strafvollzuges, ihm dies beizubringen. Ganz im Gegenteil lernt er oft in der Subkultur der Anstalten, dass es keine besseren Wege gibt, zu seinem Recht zu kommen.

Norm und Individuum

Diese allgemeinen Regeln und Normen bleiben aber oft zum größten Teil die Regeln der anderen. Sie werden kaum zu den eigenen Normen Straffälliger.

Auch kann es, z. B. aufgrund von Suchtdruck oder finanzieller Not, schwerfallen, Normen einzuhalten, selbst wenn man es wollte. Zum Teil sind auch die Normen selbst das Problem, und weniger die Normbrecher. Das galt beispielsweise für die frühere Strafbarkeit homosexueller Handlungen. Bei anderen Normen ist es wie erläutert[328] unsozial, sie zum Bestandteil des Strafrechts zu machen, da dies den schwersten Rechtsverstößen vorbehalten bleiben muss.

Günther[329] betont zurecht, dass Resozialisierung nur dann gelingen kann, wenn die Ursache für das abweichende Verhalten auch tatsächlich bei dem Delinquenten und seiner Fehlsozialisation liegt. Wenn die Ursache aber eher in einem Rechtssystem liegt, dessen Normen Unzumutbares gebieten, dann wird Resozialisierung zu einer Struktur und zur fremdgesteuerten Disziplinierung.

Die nichtstaatliche Organisation „Freiheitsfonds"[330] kauft Inhaftierte frei, die eine Ersatzfreiheitsstrafe verbüßen, weil sie eine Geldstrafe wegen Schwarzfahrens nicht begleichen konnten. Teilweise wenden sich bereits Gefängnisleiter mit der Bitte an diese Organisation, eigene Inhaftierte „freizukaufen" (d. h. die Geldstrafe zu bezahlen).[331] Das zeigt die ganze Absurdität des Systems in diesem Bereich.

Nach meiner Erfahrung lassen sich sehr stark vereinfacht drei Gruppen von Straffälligen unterscheiden. Die einen brechen bildlich gesprochen Normen von unten. Die Vertreter der zweiten Gruppe brechen sie von oben. Zur dritten Gruppe schließlich gehören Straffällige, die Normen von der Seite brechen.

Zur ersten Gruppe gehören Straffällige wie Dustin[332] oder Anna[333] aus dem ersten Teil des Buches. Die Normen werden ihnen aus ihrer Sicht von einer herzlosen Macht von oben aufoktroyiert, ihnen wird Unzumutbares abverlangt. Zur zweiten Gruppe gehören Straffällige wie Dr. M.[334] Die Normen binden vor allem die anderen ihnen gegenüber, sie selbst stehen umgekehrt aber über diesen Normen. In der dritten Gruppe sind Menschen wie Robin.[335] Sie haben die Normen internalisiert und halten sich auch grundsätzlich daran. Seltene Normbrüche sind bei ihnen eher situativ bedingt.

Unser Strafrecht und unser derzeitiger Strafvollzug werden dieser Unterscheidung nicht gerecht. Gießkannenartig wird die bittere Medizin des Freiheitsentzuges, deren Nebenwirkungen schädlicher als ihre Wirkungen sind, über alle gleichmäßig verteilt. Die Mehrheit der Inhaftierten gehört zur ersten Gruppe. Ihnen fällt es schwer den normierten Erwartungen der anderen gerecht zu werden, da oft die eigenen Erwartungen, die sie vor allem als Kleinkind und Jugendlicher natürlicherweise haben mussten, nicht erfüllt worden sind.

Moralentwicklung

Der Psychologe Lawrence Kohlberg[336] hat in seinem bekannten Modell der Moralentwicklung drei Ebenen oder Niveaus mit jeweils zwei Stufen unterschieden. Auf der ersten Ebene hält man Normen vor allem aus egoistischen Gründen ein. Die niedrigste Stufe ist die der Orientierung an Strafe und Gehorsam. Man handelt, um eine Strafe möglichst zu vermeiden. Auf der zweiten Stufe verhält man sich konform, um Belohnungen zu bekommen.

Erst auf der zweiten, vor allem aber auf der dritten Ebene der Moralentwicklung geht es um mehr als das eigene Wohl. Auf der vierten Stufe, die wohl die meisten nicht straffälligen Erwachsenen erreichen, orientiert man sich an Recht und Ordnung, um diese aufrechtzuerhalten. Auf der fünften und sechsten Stufe, die nur eine Minderheit erreicht, orientiert man sein Handeln an Regeln, soweit sie nach dem eigenen Dafürhalten allen Mitgliedern einer Gesellschaft dienen, oder orientiert sich sogar an universellen ethischen Prinzipien. Wer diese Stufen erreicht hat, kann auch in einen Konflikt mit dem Recht kommen, wenn die Gesetze von diesen Prinzipien abweichen.

Nach meiner Erfahrung sind bei Weitem nicht alle Straffälligen auf einem moralischen Niveau, bei dem es nur um die Vermeidung von Strafe und den unmittelbaren eigenen Vorteil geht. Viele, die eine Norm von unten brechen, erkennen sie grundsätzlich an und würden sie auch gerne einhalten. Sie sehen sich nur dazu oft nicht in der Lage. Die Probleme in vielen Bereichen sind zu drängend. Die Reaktion auf straffälliges Verhalten muss in diesen Fällen also eher darin bestehen, die Betroffenen zu befähigen, ihre Bedürfnisse zu befriedigen und mit ihren Problemen umgehen zu können, ohne straffällig zu werden.

Auch sind die von Kohlberg entwickelten Stufen eher kognitiver Natur. Die Motivation zum moralischen Handeln, d. h. zur Berücksichtigung von Ansprüchen anderer folgt jedoch vor allem affektiven Fähigkeiten wie Empathie oder Fürsorge[337], und letztlich der Frage: was habe ich davon? Vor diesem Hintergrund stellt sich die Frage, wie eine mangelhafte Moralentwicklung im Erwachsenenalter bestmöglich nachgeholt werden kann. Gewalt oder die Angst vor äußerem Zwang sind grundsätzlich nicht geeignet, eine größtmögliche Übereinstimmung hinsichtlich bestimmter Normen und Werte zu erreichen.[338]

Der Gehirnforscher Gerhard Roth[339] hat den Sinn von Bestrafung im betrieblichen Kontext hinterfragt, wobei viele seiner Überlegungen auch im gesamtgesellschaftlichen Zusammenhang von Relevanz sind. Bestrafung ist nach seiner Einschätzung generell die am wenigsten geeignete Form, jemanden zu einem bestimmten Verhalten zu motivieren. Er führt dies insbesondere auf vier Umstände zurück: Die Strafe führt fast nie zur vollständigen Unterdrückung der unerwünschten Verhaltensweise. Die Beendigung von Strafe kann als Verstärkung der unerwünschten Verhaltensweise wirken. Bestrafung wirkt demotivierend, und kann ihrerseits ein Bedürfnis nach Rache und Vergeltung wecken. Man kann durch Strafe nur eine bestimmte Verhaltensweise (teilweise) unterdrücken, nicht aber neue Verhaltensweisen etablieren.

Roth hält vielmehr Belohnung für das beste Mittel zur Motivation.[340] Das Unbewusste frage unvermeidlich, wo der persönliche Gewinn hinsichtlich der Grundmotive Geld, Macht, Anerkennung und Bindung/ Anschluss stecke.[341]

Der Gesamtkontext von Gewalt, Strafe und Zwang ist dem Gefängnis allerdings immanent. Die in Aussicht gestellten „Belohnungen" für ein normtreues Leben in und nach der Haft sind dagegen eher mager. Mehrheitlich wird es in Freiheit darum gehen, sich mit Sozialleistungen zu begnügen und bei weiteren Verstößen von Strafe verschont zu bleiben.

Auch während der Haft wird das Verhalten der Insassen (und auch der Beamten) kaum über Belohnungen und viel über „Strafen" (für Beamte und Gefangene in Form von Disziplinarmaßnahmen) gesteuert.

Internalisierung von Normen

Normen werden vielmehr dann besonders stark eingehalten, wenn sie internalisiert worden sind. Dahinter steckt wesentlich das Bedürfnis, zu einer Gruppe zu gehören. Gravierende Abweichungen von den Normen dieser Gruppe führen zur Absonderung und Isolation. Eine Isolation gegenüber allen menschlichen Gruppen wird (wie die Einzelhaft) zu den unerträglichsten menschlichen Erfahrungen gezählt.[342] Der unbewusste Lohn der Internalisierung und Einhaltung von Normen ist also die Zugehörigkeit zu einer Gruppe.

Der Prozess der Internalisierung als Teil der Sozialisierung ist ein sozialer Prozess, in dem das Individuum in der Interaktion mit den anderen das eigene Verhalten und die Selbstbewertung auch an den Reaktionen der anderen ausrichtet. Psychologische Funktionen wie Angst oder Scham stabilisieren dabei grundsätzlich die Einhaltung von Normen.[343] Studien zeigen, dass bereits bei Kindern die Einhaltung von Normen vor allem von Freunden überwacht wird. Der Freundes- und Bekanntenkreis wirkt also sozialisierend.[344]

Über den Bekanntenkreis der Inhaftierten untereinander werden allerdings oft Normen gestärkt, die aus gesamtgesellschaftlicher Sicht gerade nicht gestärkt werden sollen. So hat mir beispielsweise Ronnie[345] berichtet, dass Gewalt gegenüber Frauen von nicht wenigen seiner Mitinhaftierten nicht verpönt, sondern sogar goutiert wird. Die Internalisierung der allgemein verbindlichen Normen ist für viele Inhaftierte nicht unbedingt lohnend. Jemand, der über keinerlei Vermögen oder Eigentum verfügt, und auch künftig keine Aussicht darauf hat, hat wenig vom umfangreichen strafrechtlichen Schutz von Eigentum und Vermögen. Man hält sich an die Normen der Gleichgesinnten bzw. derjenigen, die einem dafür das lebensnotwendige Gefühl sozialer Zugehörigkeit vermitteln.

Zu meiner Zeit als Abteilungsleiter im Gefängnis habe ich einmal gegenüber einem Inhaftierten eine Disziplinarmaßnahme ausgesprochen, weil dieser morgens bei der Lebendkontrolle dem Beamten, der seine Haftraumtür geöffnet und ihn gefragt hatte, ob er wach sei, den Hitlergruß verbunden mit einem kräftigen „Heil Hitler" gezeigt hatte. Er durfte nun einen Monat lang nicht fernsehen. Ein Beamter erzählte mir später, dass sich der Inhaftierte nach Verlassen des Disziplinarraums mit anderen dort wartenden Inhaftierten „abgeklatscht" hat, und dass die anderen ihm auf die Schulter geklopft hätten. Meine Wertung des Hitlergrußzeigens als „schlecht" beeindruckte ihn sicher weniger als die seiner Mitgefangenen als „gut". Der Inhaftierte musste und durfte seinen Alltag nicht mit mir oder anderen verbringen, die Hitlergrüße nicht sehr lustig finden. Seine Gruppe war die der Mitinhaftierten, die ihm dafür auf die Schulter klopften.

Auf einen weiteren Gesichtspunkt weist der Sozialphilosoph Axel Honneth[346] hin. Nach seiner Auffassung liegt in dem Bedürfnis, für die eigenen Fähigkeiten in einem Kreis von Gleichgesinnten eine direkt erfahrbare Wertschätzung zu finden, ein, wenn nicht das zentrale Motiv der Gruppenbildung. Die gesamtgesellschaftlich geschätzten Fähigkeiten z. B. im schulischen und beruflichen Bereich können viele Inhaftierte nicht an den Tag legen. Andere Fähigkeiten wie diejenigen, in Häuser einzubrechen, Drogen zu verkaufen, oder eine besondere Gewaltbereitschaft, Skrupellosigkeit oder Rebellionsbereitschaft gegenüber „dem System" an den Tag zu legen, werden dagegen in den „falschen" Kreisen geschätzt.

Norm und Entscheidung

Das Problem, die Normeinhaltung mit Gewalt bzw. Strafe durchsetzen zu wollen, hat noch einen anderen Aspekt. Es erschwert oder verhindert autonome Entscheidungen, und damit eine innere Hinwendung zur Norm. In der Erziehung von Kindern wird daher nicht nur von körperlicher, sondern auch von zu starker verbaler Bestrafung abgeraten.[347] Bei Erwachsenen kann nicht anderes gelten, auch wenn man nicht mehr von Erziehung, sondern von Resozialisierung spricht.

Klaus Jünschke, der wegen eines im Zuge seiner Mitgliedschaft in der RAF begangenen Verbrechens zu einer lebenslangen Freiheitsstrafe verurteilt worden war, musste die ersten Jahre seiner Haft in Einzelhaft und weitgehender Absonderung verbringen. Er hat mir berichtet[348], dass ihn die Anstaltsleitung erst in den normalen Haftalltag integrieren wollte, wenn er sich von der RAF lossagte. Derart unter Druck gesetzt, fühlte er sich nicht fähig, eine wirkliche Entscheidung zu treffen, und sich ernsthaft und glaubwürdig von der RAF zu distanzieren. Das war ihm erst möglich, als die Einzelhaft irgendwann aus anderen Gründen gelockert werden musste.

Strafe, Ausschluss aus der Gesellschaft und Zusammenschluss mit anderen Inhaftierten sind also kontraproduktiv, wenn man die Einhaltung von allgemein verbindlichen Normen stärken will. Es muss stattdessen bestmöglich versucht werden, die Fähigkeit zu vertrauens- und respektvollen Bindungen zu „sozialisierten" Menschen aufzubauen oder zu stärken, um aus diesen Bindungen heraus die allgemein verbindlichen Normen zu internalisieren.[349]

Bekanntlich passiert im derzeitigen Strafvollzug allerdings systematisch genau das Gegenteil, auch wenn versucht wird, dem vereinzelt entgegenzuwirken. Zu den Beamten kann kaum eine vertrauensvolle Bindung aufgebaut werden, da jeder Vollzugsmitarbeiter letztlich seinem Arbeitgeber verpflichtet bleibt (d. h. z. B. alles Relevante melden muss, auch wenn es ihm „vertraulich" mitgeteilt wurde), und immer ein systemimmanentes Machtgefälle besteht. Zu Menschen außerhalb der Haft ist bereits der Kontakt sehr erschwert, von der Aufrechterhaltung von Bindungen und Beziehungen ganz abgesehen. Zudem haben die bereits bestehenden Beziehungen den Straffälligen offenbar nicht von den Straftaten abhalten können, sodass es oft sinnvoll wäre, daran zu arbeiten.

Die Arbeit in oder an Beziehungen hat größte Aussicht auf Erfolg, wenn sie langfristig angelegt ist. Kürzere Haftstrafen oder sonstige Interventionen von einigen Monaten sind auch vor diesem Hintergrund kaum sinnvoll. Am Ende wird der Straffällige vor allem verwaltet, wobei immer wieder unterschiedliche Institutionen und Menschen für ihn zuständig sind. Wenn sich überhaupt noch jemand kümmert. So landen etwa in Berlin nach aktuellen Zahlen rund 40 Prozent der Inhaftierten nach ihrer Haftstrafe in Unterkünften oder sogar auf der Straße.[350] Da bringt es wenig, wenn sie vorher in der Haft einen dreistündigen Kurs zur Wertevermittlung absolviert haben.

Auch wenn die Kindheit und Jugend besonders wichtig für die Internalisierung von Normen ist, ist der Mensch in jedem Alter noch zu Veränderungen fähig bzw. veränderbar.[351] Entscheidend ist es jedoch, dafür die richtigen Rahmenbedingungen zu schaffen.

Werte

„Wir" außerhalb der Gefängnisse bzw. auf der Seite der Strafenden sind noch in anderer Hinsicht mehr gefordert. Um Normen überzeugend vermitteln zu können, und sie möglichst stark zu machen, müssen sie bzw. die ihnen zugrundeliegenden Werte gesamtgesellschaftlich gelebt und vertreten werden. Es gibt keinen allgemein verbindlichen Konsens darüber, welches Verhalten zugleich konkret und universell als moralisch richtiges Verhalten zu gelten hat – und welches nicht.[352] Das betrifft auch unsere Werte. Welche Eigenschaften und Einstellungen halten wir für gut, welche für schlecht? Es liegt in unserer Hand, das näher zu fassen. Diese Art der Freiheit – die zugleich eine Aufgabe ist, der wir nicht entrinnen können – ist nicht identisch mit der des freien Willens als Grundlage individueller Schuld.[353] Es geht vielmehr um die uns gegebene Möglichkeit verschiedenste Aspekte zu berücksichtigen und abzuwägen, wenn wir Werte bilden und vertreten.

Unsere Werte lenken nicht nur unser Verhalten. Sie geben auch unserem Denken und Fühlen Bedeutung.[354] Zur Resozialisierung gehört daher auch das Reflektieren unserer gesamtgesellschaftlichen Werte, und der Frage, ob wir sie nur behaupten, oder tatsächlich leben und vertreten. Nicht nur eine lieblose Kindheit kann die Gefahr späterer Kriminalität vergrößern. Der Verhaltensforscher Eibl-Eibesfeld[355] hat in einem anderen Kontext auf einen Aspekt hingewiesen, der auch in einer großen Gesellschaft wie unserer eine Rolle spielt: Es gibt individuelle und in Gruppen gelebte Aggressionsformen.

Menschen sind daher nicht zwangsläufig friedfertig, wenn sie in einem „warmen" und liebevollen Familienumfeld aufgewachsen sind. Kinder, die in Zuneigung aufwachsen, identifizieren sich mit den Eltern und ihrer Gruppe. Sie sind dann bereit, deren Wertvorstellungen zu übernehmen. Das können auch solche Werte sein, die später zu kriminellem Verhalten beitragen könnten. Wenn die Eltern z. B. ihre eigenen Kinder lieben, aber rassistische Einstellungen vertreten, besteht die Gefahr, dass die Kinder den Rassismus übernehmen. Umgekehrt kann die Vermittlung entsprechender Werte dazu beitragen, dass unser evolutionär geprägtes Misstrauen gegenüber Fremden nicht zu Ablehnung oder Hass wird.

Aggressionen werden in allen Gesellschaften durch Normen und Werte reguliert[356], aber eben nicht immer nur reduziert, teilweise auch gefördert. Ob Aggression ein wirksames Verhalten ist, wird Kindern durch Belohnung oder Bestrafung beigebracht.[357] So zeigen Beobachtungen aus Madagaskar, dass Kinder ihre Wut gegenüber Autoritätspersonen unterdrücken müssen. Sonst werden sie sanktioniert. Bei Konflikten unter Gleichaltrigen wird aggressives Verhalten der Kinder jedoch gefördert. Eltern ermuntern ihre Kinder zur Gegenwehr, und sanktionieren sie für einen „feigen" Rückzug aus einem Peer-Konflikt.[358] Sozialisationserfahrungen sind also auch insofern mitverantwortlich für die Ausübung und Aufrechterhaltung aggressiven oder kriminellen Verhaltens. Lernquellen sind Eltern, Peers, Schule, Kultur und Medien.[359]

Auch ansonsten soziale Menschen können zu einem unsozialen Handeln gegenüber Menschen z. B. mit einem bestimmten Glauben oder einer anderen Herkunft verleitet werden, wenn die Idee, dass alle Menschen grundsätzlich gleichwertig sind, nicht stark genug ist. Und solange Geld und Macht bzw. die Menschen, die viel davon haben, weiter so hoch im Kurs stehen, und Menschen, die sich zu sozial verhalten, nicht selten als schwach oder naiv angesehen werden, solange erhöht dies auch die Wahrscheinlichkeit, dass manche versuchen, auch auf illegalem Wege zu Geld oder Macht zu kommen.

Konrad Lorenz[360] formuliert es pointiert:

„Auf den instinktiven Grundlagen des Ansammelns von Besitz, auf Geltungstrieb usw. steht ein hohes positives, auf schlichter Anständigkeit ein fast ebenso hohes negatives Selektions-Prämium."

Werte vertreten vs. verramschen

Wie der Begriff „Werte" bereits andeutet, sind sie zudem meist nicht „billig" bzw. leicht zu vertreten. Bei Weitem nicht jedes Verhalten, das teuer, schmerzhaft, gefährlich oder aufwendig ist, trägt zur Schaffung oder Stabilisierung von kollektiv sinnvollen Werten bei, aber alles plakative

„Haltung zeigen", das nichts kostet, kann man sich meist auch sparen. Es verramscht eher den Begriff der Haltung oder verkehrt ihn ins Gegenteil, indem vorgeblich moralische Werte abhängig von ökonomischem oder politischem Gewinn gemacht werden. Ein Beispiel ist das Verhalten der deutschen Fußballnationalmannschaft in Katar, als sie die „One love"-Binde, die ein Zeichen gegen Homophobie gesetzt hätte, aus Sorge vor (überschaubaren) Nachteilen nicht getragen und sich stattdessen auf dem Gruppenbild den Mund zugehalten hatte.[361] Opportunismus ist das Gift aller Werte.

Damit hängt auch die Frage zusammen, wie man in unserer Gesellschaft zu Macht, Geld und Einfluss kommt. Wenn wir die machiavellistischen Machtmenschen[362] zu unseren Anführern in dem (unbewussten) Glauben machen, sie setzten diese Eigenschaften zum Wohl der Gruppe ein, täuschen wir uns. Die Macht selbst berauscht diese Menschen, und sie zu erhalten und auszubauen (auch durch das Strafrecht) ist ihr Bestreben, nicht das Wohl von möglichst vielen. Wenn es aber vor allem schamlose, und nicht freundliche und soziale Menschen an die Spitze treibt, dann werden diese Eigenschaften und Verhaltensweisen, allen entgegenstehenden Bekundungen zum Trotz, als Werte und etwas Erstrebenswertes vorgelebt.

Auch sieht man selten Politiker oder andere Menschen mit großer öffentlicher Wirkung, die Fehler einräumen oder die persönliche Verantwortung für Entscheidungen übernehmen. Zum Teil ist dies verständlich, da in komplexen z. B. politischen Zusammenhängen fast nie eine Person allein für etwas verantwortlich ist, und die Person, die Verantwortung oder Fehler eingesteht, zum Teil wegen Kleinigkeiten „abgesägt" wird. Idealisierung und Abwertung von Politikern liegen sehr nah beisammen. Wir messen Politiker offenbar nicht am Maß gewöhnlicher Menschen. Das führt mit dazu, dass in der Politik mit hoher symbolischer Außenwirkung vor allem mit dem Finger auf andere oder auf die Umstände gezeigt wird. Die Übernahme von Verantwortung ist die Ausnahme. Und oft wird sehr offensichtlich gelogen, etwa durch das Vortäuschen von Erinnerungslücken oder die Behauptung falscher Tatsachen, um politisch Stimmung zu machen. Die negative Vorbildwirkung solchen Verhaltens, das von Taktik und Eigennutz, und nicht von Moral geleitet wird, darf nicht unterschätzt werden. Warum sollte der „kleine" Dieb reinen Tisch machen und Verantwortung übernehmen, wenn es die „Großen" doch ganz anders vormachen? Und was unterscheidet den straffälligen Betrüger, der Falsches vorspiegelt, um einige hundert oder tausend Euro zu erhalten, vom politisch Tätigen, der lügt, um an der Macht zu bleiben, oder Millionen von Steuergeldern sehenden Auges verschwendet?

An der Übernahme von Verantwortung mangelt es nicht nur im Hinblick auf offensichtliche Fehler, sondern insgesamt auch für eine Politik, die Menschen in prekäre Lebenslagen bringen oder diese verstärken kann. Dem Psychologen Rainer Mausfeld[363] zufolge hat der Neoliberalismus eine neue Kategorie menschlichen Tuns hervorgebracht, nämlich Taten ohne Täter. Die Entscheidungsträger würden ihre Politik mit Sachzwängen und Naturgesetzlichkeiten des freien Marktes begründen und den Opfern damit die Möglichkeit nehmen, diese Taten als menschliche Taten zu verstehen und sie Tätern zuzuweisen.

Je stärker die Schere zwischen den Mächtigen, die kaum noch persönliche Verantwortung übernehmen, und den Machtlosen wird, die für ihre gesamte Situation und für jedes noch so kleine Fehlverhalten in Verantwortung genommen werden, desto ungerechter kann die Bestrafung der Machtlosen werden. Je mehr dagegen die Übernahme von Verantwortung auch für Unangenehmes und das Eingestehen von Fehlern echte Werte werden, desto eher kann dies auch von Straffälligen erwartet werden. So können die Hintergründe von Straftaten besser aufgearbeitet werden. Und wer echte Verantwortung übernimmt, bei dem sinkt die Wahrscheinlichkeit, denselben Fehler nochmals zu machen. Werte auch öffentlich sichtbar ernst zu nehmen und zu vertreten erhöht deren Wirkmächtigkeit, dies gehört mit zu einem möglichst erfolgreichen Prozess der (Re-) Sozialisierung.

Realitätsnahe Freiheitsbeschränkung und Arbeit mit Straffälligen

Zu den Werten, die behauptet, aber gesamtgesellschaftlich nicht ernsthaft vertreten werden, gehört auch die Resozialisierung Straffälliger selbst. Diese Idee ernstnehmen hieße nicht nur die Idee der Strafe, sondern auch die des Gefängnisses (in Form riesiger geschlossener Anstalten) zu überwinden.

Die zeitweilige Einschränkung der Freiheit, sich aufzuhalten, wo man will, kann zur Sicherung des Verfahrens und zum Schutz weiterer Opfer (z. B. bei häuslicher Gewalt) Sinn machen. Auch kann es wichtig sein, Menschen aus einem kriminogenen Umfeld (z. B. Rocker- oder Drogenmilieu) herauszuholen. Eine Einschränkung der Fortbewegungsfreiheit kann zudem sinnvoll sein, um mit den Betroffenen (therapeutisch) zu arbeiten, bis die von ihnen ausgehende Gefährdung reduziert ist.

Diese Freiheitsbeschränkung sollte jedoch in einem realitätsnahen und möglichst offenen Kontext erfolgen. So zeigt eine aktuelle Studie aus Deutschland, dass Inhaftierte, die im offenen Vollzug untergebracht werden, signifikant weniger rückfällig werden.[364] Dabei ist der Faktor, dass nur ausgewählte Inhaftierte im offenen Vollzug untergebracht werden, berücksichtigt. Der offene Vollzug an sich wirkt also im Vergleich zum geschlossenen Vollzug rückfallsenkend. Das wird auch durch Studien aus Frankreich bestätigt. Inhaftierte, deren Vollzug spätestens einige Zeit vor der Entlassung gelockert worden ist, wurden seltener rückfällig.[365]

Zudem sollte der Vollzug möglichst mitten unter uns erfolgen. So könnten z. B. dezentrale Wohngruppen oder ins Stadtbild eingefügte Hafthäuser[366] eingerichtet werden, die auch gegen Entweichung gesichert sein könnten. Jüngst haben sich die Justizministerinnen und Justizminister der Mitgliedsstaaten der EU für kleinere Hafthäuser anstelle großer Vollzugsanstalten ausgesprochen.[367] Sozialisierung heißt also auch, Straftäter und Allgemeinheit insoweit näher zusammenzubringen. In skandinavischen Studien hat sich herausgestellt, dass höchstens 50, besser noch weniger Menschen in einer solchen Einrichtung untergebracht sein sollten, um einen bestmöglichen Behandlungserfolg erzielen zu können.[368] In geeigneten Fällen ist es zudem wichtig, die Straffälligen nicht von ihren Familien zu trennen. Als Vorbild ist hier Dänemark zu nennen. Im Familienhaus Engelsborg können Straffällige dort einen Teil ihrer Haft mit ihren Kindern verbringen.[369]

In Deutschland weist der sogenannte Vollzug in freien Formen in die richtige Richtung. Für Erwachsene ist er derzeit nur in Sachsen möglich. Die Straffälligen verbüßen ihre „Haft" weder im geschlossenen noch im offenen Vollzug, sondern in einer Wohngruppe, die von einem Verein betreut wird.[370] Dort wird dann mit den Bewohnern weitgehend in der Realität gearbeitet, und z. B. versucht, sie in Arbeitsverhältnisse zu vermitteln.

Bei höchst gefährlichen Menschen ist auch ein bis zu lebenslanger Freiheitsentzug notwendig. Das betrifft jedoch nur wenige Prozent der derzeit Inhaftierten. Hilgers[371] ist recht zu geben, dass nicht die langfristige Unterbringung ohne illusionäre Heilserwartungen totalitär ist. Im Gegenteil ist eher der Anspruch an schwer gestörte Patienten, unerreichbare Veränderungsansprüche zu erfüllen, der totalitären Idee von der völligen Formbarkeit des Individuums geschuldet. Allzu leichtfertig sollte man dabei nicht von einer Unheilbarkeit ausgehen[372], wobei es meist um eine ethisch schwierige „Heilung" gegen den Willen der Betroffenen geht.

Dieser Freiheitsentzug muss jedenfalls in menschenwürdigem Kontext erfolgen. Zum Teil wird dies durch die schon bestehenden Einrichtungen für Sicherungsverwahrung umgesetzt. Orientieren könnte man sich zudem an den Longstay-Einrichtungen in den Niederlanden. Dort haben die Bewohner innerhalb eines vor Entweichung gesicherten Bereichs weitgehende Bewegungsfreiheit und haben auch eine Chance, entlassen zu werden, wenn sie z. B. infolge ihres Alters nicht mehr gefährlich sind.[373]

Arbeit in der Realität

Ein (therapeutisches) Arbeiten mit Straftätern macht für die allermeisten in einem realitätsnahen Kontext mehr Sinn als in der abgeschlossenen Parallelwelt der Gefängnisse. Ambulante Therapien haben in der Regel mehr Erfolgsaussichten.[374] Zudem ist intensive therapeutische Behandlung bei den meisten Straffälligen nicht notwendig, sinnvoll und leistbar. Eine therapeutische Behandlung gegen den Willen der Betroffenen ist ohnehin nur schwer möglich. Ich erlebe es jedoch bei vielen Straftätern, dass sie in verschiedenen Bereichen Hilfestellung oder Anleitung brauchen, um nicht wieder in dysfunktionale Verhaltensweisen zu verfallen.

Die Justizvollzugsbediensteten sind bestens dafür geschult, solche Arbeit, die sich zwischen Coaching, sozialer Arbeit, Fallmanagement und Beaufsichtigung/Überwachung bewegt, zu leisten. Es muss immer wieder betont werden, dass ein kritisches Hinterfragen der Gefängnis- und Strafidee keine Kritik an den Menschen bedeutet, die in unterschiedlichsten Berufen in der Strafjustiz engagiert und kompetent tätig sind. Gerade die Mitarbeiterinnen und Mitarbeiter in den Justizvollzugsanstalten haben aber mit dem Konflikt zwischen dem offiziellen Ziel der Resozialisierung und der Sicherheit, an der sie tatsächlich gemessen werden, zu kämpfen. Ob Resozialisierungserfolge eingetreten sind oder nicht, kann erst in den Jahren nach der Haft beurteilt werden. Für die Mitarbeiterinnen und Mitarbeiter bleibt sie, ebenso wie eine etwaige Genugtuung für die Opfer oder die Abschreckung potenzieller Täter, weitgehend unsichtbar. Greifbar ist der Vergeltungsgedanke. Den Gefangenen wird durch den Entzug der Freiheit täglich ein Übel zugefügt, und oft mehr noch durch die vielen Ordnungs- und Sicherungsmaßnahmen, die notwendig sind, um ein Gefängnis „am Laufen" zu halten.

Die Zeit von sadistisch veranlagten Wächtern oder von Menschen, die im Strafvollzug arbeiten, weil sie sonst keinen Job finden, gehört jedoch seit Jahrzehnten der Vergangenheit an. So zitiert die Historikerin Annelie Ramsbrock[375] aus der gerichtlichen Vernehmung eines Justizvollzugsbeamten in den 1960er Jahren: Auf die Frage des Richters, ob er „bei Eintritt in den Dienst geschult worden sei", antwortete der Mann: „Es bestand eine Unterrichtsstunde pro Woche. Da wurde in der Hauptsache Rechtschreibung geübt. Wir haben die Fürwörter und Selbstlaute gelernt."

In den Anstalten sind heute vielmehr sehr qualifizierte und engagierte Personen tätig, die mit den Klischees von „Schließern" nichts zu tun haben. In aller Regel haben Menschen, die im Vollzugsdienst arbeiten wollen, bereits z. B. eine handwerkliche Ausbildung absolviert. Nicht wenige haben auch Abitur. Nach der Einstellung erfolgt dann eine intensive mehrjährige Schulung mit Abschlussprüfungen in verschiedenen Fächern wie Psychologie oder Rechtswissenschaften. Wenn allerdings ein Beamter teilweise für 60, 70 oder noch mehr Inhaftierte zuständig ist, dann bleibt manchmal wirklich nicht viel mehr übrig, als die Haftäume auf- und zuzuschließen. Viele Kompetenzen von Vollzugsmitarbeiterinnen und Vollzugsmitarbeitern bleiben so ungenutzt. Für die angestrebte Resozialisierung ist es daher wichtig, die Kompetenzen der Vollzugsbediensteten auch zu nutzen. Dazu gehört eine Betreuung und Beaufsichtigung von Straffälligen in der sozialen Realität. Die Mitarbeitenden müssen realisierbare Ziele vor Augen haben und auch an der Erreichung dieser Ziele gemessen werden.

Verschiedene Welten

Mein Mandant Conny wusste nicht so recht, warum er überhaupt vor Gericht zitiert worden war. Er und ein Bekannter waren sich am Busbahnhof in die Haare geraten. Dabei hatte er ihn gewürgt und zu Boden gestoßen. Eine Passantin hatte die Polizei gerufen, und das Ganze nahm seinen Lauf. Gegen meinen Mandanten wurde ein Verfahren wegen Körperverletzung eingeleitet. Fünf Monate später stand er nun vor Gericht. In diesen fünf Monaten war er fast täglich mit dem Tatopfer zusammen gewesen. Die beiden waren Teil einer losen Gruppe, die in der Gegend des Busbahnhofs Alkohol und Drogen konsumierte. Den Vorfall, weswegen der eine nun als Angeklagter, der andere als Zeuge vor Gericht waren, hatten sie längst vergessen. Mehr noch, beide hatten der Sache von vornherein keine Relevanz beigemessen. Die Polizei hatte noch am Tatort die Personalien von drei Anwesenden aufgenommen, die nun als Zeugen aussagen mussten. Die Zeugen waren Teil der Gruppe, die ihre Tage am Busbahnhof verbrachte. Sie alle waren, wie Conny, um die 30 Jahre alt, alkohol- und drogenabhängig, und frühverrentet. Keiner verstand, was das Ganze überhaupt sollte.

An diesem Tag wurde mir besonders deutlich, dass vor Gericht oft verschiedene Welten aufeinandertreffen. Richter, Staatsanwälte und Rechtsanwälte stammen in der Mehrheit aus Akademikerfamilien, jedenfalls aber aus sogenannten bildungsnahen und gut situierten Milieus. Die Bestraften stammen dagegen mehrheitlich aus prekären Milieus. Der Journalist und Autor Ronen Steinke[376] beschreibt diese Diskrepanz so, dass es vor allem um Mentalitäten geht und um die Art, wie Menschen, die die Justiz prägen, auf die Welt blicken.

Dieser Blick auf die Welt ist nach meiner Erfahrung einer von oben nach unten. Durch Verurteilung und Bestrafung finden diese Welten nicht zueinander, sie entfernen sich vielmehr noch weiter. Die Kommunikation zwischen den Vertretern beider Welten funktioniert nicht. Resozialisierung des Umgangs mit Kriminalität muss daher auch bedeuten, die konkreten Täter und Opfer, aber auch „normale" Bürgerinnen und Bürger aus den sozialen Milieus der Täter und Opfer stärker in die Schlichtung eines Konflikts einzubinden.

Restorative und Transformative Justice

Gegenentwürfe zu unserem derzeitigen System, die unter anderem eine Verlagerung der Konfliktlösung von der vertikalen auf die horizontale Ebene vorsehen, werden seit vielen Jahren vor allem unter den Begriffen „Restorative Justice" und/oder „Transformative Justice" vertreten und diskutiert. Hintergrund dieser Ansätze ist unter anderem der Zweifel daran, ob die Beteiligten durch die Umwandlung eines Alltags- in einen Rechtskonflikt ihren eigenen Konflikt auch wiedererkennen, und ob dieser damit auch gelöst wird.[377] Conny und sein Opfer sind dafür das beste Beispiel.

In Europa gab es bereits seit den 1960ern Ideen, wie Täter und Opfer das Problem der Straftat selbst lösen könnten.

In den 1970ern haben kritische Kriminologen sich zunehmend mit den kontraproduktiven Effekten des staatlichen Justizsystems befasst und Modelle für eine andere Art des Umgangs mit sozialen Konflikten entwickelt.[378] Die Bewegung wurde dann Anfang der 1980er Jahre stärker. Es wurden erste Projekte entwickelt, zunächst in Norwegen, zunehmend auch in Deutschland[379]. Restorative Justice bedeutet in Europa vor allem Mediation zwischen Täter und Opfer. Diese Mediation kann statt einer Verurteilung stattfinden oder parallel, und dann beim Strafmaß berücksichtigt werden.[380] Zunächst wurde diese Mediation für jugendliche Straftäter, dann auch für Erwachsene eingeführt.[381]

Dahinter steckt die Überzeugung, dass „Straftaten" Folgen und Ursachen zwischenmenschlicher Konflikte und Probleme sind, die nicht von „oben" in Form einer staatlichen Gewalt gelöst werden können[382], schon gar nicht durch eine Übelszufügung zur Strafe. Die Kompetenz zur Konfliktlösung soll vielmehr wieder auf die Menschen untereinander übertragen (transformiert), und ein System von Gerechtigkeit von unten nach oben entwickelt werden.[383] Durch gemeinsames Handeln sollen soziale Beziehungen und Bindungen (wieder) hergestellt werden.[384] Teilweise ist es allerdings auch gar nicht wünschenswert, dass die alten, dysfunktionalen Bedingungen wieder hergestellt werden, sodass das Ziel dann ist, sie zum Besseren zu transformieren.[385]

Dabei wird versucht, auch Problemlösungspraktiken vergangener Zeiten wiederzubeleben, die vom technischen, wirtschaftlichen, rechtlichen und wissenschaftlichen Fortschritt verdrängt wurden.[386] Täter sollen ermutigt werden, die Folgen ihres Handelns zu verstehen oder mit den Opfern mitzufühlen. Durch das heutige Gegeneinander im „juristischen Spiel"[387] wird der Täter dagegen eher ermutigt, seine eigenen Interessen möglichst zu schützen und durchzusetzen. Für Geschädigte kann es wichtig sein, ihre Gefühle und ihre Wahrheit denjenigen ins Gesicht zu sagen, die sie verletzt haben. Diese sollen die Wirkung ihrer Taten verstehen.[388] Bildlich gesprochen geht es darum, von einer hierarchischen Struktur in einen Kreis zu finden. Der Kreis ist bei vielen indigenen Völkern ein Symbol dafür, dass alle Dinge miteinander verbunden sind, und dass alle Entscheidungen eines Einzelnen letztlich Auswirkungen auf alle anderen haben. Der Kreis symbolisiert einen ganzheitlichen Ansatz.[389] Der Prozess steht bei dieser Art des Umgangs mit Konflikten im Vordergrund, nicht von vornherein festgelegte Ergebnisse.[390]

Teilweise gibt es in unserem System bereits Maßnahmen, die diesen Ansätzen entsprechen. Täter-Opfer-Ausgleich (TOA) und Schadenswiedergutmachung spielen im Umgang vor allem mit erwachsenen Straffälligen jedoch nur eine untergeordnete Rolle und sind selten eine echte Alternative zur Vergeltungsstrafe. Christoph Willms, der Leiter des Servicebüros für Täter-Opfer-Ausgleich und Konfliktschlichtung[391] spricht davon, dass der TOA bei den Millionen von Strafverfahren jedes Jahr nur in einigen Zehntausenden Fällen eine bestimmende Rolle spielt.[392]

Eine Freiheitsstrafe kann im Regelfall allenfalls geringfügig kürzer ausfallen, wenn der Täter dem Opfer z. B. ein Schmerzensgeld[393] zahlt. Größer sind die Chancen auf eine echte Alternative zur Strafe, wenn eine Freiheitsstrafe mit der Auflage zur Bewährung ausgesetzt wird, den Schaden wieder gutzumachen. Wenn der Täter diese Auflage nicht erfüllt, kann seine Bewährung widerrufen und er inhaftiert werden.

Das Beste aus zwei Welten

Ich denke, dass einige, aber nicht alle der Ideen, die unter den Stichworten „Restorative / Transformative Justice" erarbeitet wurden und werden, sinnvoll sind, dass aber auch nicht alles in unserem derzeitigen System falsch ist. Eine Resozialisierung im Umgang mit Kriminalität muss zwar auch darin bestehen, die entsprechenden Taten nicht mehr ausschließlich als Regelverletzung zu sehen, auf die der Staat mit einer mathematischen Logik von oben nach unten reagiert, sondern auch als höchst individuelle zwischenmenschliche Konflikte, die persönliches Leid, Probleme und Bedürfnisse zur Grundlage und Folge haben. Ein möglichst konstruktiver Umgang mit diesen individuellen Konflikten sollte das Ziel sein, um nicht nur Rechtsfrieden, sondern tatsächlichen Frieden zu erreichen.

Die Kompetenz für diese Konfliktlösungen allerdings ganz vom Staat auf die Menschen untereinander zu übertragen wäre wie angesprochen[394] keine gute Idee. Im Fall der Rauferei von Conny mit seinem Trinkgenossen hätten die unmittelbar Beteiligten diesen Konflikt zwar schnell wieder vergessen, anstatt ihn auf einer anderen Ebene noch viel größer zu machen, wie es durch das Eingreifen der staatlichen Justiz geschehen ist. Wenn aber einer aus der Gruppe z. B. einen Passanten schwerer verletzt hätte, wäre es kaum vorstellbar, wie die Beteiligten zu einem gerechten Umgang mit diesem Konflikt finden könnten.

Es wäre grundsätzlich wohl unvermeidbar, dass sich individuelle Macht gegen eine ausgleichende Gerechtigkeit durchsetzt. Auch die Begrenzung individueller Gewalt wäre so nicht sicherzustellen. Gerade auch für die Opfer von Straftaten war es ein großer zivilisatorischer Fortschritt, dass der Staat das Problem des Interessenausgleichs zwischen Täter und Opfer in seine Kompetenz nahm.[395] Dem Strafrechtswissenschaftler Jörg Albrecht[396] ist zuzustimmen, dass das unauffällige und erfolgreiche Funktionieren unmittelbarer Streitschlichtung von dem Vorhandensein der Rekursmöglichkeit auf staatliche Streitentscheidung und hiermit verbundenen Zwang abhängig ist. Vor allem an den Rändern der Gesellschaft und in Subkulturen würden nach seiner Ansicht Konflikte in der Regel nicht durch Wiedergutmachung und Ausgleich gelöst werden. Es würden vielmehr Selbsthilfe, das Recht des Stärkeren und Vergeltung regieren.[397]

Studien[398] zeigen, dass die Art der Herkunftsfamilie mit der Sanktionsentscheidung korrespondiert. Aus einem Beamtenhaushalt stammende Richter urteilen milder als andere. Das wird auf entsprechende Sozialisationsprozesse zurückgeführt.[399] Dagegen wird von Kleinert/Hartwig[400] ein Inhaftierter zitiert:

„Das, was hier alles konsumiert wird, sollte extrem hart bestraft werden. Alle, die dieses Gift hier in die JVA bringen und vertreiben, sollten die volle Härte des Gesetzes zu spüren bekommen. Inkl. genereller Einzelhaft, um keinen Kontakt zu den Opfern, in diesem Fall Konsumenten, zu erhalten. Hier sollte definitiv der Opferschutz vor dem Täterschutz stehen!"

Autorität und Gerechtigkeit

Der Historiker Hartmut Lehmann[401] weist zudem auf den sehr relevanten Umstand hin, dass wir in Deutschland eine hochmobile Gesellschaft mit einem hohen Maß an Immigration sind. Wer, fragt Lehmann zu Recht, besitzt in einer solchen Situation die Autorität und Kompetenz zur Mediation? Wenn etwa Connys Gruppe mit der von afghanischen Asylbewerbern in Konflikt geraten wäre, bräuchte es eine übergeordnete Instanz, diesen Konflikt zu lösen.

Bei den kleinen Gruppen der ersten Menschen hatte die Gruppe an sich die Macht über das Individuum. In unserer Massengesellschaft muss es eine zentrale Institution geben, die über allen Individuen und Gruppen steht. Das Problem liegt dabei jedoch in einem Potenzial an zu viel Herrschaft[402] bzw. darin, dass es derzeit zu sehr um die staatlichen Interessen und zu wenig um die der Beteiligten und ihres Umfelds geht.

Auch kannten sich die Beteiligten bei Konflikten innerhalb der Gruppe in unserer Vorzeit, meist waren sie sogar miteinander verwandt. Sie mussten also auch nach dem Konflikt persönlich miteinander zurechtkommen. Die Bereitschaft, einvernehmliche Lösungen zu finden, ist dann ungleich größer als bei Konfliktparteien in unserer Massengesellschaft, die mit Ausnahme des Konflikts nichts miteinander verbindet. Folgerichtig stellt der Anthropologe Jared Diamond[403] fest, dass wir vor allem für solche Konstellationen von traditionellen Gerechtigkeitsmechanismen lernen können, in denen sich die Beteiligten nicht fremd sind und auch nach der Beilegung des Konflikts in einer Beziehung bleiben werden oder müssen, wie Nachbarn, Geschäftspartner, geschiedene Eltern oder Geschwister.[404] Das Ziel traditioneller Konfliktbeilegung war es eher, Beziehungen wieder zu kitten, oder wahrscheinliche künftige Beziehungen zu kitten. In modernen Gesellschaften wie unserer gibt es dagegen oft vorher keine Beziehung[405] und oft auch viel weniger Interesse, zueinanderzukommen. Es bedarf daher auch aus diesem Grund einer staatlichen Instanz. Diese muss Rahmenbedingungen schaffen, die eine Mediation oder einen Täter-Opfer-Ausgleich fördern, ohne dass die Beteiligten darüber hinaus in Kontakt oder Beziehung bleiben werden.

Der Soziologe Otmar Hagemann[406] verdeutlicht mit einem Beispiel aus der Praxis, wie ein solcher Prozess ablaufen kann: Ein Jugendlicher wurde wegen der Verbreitung neonazistischer Propaganda angeklagt. Er hatte dabei auch konkrete Opfer bedroht. Wenn es regulär gelaufen wäre, wäre der Täter bestraft worden, und die Opfer wahrscheinlich weiter verängstigt geblieben. In einem Mediationsverfahren mit den Beteiligten (von Otmar Hagemann und Astrid Klukkert als Gemeinschaftskonferenz bezeichnet[407]) stellte sich heraus, was das Problem des Täters war. Er hatte sich in ein Mädchen verliebt, die mit einem Schüler ging, der Sympathien für die SPD zeigte. Im Internet hatte er eine Website mit Tipps gefunden, was man gegen „Linke" tun kann, und den Opfern entsprechende Drohungen zukommen lassen. In der Mediation erkannte er, was das bei den Opfern auslöste. Er bedauerte es und entschuldigte sich. Dies wurde von den anderen auch angenommen. Eigeninitiativ befasste sich der Täter zudem mit der jüdischen Geschichte in seiner Heimatstadt, und in der Gemeinschaftskonferenz befassten sich alle gemeinsam mit den Gefahren des Internets, vor allem in Hinsicht auf die Bedrohung der Demokratie durch den Rechtsextremismus. Der Konflikt hat so sogar positive Energien freigesetzt.

Derartige alternative Vorgehensweisen sind derzeit fast ausschließlich im Bereich des Jugendstrafrechts denkbar, und auch dort noch deutlich ausbaufähig. So ideal wie in dem von Hagemann geschilderten Fall wird es selbstverständlich bei Weitem nicht immer zugehen. Aber es müssen auch für Erwachsene Rahmenbedingungen geschaffen werden, die zumindest die Chancen eines guten Verlaufs eröffnen. Neben stärkeren

Mitwirkungsrechten der Betroffenen und des jeweiligen Umfelds ist es zudem wichtig, dass wir als Gesellschaft, in deren Namen Urteile gesprochen und vollstreckt werden, auch ein Gefühl für die Lebenswirklichkeit derjenigen behalten und bekommen, die davon vor allem betroffen sind. Wie angesprochen kann der Umgang mit dem, was als kriminelles Verhalten definiert wird, daher nicht völlig delegiert und weitgehend aus dem Blick und Bewusstsein der Öffentlichkeit verdrängt werden. Je stärker sich Justiz, Strafen und Strafvollzug von sozialen Bezügen entfernen, desto größer wird die Gefahr, dass die Strafjustiz ein Eigenleben entfaltet, in dem notgedrungen die Interessen der Justiz und weniger die der Allgemeinheit im Vordergrund stehen. Derzeit wird diesem Gedanken Rechnung getragen u. a. über das System von Schöffen, die in bestimmten strafgerichtlichen Verfahren mit über Schuld oder Unschuld der Angeklagten entscheiden dürfen. Auch sind Gerichtsverfahren grundsätzlich öffentlich. Noch viel wichtiger und fruchtbarer wäre es jedoch, im Rahmen des Modells der rationalen Resozialisierung „normale" Menschen in den Prozess nach dem Urteilsspruch einzubinden.

Ein Mensch wie Conny „braucht" ebenso keine Strafe wie sein Opfer. Niemand mit Ausnahme unserer Vorschriften wird eine solche wegen der Rangelei am Busbahnhof für notwendig oder sinnvoll halten. Das merkt man aber oft erst, wenn man den Fall nicht im Rahmen einer nach strengen Regeln verlaufenden Gerichtsverhandlung abarbeitet, sondern sich näher mit der Realität von Tätern und Opfern befasst.

Opfer und Wahrheit

Nachdem die Gruppe das Haus des Gesuchten erreicht hatte, umzingelte sie es sofort. Einige gingen ins Haus, die anderen blieben draußen. Als der Mann aus dem Haus rannte und versuchte, mit einem säbelartigen Messer bewaffnet zu fliehen, gelang es den draußen Stehenden, ihn zu überwältigen. Sie setzten den verängstigten Mann in einen Kombi und fuhren mit ihm davon. Während der Fahrt befragten sie ihn, wobei er sich „unkooperativ" zeigte. Der Fahrer stoppte daraufhin den Wagen. Der Rest der Gruppe zerrte den Mann aus dem Auto und fing an, ihn zusammenzuschlagen. Ursprünglich hatte man eigentlich nicht vorgehabt, ihn zu töten. Nun aber war er schon so schwer verletzt, dass sich die Männer aus Angst, er könnte sie verraten, entschlossen, ihn zu töten. Das übernahm u. a. Daniel: „Ich habe ihn getreten, ich habe ihn mit meinen Fäusten geschlagen und ich habe ihn am Hals gedrosselt." Ein Mittäter gesteht: „Ich habe mir Herrn M. angeschaut und konnte sehen, dass er noch am Leben war. Ich habe ihm dann das Messer abgenommen und damit auf ihn eingehackt. Mir wurde klar, dass wir auf das Gefängnis zusteuerten. Ich wollte daher Beweise vernichten."

Den Tätern, die ursprünglich zu langen Freiheitsstrafen verurteilt worden sind, wurde im Rahmen der „Truth and Reconciliation Commission" im August 1996 Amnestie gewährt.[408] Diese Wahrheits- und Versöhnungskommission wurde in Südafrika nach dem Ende des Apartheitregimes eingerichtet.[409] Damit sollten politisch motivierte Verbrechen aufgearbeitet werden. Teilweise wurde denjenigen, die aus Sicht der Kommission die volle Wahrheit preisgaben, im Gegenzug Amnestie gewährt. Vor allem betraf dies Gewalt von Weißen gegenüber Schwarzen. Im hier skizzierten Fall ging es allerdings um einen Konflikt zwischen Schwarzen, und um einen aus Sicht der Kommission politisch motivierten Mord.

Welche Gefühle löst dies bei Ihnen aus, wenn Sie lesen, dass diejenigen, die diesen grausamen Mord begangen haben, straffrei davongekommen sind, weil sie aus Sicht der Kommission die (ansonsten wohl schwer zu ermittelnde) Wahrheit sagten?

Unsere gegenwärtige gesellschaftliche Situation in Deutschland ist selbstredend nicht mit der des damaligen Südafrika vergleichbar. Dennoch wäre zu überlegen, ob man einige Grundprinzipien dieses Umgangs mit Verbrechen auch in unserem System übernehmen könnte. Die Frage ist dabei vor allem, ob dies auch im Interesse der Opfer (wozu oft auch die Angehörigen gehören) von (schwersten) Straftaten sein könnte, oder ob es für diese und ihr Gerechtigkeitsempfinden vielmehr unerträglich wäre.

Wie nehmen wir überhaupt die Opfer von Straftaten wahr, welches Bild haben wir von ihnen, welche Bedürfnisse haben sie, und was möchten wir ihnen zugestehen? Die Sicht auf das (abstrakte) Opfer schwankt zwischen den Extremen der Idealisierung und Abwertung, und ist nicht immer ganz rational. Das „Opfer", dem in allgemeinem Verständnis unsere volle Empathie gilt, kann sich von dem Opfer im juristischen Sinne deutlich unterscheiden. Wenn wir abstrakt über „Opfer" nachdenken, denken wir oft instinktiv an das „ideale Opfer"[410] das gesellschaftlich uneingeschränkt als Opfer legitimiert ist. Sinnbildlich wäre das etwa die Seniorin, der die Handtasche entrissen wird, oder das Kind, das von einem Erwachsenen misshandelt wird. Das völlig unschuldige Opfer ist zum Teil wohl auch das Komplementärstück zum reinen Bösen.[411]

So „ideal" sind jedoch nicht alle Opfer von Straftaten. Nicht alle Geschädigten sind ohne eigenes Zutun Opfer einer Straftat geworden. Kein ideales Opfer wäre etwa der Drogenhändler, der von einem Kunden, zu dessen Sucht er wesentlich beigetragen hat, beraubt wurde.

Gleiches gilt für das Opfer meines Mandanten Adrian. Adrian war Mitglied einer Gruppe von Autoschiebern, die mit einer rivalisierenden Bande in einem eskalierenden Konflikt stand. Nachdem ein Mitglied von Adrians Gruppe von einem Mitglied der gegnerischen Gruppierung mit einem Messer attackiert worden war und nur mit Glück überlebt hatte, entschloss man sich zur Rache. Den anderen sollte ein deutlicher Denkzettel verpasst werden. Zu fünft suchten sie später das Stammlokal der Rivalen auf und erschossen einen der jungen Männer. Der Tote war zwar nicht der Messerstecher, aber Teil von dessen krimineller Gruppierung. Kann man dieses Opfer daher als völlig unschuldig bezeichnen?

Im Sinne unseres Rechts ist er dies. Mein Mandant war dagegen schuldig des Mordes, obwohl er selbst nicht der Schütze war. Die Tötung wurde ihm als Mittäter zugerechnet. Im allgemeinen Sinne hätte man wohl eher von einer Beihilfe gesprochen. Das allgemeine Verständnis von „Täter" und „Opfer" kann sich also von der juristischen Einordnung deutlich unterscheiden. Unsere Strafgesetze beziehen die Vorwerfbarkeit auf die Verwirklichung eines konkreten Tatbestandes, etwa die Tötung eines anderen Menschen. Das Verhalten des Opfers kann sich dabei allenfalls (meist eher geringfügig) in der Strafzumessung für den Täter auswirken.

Opfer – ein zwiespältiger Begriff

Selbstverständlich gibt es viele Geschädigte, die ohne eigenes Verschulden Opfer geworden sind. Die Sicht auf sie ist jedoch oft sehr zwiespältig. Einerseits spricht man der Person die Betroffenheit von einem Unrecht oder einer Ungerechtigkeit zu, auf der anderen Seite aber auch die Unfähigkeit, dieses Unrecht mit eigener Hand abwehren zu können. Es ist ein Mensch, dessen Willen nicht beachtet worden ist. Manche Jugendliche verwenden den Ausdruck „du Opfer" als Schimpfwort, und auch als Erwachsener mag man zwar Empathie oder Mitleid empfinden, jedoch nicht wie ein Opfer oder gar selbst ein Opfer sein. Man identifiziert sich mit Gewinnern, ein Opfer aber hat verloren.

So zitiert der Journalist Thomas Hestermann[412] aus dem Interview mit dem Leiter einer Krisenambulanz für Verbrechensopfer:

> „Opfer gelten als Verlierer. Opfer haben nichts Heldenhaftes. Opfer bedrohen uns auch. Sie wecken den beunruhigenden Gedanken, derartiges könnte uns auch passieren. Wir leben in einer Fata Morgana der Sicherheit. Wir glauben, unser Leben im Griff zu haben … Opfer wecken Zweifel an dieser Sicherheit, und das macht Angst. Daher reagieren Außenstehende auf Opfer häufig abweisend und geben ihnen eine Mitschuld an der Tat. Die Illusion, die diesem Verhalten zugrunde liegt, ist: Die Opfer sind dumm gewesen, darum hat es sie getroffen. Ich bin nicht dumm, mir wird das nicht passieren."

Hassemer/Reemtsma[413] sprechen von einem „sozialen Grundaffekt" gegen Gewaltopfer, der aus vier Faktoren bestehe: Die Identifikation mit Schmerz und Leid ist schwierig. Die Angst vor Verletzlichkeit wird geschürt. Opfer werden als „unrein" betrachtet, da sie beschädigt worden sind, und ihrerseits das soziale Umfeld beschädigen könnten. Dem Opfer wird unterstellt, es habe in irgendeiner Weise selbst schuld.

Ein – nicht typisches, aber aussagekräftiges – Beispiel dafür ist der Umgang mit der Gefängnisdirektorin Katharina Bennefeld-Kersten, die sich bei der Geiselnahme einer Sozialarbeiterin durch einen Gefangenen in der Hochsicherheitsanstalt Salinenmoor bei Celle als Austauschgeisel anbot. Der Austausch fand statt, sodass die Sozialarbeiterin, die von dem Täter auch vergewaltigt worden war, gerettet werden konnte. Die Direktorin wurde jedoch ebenfalls von dem Geiselnehmer vergewaltigt, bevor sie ihn nach mehreren Stunden zur Aufgabe bewegen konnte. Man könnte nun annehmen, dass die Anstaltsleiterin allgemein hin für ihren heldenhaften Einsatz gelobt werden würde. Neben einigem Zuspruch wurde jedoch auch viel Kritik an ihr laut, und ihr etwa Selbstüberschätzung vorgeworfen. In der Zeitung „die tageszeitung" vom 04.03.1996 wird berichtet: „Öffentlichkeit und Polizei haben ihr allerdings diesen couragierten Einsatz wenig gedankt … Da hätte die Polizei bis hinauf zum Innenstaatssekretär die Geiselnahme wohl lieber durch die Waffen des Sondereinsatzkommandos zu Ende gebracht."[414]

Bennefeld-Kersten schreibt dazu: „Des ungeteilten Mitgefühls seiner Mitmenschen darf sich ein Opfer nur sicher sein, wenn es keine Schuld trägt. Muss es sich eine Mitschuld anlasten lassen, wird ihm die Opferrolle zwar noch zugeschrieben, aber das Mitleid entzogen. Frauen, die die erlittene Vergewaltigung öffentlich machen, haben auf zwei Seiten zu kämpfen. Sie müssen das ihnen zugefügte Leid bewältigen und sich noch gegen den Schuldvorwurf, gegen den Entzug des Mitgefühls zur Wehr setzen."[415] Manche Frau, die Opfer sexualisierter Gewalt geworden ist, wird dies bestätigen können.

Mitleid ist Leid, sodass viele es vermeiden, jedenfalls aber so bald wie möglich beenden wollen. „Jetzt ist es aber auch wieder gut"; „So schlimm kann es auch wieder nicht gewesen sein"; „Du hättest Dich im Vorfeld anders verhalten müssen" und Ähnliches beschreiben die Wege, sich zu distanzieren.

Ein Teil der staatlichen Strafe ist Solidarisierung mit dem Opfer und eine Trennung von Recht und Unrecht. Ein Teil liegt jedoch sicher auch darin begründet, damit den schweren Blick auf das Opfer in Richtung des leichteren Blicks auf den Täter zu wenden. Leid zuzufügen fällt vergleichsweise leicht, Leid mitzutragen ist schwer. Leid zu heilen ist oft mühsam und manchmal unmöglich. Strafen geht dagegen immer. Die Täter stehen wohl auch aus diesem Grund nach wie vor im Zentrum unseres Umgangs mit Kriminalität. Lange Zeit spielten die Opfer fast gar keine Rolle. Sie waren nach Auffassung von Hassemer/Reemtsma[416] vielmehr eine „fast lästige Figur in der Entstehung von Kriminalität".

Diese stiefmütterliche Behandlung hat sich in den letzten Jahrzehnten immerhin etwas verändert. Ende der 1980er Jahre entstanden die ersten Opferberatungsstellen und 2012 wurden erste repräsentative Bevölkerungsbefragungen zur Opferwerdung (Viktimisierung) durchgeführt.[417]

In bestimmten Fällen haben Opfer die Möglichkeit, sich wie Bill[418] dem Verfahren gegen den Täter als Nebenkläger anzuschließen. In den vergangenen Jahren wurde zudem versucht, die mutmaßlichen Interessen von Opfern auch im Rahmen des Strafvollzuges stärker zu berücksichtigen, indem der Inhaftierte z. B. angeregt wird, sich über den Ausgleich von Tatfolgen Gedanken zu machen. Auch haben Opfer unter bestimmten Umständen die Möglichkeit, von der JVA Auskunft zu bekommen, wenn „ihr" Täter Lockerungen des Vollzuges bekommt, d. h. die Anstalt z. B. stundenweise verlassen darf.

Opfer und Gerechtigkeit

Die Frage, inwieweit unser derzeitiges System insgesamt den Bedürfnissen der Opfer gerecht wird, ist sehr schwer zu beantworten. Jedes Opfer einer Straftat ist ein Individuum. So wie jeder Täter auch. Nicht alles, was ein Täter will, ist unberechtigt, nur weil er Täter ist, und nicht alles, was ein Opfer will, ist berechtigt, nur weil es Opfer ist. Opfer verlieren oft viel mehr, als Täter gewinnen.[419] Erfordert Gerechtigkeit den Ausgleich des Verlusts des Opfers, oder den Ausgleich des Gewinns des Täters?

Mit der Beantwortung der Frage, was Täter brauchen, tut man sich vermeintlich leichter: Strafe. Der Einfachheit halber wird es auch den Opfern unterstellt, vor allem eine Bestrafung des Täters zu brauchen. Teilweise ist dies so. Selbstverständlich sind die Bedürfnisse von Opfern jedoch auch differenzierter. Bei allen individuellen Unterschieden lassen sich anhand von Opferbefragungen doch einige generelle Aussagen treffen. Insgesamt gesehen scheint nach Singelnstein/Kunz[420] das Interesse eher auf norma-tive Klarstellung der Fronten zwischen Täter und Opfer, auf Entschädigung und Wiedergutmachung gerichtet zu sein als auf Bestrafung des Täters. Häufig wird der Wunsch nach Schadensersatz und gemeinnütziger Arbeit geäußert, deren Verdienst den Opfern zugutekommen soll.[421]

Vergleichbar fallen auch Bevölkerungsbefragungen zum generellen Sühneverlangen aus, also dazu, welche Delikte wie bestraft werden sollten. Diese Befragungen, die eher die Vernunft und weniger die auch medial beeinflussten Emotionen ansprechen, zeigen, dass wiedergutmachende Reaktionen in der Bevölkerung ein hohes Ansehen haben.[422] Das gilt gerade bei Eigentumsdelikten.[423] Auch bei schlimmsten Straftaten richtet sich das Bedürfnis von Opfern nicht unbedingt immer auf möglichst harte Strafen. Eine Untersuchung im Zeitraum von 1999 bis 2011 aus dem Iran kann dies (auch wenn sich die gesellschaftlichen Bedingungen von unseren unterscheiden) verdeutlichen. Bei Mord hatten die Familien eines Ermordeten ein großes Mitspracherecht. Sie konnten vergeben (ohne oder mit finanzieller Entschädigung), oder die Todesstrafe fordern. Mehr als 90 Prozent der Mörder wurde vergeben.[424]

Zu berücksichtigen ist auch, dass es derzeit kaum eine andere Möglichkeit gibt, die Höhe des Unrechts, das dem Opfer zugefügt worden ist, auszudrücken, als durch die Härte einer Strafe bzw. die Länge einer Freiheitsstrafe. Auch wollen manche Opfer einfach sicher vor dem Täter sein, was auch mit in den Willen einfließen kann, dass der Täter zu einer möglichst langen Freiheitsstrafe verurteilt wird.

Wenn Täter allerdings, wie in dem einführenden Beispiel mit einem Fall der südafrikanischen Wahrheitskommission, überhaupt keine belastende Reaktion zu tragen haben, kann das für viele Mitglieder einer Gesellschaft, vor allem aber auch für die Opfer bzw. Hinterbliebenen sehr unbefriedigend und schmerzhaft sein. Das Tauschgeschäft war eines von Wahrheit gegen Amnestie.[425] Reue war nicht erforderlich. Auch scheint es nicht zwingend der Fall zu sein, dass Täter die ganze Wahrheit „auspacken", wenn sie dafür straflos bleiben. Im Beispiel der Wahrheitskom-

mission hat sich ein eklatantes Missverhältnis zwischen der Verzeihungs-
bereitschaft schwarzer Opfer und der Verstocktheit weißer Täter gezeigt.
Insbesondere die weiße Führungsschicht verweigerte sich weitgehend.[426]
Jan-Philipp Reemtsma[427], der selbst Opfer einer brutalen Entführung
wurde, mit der die Täter seine Familie um Geld erpressten, schreibt:

> „Gleichwohl ist für das Opfer die Strafe von hoher Bedeutung. Nicht,
> weil sie die Rachebedürfnisse erfüllt, denn das tut sie meistens
> nicht. Sondern weil die Strafe die Solidarität des Sozialverbandes
> mit dem Opfer demonstriert. Die Strafe grenzt den Täter aus und
> nimmt damit das Opfer herein. Die Strafe für den Täter ist im Grun-
> de nichts anderes, als es viele freundliche Briefe von Menschen
> sind, die sagen: ‚Welcome back'."

Bei schlimmsten Straftaten wie derjenigen, wie sie Reemtsma und seine
Familie erleiden mussten, ist ein solches Bedürfnis absolut nachvollziehbar, und eine ggf. auch lebenslange Ausgrenzung der Täter schon zur
Sicherung der Allgemeinheit notwendig. Bei dem Großteil von Straftaten
kann die Solidarität mit den Opfern jedoch auch anders zum Ausdruck
gebracht werden. Die symbolische und tatsächliche „Ausgrenzung" von
Straftätern ist bei der Mehrheit von weniger massiven Straftaten nur sinnvoll, soweit sie oder ihre Folgen nicht von Dauer sind. Sehr häufig wollen
Opfer vielmehr, dass der Täter so etwas nicht wieder tut und sozialisiert
wird. Eine Ausgrenzung mit dauerhafter Wirkung ist jedoch das Gegenteil
einer Resozialisierung.

Vor allem quält viele Opfer die Frage nach dem „Warum".[428] Generell
führt Leiden zur Suche nach sinnvollen Erklärungen.[429] Gerade Opfer von
schweren Gewalt- oder Sexualdelikten wollen daher oft wissen, warum
der Täter das getan hat, was er sich dabei gedacht hat, und warum gerade
sie das Opfer geworden sind. In den gerichtlichen Hauptverhandlungen
wird dieses Interesse meist nicht befriedigt, da die Angeklagten in aller
Regel eher juristisch-taktisch agieren.

Den Aspekt, dass es sich für den Täter wirklich lohnen muss, zu sagen,
was war, und dass er dazu motiviert wird, können wir daher von den
Wahrheitskommissionen übernehmen. Gerade die Opfer von schweren
Straftaten müssen zudem oft in dem Sinne resozialisiert werden, dass

sie sich wieder als Teil der Gesellschaft fühlen und wieder Vertrauen in unsere Normen und unseren Rechtsstaat haben. Andere sind Teil eines Milieus, in dem sie immer wieder Opfer von Straftaten werden, oder gehen immer wieder Beziehungen ein, in denen sie dann misshandelt werden. Der biografische Hintergrund von Tätern und Opfern ist oft ähnlich. Die Rechtswissenschaftlerin Rita Haverkamp[430] berichtet von entsprechenden „Victim-Offender-Overlap"-Studien. Diese zeigen, dass Opferwerden und Täterschaft häufig durch dieselben Einflussfaktoren bedingt werden, wie z. B. Gewalterfahrungen in der Kindheit.

Täter sollen durch Resozialisierung dazu gebracht werden, nicht wieder straffällig zu werden. Genauso müssen oft Opfer dazu befähigt werden, nicht wieder Opfer zu werden. Insgesamt lässt sich feststellen, dass die Ausgangssituationen von dem im umgangssprachlichen Sinne völlig unschuldigen Opfer bis zu demjenigen, der selbst einen erheblichen Anteil daran trägt, Geschädigter einer Straftat geworden zu sein, variieren. Ebenso unterschiedlich können auch die Bedürfnisse von Opfern sein. Ein rationaler und resozialisierender Umgang mit den Opfern von Kriminalität muss daher Rahmenbedingungen schaffen, die den unterschiedlichen individuellen Ausgangssituationen und Bedürfnissen besser gerecht werden können.

Der Ursprung des Übels

Sein Vater gab sich später selbst eine Mitschuld. Andere sagten, dass vor allem auch seine Mutter schuld gewesen sei. Wenn man sich allerdings die Geschichte der Mutter näher ansah, konnte man in Versuchung geraten, wiederum ihren Eltern die Schuld für alles zu geben. Wobei sich dann die Frage stellt, wie diese Eltern wiederum von ihren Eltern behandelt worden sind, diese wiederum von ihren Eltern, usw., usw.

Über diese früheren Vorfahren ist jedoch nichts bekannt, sodass nichts anderes übrig bleibt, als sich zunächst mit der Mutter zu befassen. Diese kam 1946 per Kaiserschnitt zur Welt. Ihre Mutter litt an Polio, gegen das es zu dieser Zeit keine Behandlungsmöglichkeiten gab. Sie war von der Hüfte ab und an einem Arm gelähmt. Der Vater wollte sich offenbar nicht um die Neugeborene kümmern, sodass diese die ersten fünf Lebensjahre in einem Kinderheim verbrachte. Erst danach wurde sie von ihren Eltern übernommen. Ihr Vater hatte als Bauunternehmer kaum Zeit für sie, und ihre Mutter litt nicht nur an körperlichen, sondern auch an gravierenden psychischen Problemen. Als sie acht Jahre alt wurde, starb der Vater, und ihre Mutter gab ihr die Schuld für die Krankheit und alles Böse, das über sie gekommen war. Sie erwartete, dass ihre Tochter sie pflegte und den Haushalt führte. Einer ihrer älteren (Halb-)Brüder verprügelte sie regelmäßig. Mit 17 Jahren konnte sie von zu Hause fliehen und schlug sich zunächst als Putzhilfe durch. Als ihre Mutter, die an Verfolgungswahn und Halluzinationen litt und in einem Pflegeheim untergebracht war, Jahre später starb, ging sie nicht zur Beerdigung.

Ihren späteren Ehemann lernte sie in der gemeinsamen Waschküche eines Mietshauses kennen. Er war elf Jahre älter, sie hübsch und blond, und kurz nach ihrer ersten Begegnung wurde sie schwanger. Nach ein oder zwei Monaten bekam sie Zweifel, ob sie das Kind wollte. Ihr Mann hatte bereits drei Kinder aus einer früheren Ehe, die er aus ihrer Sicht nicht sehr liebevoll behandelte. Sie selbst hatte bereits eine Tochter aus einer früheren Verbindung. Eine Abtreibung war legal zu dieser Zeit nicht möglich. Das Kind in ihrem Bauch wuchs heran und war nach Ansicht der Ärzte gesund. Sie jedoch fand, dass es sie absichtlich trete, um sie zu quälen. Die Geburt verlief aus Sicht der Ärzte und des Vaters gut, sie sagte, die Geburt sei grausam gewesen. Jedenfalls verfiel sie danach in tiefe Depressionen, und die Streitigkeiten mit ihrem Ehemann nahmen zu. Nach einem halben Jahr Ehe verließ sie ihren Mann und reichte kurz darauf die Scheidung ein. Das Sorgerecht wurde ihr zugesprochen. Sie war nun allein mit zwei Kindern. Sie arbeitete als Krankenpflegehelferin und ließ ihre Kinder während den Nachtschichten allein zu Hause. Der Junge wurde an zwei Wochenenden im Monat zu einer Pflegefamilie geschickt, da sie mit ihm völlig überfordert war. Die Pflegefamilie gab später zu Protokoll, dass sie die Mutter für verrückt gehalten hätten. So hatte sie etwa den Pflegevater gefragt, ob ihr Junge dessen Penis anfassen dürfe, da dies wichtig für seine sexuelle Entwicklung sei. Der Pflegefamilie war die Sache zu peinlich, um sie den Behörden zu melden.

Als der Kleine drei und seine Schwester neun Jahre alt waren, fragte die Mutter beim Jugendamt an, ob sie die beiden zur Adoption freigeben könne. Sie wünsche die Kinder zum Teufel. Der Kleine fing an, sie zu schlagen, und freute sich offenbar, wenn sie ihn maßregelte. Nachts drückte er sich, aus ihrer Sicht zu aufdringlich, fest an sie. Weder er noch seine große Schwester, die mittlerweile die Mutterrolle für ihn und ihre eigene Mutter übernehmen musste, spielten mit anderen Kindern. Das Jugendamt wusste nicht mehr, wie es mit der Situation umgehen sollte, und bestellte die ganze Familie zu einer psychiatrischen Untersuchung ein. Der Junge war nun vier Jahre alt. In der psychiatrischen Klinik wurden Mutter, Sohn und Tochter vier Wochen lang untersucht und beobachtet. Der Sohn war den Ärzten von seiner Mutter als sehr anstrengendes Kind geschildert worden, tatsächlich jedoch war eher das Gegenteil der Fall. Sie erlebten den Kleinen ohne Lebensfreude und die Stimmungsschwankungen, die normal für Kinder in diesem Alter wären. Bei den Spielen anderer Kinder machte er nicht mit. Er brauchte kaum Aufmerksamkeit, quengelte wenig und war extrem ordentlich und sauber. Gefühle konnte er weder verbal ausdrücken noch zeigen. Wenn er einmal Regungen hatte, fielen diese extrem aus.

Bemerkenswerterweise blühte er jedoch schon nach einigen Tagen im neuen Umfeld etwas auf, sodass die Fachleute letztlich zu dem Schluss kamen, dass er nicht an irreversiblen psychischen Schäden leide. Sein Zustand liege vielmehr an der häuslichen Situation und der Mutter, die ihn zum Sündenbock für ihre eigene Misere mache. So hatten die Ärzte mitbekommen, wie sie ihren Sohn anschrie: „Ich wünschte, du wärst tot!" Die Klinik empfahl dem Jugendamt nach dem Ablauf der vier Wochen, den Jungen in einer Pflegefamilie unterzubringen. Dagegen wiederum wehrte sich die Mutter, deren Beziehung zu ihrem Sohn offenbar äußerst ambivalent war. Vielleicht brauchte sie ihn auch weiter als Sündenbock.

Als dann der Entzug des Sorgerechts drohte, schaltete sich der Vater, der sich bis dahin überhaupt nicht um den Jungen gekümmert hatte und aus beruflichen Gründen in einem anderen Land lebte, ein, und beantragte die Übertragung des Sorgerechts an ihn. Als er merkte, dass die juristischen Hürden dafür zu hoch waren, zog er den Antrag wieder zurück. Mithilfe eines Anwalts gelang es der Mutter, den Entzug des Sorgerechts und die Unterbringung ihres Sohnes in einer Pflegefamilie zu verhindern. Als der Junge 5 Jahre alt wurde, war die Sache vom Tisch. 26 Jahre später, am 22. Juli 2011, beging dieser Junge namens Anders Breivik Anschläge in Oslo und auf der Insel Utøya, bei denen 77 Menschen ums Leben kamen, davon 69 Teilnehmer eines Zeltlagers der Jugendorganisation der Sozialdemokratischen Arbeiterpartei. 32 seiner Todesopfer waren unter 18 Jahre alt.

Die Journalistin und Autorin Asne Seierstad, deren Buch „Einer von uns"[431] ich den Bericht über Breiviks Familie und seine Kindheit entnommen habe, zitiert[432] den schwedischen Schriftsteller Hjalmar Söderberg:

„Man will geliebt werden, mangels dessen bewundert, mangels
dessen gefürchtet, mangels dessen gehasst und verachtet. Man will
irgendein Gefühl in den Menschen wecken. Die Seele schreckt vor
Leere zurück und sucht um jeden Preis Kontakt."

Alles andere war Breivik verwehrt geblieben, aber er hat es geschafft, gehasst und verachtet zu werden. Er hat wohl mit die schlimmsten Verbrechen des 21. Jahrhunderts begangen. Er ist nun ein Mensch, den wohl tatsächlich niemand mehr liebhaben kann, und der so dem Bild, das ihm seine Mutter von ihm vermittelte, mehr als gerecht geworden ist. Ich gehe davon aus, dass ihm bis zu seinem Lebensende die Freiheit zum Schutz der Allgemeinheit entzogen werden muss.

Hilft Sozialtherapie?

Die Behandlungserfolge auch durch eine intensive Sozialtherapie sind gerade bei massivsten Gewalt- und/oder Sexualstraftätern nicht sehr groß.[433] Mit der Sozialtherapie sollen Straffällige so (therapeutisch) behandelt werden, dass sie nicht wieder straffällig, also „sozial" werden. In Deutschland wurden entsprechende Abteilungen in Gefängnissen und auch ganze sozialtherapeutische Anstalten seit Ende der 1960er Jahre aufgebaut.[434] Dort sind die Inhaftierten meist in Wohngruppen untergebracht und werden intensiv einzel- und gruppentherapeutisch behandelt. 2021 gab es 71 sozialtherapeutische Einrichtungen in Deutschland, sechs selbstständige Anstalten und 63 Abteilungen in Justizvollzugsanstalten. Es standen 2021 damit 2.323 sozialtherapeutische Haftplätze (von über 72.000 Haftplätzen insgesamt) zur Verfügung.[435]

Die Erfolgschancen einer solchen intensiven Therapie, die in der Regel mehrere Jahre in Anspruch nimmt, können auch infolge der erwähnten[436] Probleme in der Bildung von Vergleichsgruppen empirisch schwer gemessen werden.[437] Wunder sollte man jedoch nicht erwarten. Eine Senkung der Rückfallgefahr um einige Prozentpunkte im Verhältnis zu einer Nichtbehandlung scheint realistisch zu sein.

Das wäre also bei Weitem nicht genug, um z. B. Breivik wieder in Freiheit zu lassen. Strafe im Sinne einer Vergeltung durch Übelszufügung muss bei ihm offensichtlich weitgehend ins Leere gehen. Wie sollte man die vielfachen Morde, schwerste Verletzungen und Traumatisierungen, die unendliche Trauer und den Schmerz der Eltern und Angehörigen je vergelten können? Die schlimmste „Strafe" hat Breivik bereits in seinen ersten, besonders verletzlichen Lebensjahren bekommen: Seine Eltern wollten ihn loswerden, und seine Mutter hat ihn nicht geliebt, sondern emotional missbraucht. Seine Taten sind zum Teil wohl auch als gänzlich ungeeignete und gegenüber den Opfern ungerechte Rache für diesen Missbrauch zu begreifen.

Der Abschreckungsgedanke macht in Fällen wie seinen (wenn sie auch zum Glück selten mit so vielen Opfern verbunden sind) wenig Sinn. Kein „normaler" Mensch könnte so etwas tun, selbst wenn man versuchen würde, ihn zu zwingen. Der Fall Breivik ist ein sehr extremes Beispiel, an dem sich Mechanismen und Zusammenhänge zeigen lassen, die in deutlich abgeschwächter Form auch bei vielen anderen Straftaten eine wesentliche Rolle spielen. Vor dem Trugschluss einer (ausschließlichen) Kausalität muss man sich dabei allerdings hüten. Viele Menschen, die in ihrer frühesten Kindheit Ähnliches wie Breivik erleben, begehen keine Morde. Allerdings erhöht ein solches Erleben die Wahrscheinlichkeit, als Erwachsener anderen schweren Schaden zuzufügen, deutlich. Vielleicht lässt sich aus Breiviks Fall etwas lernen, um Risikofaktoren zu identifizieren und so ähnliche Entwicklungsverläufe zu vermeiden.

Für das gegenwärtige Konzept von Schuld und Vergeltung spielen solche Risikofaktoren kaum eine Rolle. Eher ist das Gegenteil der Fall. Allzu gebannt wird auf den Täter und seine böse Tat gestarrt. Mögliche Mitursachen in der Vergangenheit des Täters werden nach dem Motto beiseite gewischt, dass dieser damit nur von seiner Schuld ablenken wolle. Nach meiner Erfahrung können sich allerdings Täter ihren eigenen Anteilen am Geschehen eher stellen, wenn auch die äußeren Umstände gesehen werden, die mit zu der Tat beigetragen haben könnten.

Berücksichtigung langfristiger Zusammenhänge

Ein Weg zur Reduzierung von dem, was wir als Verbrechen bezeichnen, geht vor allem über die zunehmende Erkenntnis und Berücksichtigung von langfristigen, komplexen und auch situativen Zusammenhängen. Dabei hilft uns auch die Schrift, die die ersten Menschen nicht hatten. Dadurch haben wir heute in viel größerem Maße als unsere frühen Vorfahren die Möglichkeit, Wissen zu erwerben und zu teilen, und aus Erfahrungen der vorangegangenen Generationen und von anderen Gesellschaften zu lernen. Der Begriff der (Re-)Sozialisierung muss daher auch insofern weiter verstanden werden als bisher, als er sich nicht nur auf ggf. noch fortwirkende Sozialisierungsmängel des Individuums bezieht. Im Fall von Breivik wären das die wohl aussichtslosen Versuche, ihn z. B. zu deradikalisieren, ihm Empathie und Mitgefühl zu vermitteln, oder ihn ins reguläre Arbeitswesen einzugliedern.

Deutlich fruchtbarer kann der Ansatz der Resozialisierung dagegen sein, wenn er sich auch auf die etwaig mangelhaften sozialen Bedingungen des Normbruchs bezieht. Die sozialen Bedingungen betreffen eine Vielzahl von Individuen. Sie zu verbessern, hat daher ungleich größere positive Effekte auf die Sozialisierung im Sinne der Verinnerlichung und Einhaltung von Normen als die Einwirkung auf ein Individuum. Was wir normieren (können) und zunächst sehen und zeigen, ist immer nur die Oberfläche. Die tieferen individuellen und sozialen Ursachen, die schließlich zum Bruch der Norm führten, können vor allem anhand dieser Bruchstelle besser erkannt werden. Die für unser Verhalten wesentlichen Dinge im menschlichen Dasein und Zusammenleben können gerade nicht normiert werden: Liebe, Zuneigung, Sympathie, Gefühle für Sinn und Zusammengehörigkeit, Mitgefühl, Zufriedenheit, Respekt usw. Fehlt dies alles, und herrschen stattdessen Frustration, Wut, Aggressionen, Misstrauen, Minderwertigkeitsgefühle oder Überheblichkeit, können wir dies auf einer kollektiven Ebene auch am ehesten anhand von normbrüchigem Verhalten erkennen.

Das Gleiche gilt für soziale Probleme und Schieflagen. Reichsbürger, militante „Querdenker", Rechtsradikale und andere potenziell gewalttätige Gruppen müssen zwar notfalls mit Gewalt daran gehindert werden, anderen Schaden zuzufügen. Das destruktive Potenzial bleibt jedoch vorhanden, wenn die tieferliegenden Ursachen nicht erkannt und angegangen werden. Studien[438] zufolge weisen beispielsweise für Rechtspopulismus empfängliche Personen signifikant erhöhte Ohnmachtsgefühle auf und beurteilen ihre eigene wirtschaftliche Situation und ihre zukünftige wirtschaftliche Lage im Vergleich schlechter.

Über den Normbruch, über das schlechte oder böse Verhalten Einzelner, kann zudem auch ein Zugang zu Risikofaktoren gewonnen werden, die sich nicht nur in weiteren (nicht immer aufdeckbaren, vgl. Dunkelfeld[439]) Normbrüchen, sondern auch in anderweitig destruktiver Weise auswirken könnten. So kann Ronnies[440] Straffälligkeit Anlass dazu sein, Gewalt in Familien noch mehr Aufmerksamkeit zu widmen und Strategien zu entwickeln, sie zu reduzieren. Anhand der Straftaten von Dr. M.[441] können Strukturen im Immobilien- und Finanzbereich hinterfragt werden. Sexualstraftaten wie die von Rudi[442] können dazu dienen, alleinerziehende Mütter besser zu unterstützen, oder das Personal in Kindergärten und Schulen für Anzeichen sexuellen Missbrauchs bei Kindern zu schulen.

Die Strafjustiz kann diese Risikofaktoren selbstverständlich nicht alleine sichtbar machen oder gar beheben, aber sie kann dazu einen entscheidenden Beitrag leisten. Um den potenziellen Wert dieses Beitrags besser einschätzen zu können, ist es hilfreich, straffälliges Verhalten sehr vereinfacht und grob als kollektiv unerwünschtes, schlechtes oder gar böses Verhalten anzusehen. Das vom Einzelnen erwartete Verhalten wäre dagegen prosoziales und im weitesten Sinne „gutes" Verhalten. Ob und inwieweit solche „guten" Verhaltensweisen vorliegen, kann allerdings durch eine zentrale staatliche Instanz kaum ermittelt bzw. erkannt werden. Nicht jede Handlung eines Elternteils, das sich gut um seine Kinder kümmert und hilfsbereit zu den Nachbarn ist, kann identifiziert werden. Der Aufwand wäre unendlich.

Das Belohnungsverfahren

Es ist sogar schwer, das außerordentlich Gute zu definieren, zu identifizieren und zu würdigen. Dies mag das folgende Beispiel verdeutlichen: Nachdem das Gericht zur Sache aufgerufen und festgestellt hatte, dass alle Prozessbeteiligten anwesend waren, erhob sich die Staatsanwältin. Sie wartete, bis auch die wenigen Zuschauer – zwei Rentnerinnen und ein Obdachloser, die es aus Langeweile und wegen des schlechten Wetters hierher verschlagen hatte – ruhig waren. Sie räusperte sich, nahm eine Mappe, öffnete sie, sah Herrn Werner direkt an, und trug dann mit feierlicher Stimme vor:

„Herr Werner, die Beweislage ergibt nach Überzeugung der Staatsanwaltschaft folgenden Sachverhalt: Sie haben am Dienstag, den 22. März dieses Jahres, den Ihnen zuvor unbekannten Zeugen Bernhard Klein ohne Bestehen einer Verbindlichkeit über zwei Stunden lang getröstet. Zudem haben Sie ihm einen 20-Euro-Schein gegeben, um ihm damit ein Essen zu finanzieren.

Dieses Verhalten fällt unter § 2 Belohnungsgesetzbuch, wonach jeder, der einem anderen ohne rechtliche oder moralische Verpflichtung und ohne Aussicht auf einen eigenen Vorteil in erheblichem Maße emotionale, physische oder finanzielle Hilfe zukommen lässt, eine Belobigung von einer formalen Anerkennung bis zu einer freien Teilnahme am öffentlichen Nahverkehr für die Dauer eines Jahres erhält."

Derartiges wird Ihnen wahrscheinlich absurd vorkommen. Das Gegensätzliche, eine Bestrafung wegen einer Abweichung von der Norm nach unten, erscheint uns dagegen logisch. „Nicht geschimpft ist gelobt genug." So lautet ein schwäbisches Sprichwort, und ähnlich sparsam gehen wir mit der Förderung von aus gesamtgesellschaftlicher Sicht gutem Verhalten vor. Wer sich so verhält, wie es erwartet wird, erhöht die Wahrscheinlichkeit, dass sich auch die anderen ihm gegenüber so verhalten, wie er es im Rahmen der Normierung erwarten darf. Arno Plack[443] zitiert ein altes norwegisches Gesetz: „Wer dem anderen das Recht nicht gönnen will, der soll es auch selbst nicht genießen".

In kleinen Gesellschaften wurde daher z. B. der, der gestohlen hat, zu einer nicht respektierten Person in dem Sinne, dass ihm auch die anderen Dinge wegnehmen durften.[444] Dieser Gedanke steckt noch heute in uns. Der Entwicklungspsychologe Paul Bloom[445] schildert Experimente mit einjährigen Babys. Diesen werden drei Puppen gezeigt. Die Puppe in der Mitte rollt einen Ball zu der Puppe auf ihrer Rechten, die den Ball zurückrollt. Dann rollt die Puppe in der Mitte den Ball zu der Puppe zu ihrer Linken, die den Ball nimmt und abhaut. Danach werden die „nette" und die „böse" Puppe vor das Baby gesetzt, und vor jeder Puppe eine Süßigkeit platziert. Das Baby darf eine nehmen, und nimmt sie der bösen Puppe weg.

Bei uns wird einem zur Strafe Geld oder die Freiheit weggenommen. Davon verschont zu bleiben, ist der alltägliche Lohn des normtreuen Verhaltens. Mehr grundsätzlich nicht. Darüber hinausgehende Belohnungen finden in erster Linie innerhalb bestimmter sozialer Gruppen statt. Das können eine Gehaltserhöhung oder eine Beförderung am Arbeitsplatz, ein Dankeschön in der Beziehung, oder ein Orden beim Militär sein. Das so anerkannte „Gute" ist aber bezogen auf den sozialen Kontext, bzw. die Gruppe oder Institution, in der es getan wurde. Es muss nicht unbedingt „gut" im gesamtgesellschaftlichen Sinne sein. Wer z. B. in seiner Firma belobigt wird, weil er ein besonders gutes Steuersparmodell gefunden hat, womit sämtliche Angestellten dieser Firma mehr Geld verdienen können, hat damit nicht notwendigerweise etwas Gutes im Sinne der Allgemeinheit getan.

Für besondere und allgemein als „gut" empfundene Taten wie etwa die Rettung eines Menschenlebens kann es auch staatliche oder sonstige gesamtgesellschaftliche Ehrungen und Auszeichnungen geben, die aber weder in der Intensität noch in der Anzahl annähernd an die negativen „Auszeichnungen" des Staates in Form von Strafe heranreichen. Für die Tötung eines Menschen kann man lebenslange Haft, für die Rettung eines Menschen einen Blumenstrauß bekommen.

Die Energie des Bösen

Tatsächlich ist also der Gegensatz des Schlechten oder Bösen in unserem Zusammenhang weniger das Gute, sondern eher das Normale. Die negative Abweichung ist naturgemäß viel seltener als das normale Verhalten. Der Aufwand, normales Verhalten positiv festzustellen, wäre fast unendlich. Das Normale können wir in seinem Ausmaß daher nicht erkennen. Wir erkennen vielmehr nur die Abweichung, und hier viel eher die Abweichung nach unten als nach oben.

Paul Bloom[446] spricht von einem „negativity bias". Bereits bei Kleinkindern könne man beobachten, dass die Sensibilität gegenüber „Bösem" stärker und früher entwickelt werde als das Gefühl für das „Gute". Vermeidung und negative Gefühle sind stammesgeschichtlich älter und wirkmächtiger als positive Gefühle.[447] An Kindern lässt sich beobachten, dass sie Autoritätspersonen wie Eltern oder Lehrern vor allem erzählen, was andere Kinder alles falsch gemacht haben („petzen").[448]

Aufgrund unserer Entwicklungsgeschichte haben wir ein großes Interesse daran und verspüren teilweise richtiggehend Lust darauf, schlechtes oder böses Verhalten aufzuspüren. Von dort droht Gefahr, vielleicht sogar der Tod. Der Erfolg der zahlreichen „True Crime"-Formate spricht Bände. Was gibt es Spannenderes, als einen unaufgeklärten Mordfall?

Wie es bei anderen Menschen zugeht, die zwar zu unserer Gesellschaft gehören, aber außerhalb unseres Milieus leben, interessiert uns grundsätzlich nur am Rande. Das Schlechte, das Böse, das Verbrechen ist der Anlass, auch dort näher hinzusehen. Wenn jemand 1000 Euro geraubt hat, sind wir bereit, Geld und Ressourcen zu investieren, um den Betreffenden zu finden. Selbst wenn dies weit über 1000 Euro kostet. Wenn dagegen einer dem anderen 1000 Euro geschenkt hat, wird das kaum einen Außenstehenden interessieren. Wir können den Fremden, der anderen Gutes getan hat, auch kaum lieben, aber doch hassen, wenn er anderen Schlechtes angetan hat.

Erschöpft oder befriedigt sind wir daher noch nicht, wenn wir herausgefunden haben, was vorgefallen ist, und wer etwas getan hat. Wir (bzw. die meisten von uns) haben das mehr oder weniger starke Bedürfnis, dass diese Tat vergolten wird. Es werden also sehr starke individuelle und soziale Energien freigesetzt, um schlechtes, destruktives Verhalten aufzudecken und dagegen vorzugehen.

Das Ehepaar Brinkmann war am Boden zerstört. Ihre 22-jährige Tochter Marie, die gerade erst ihren Führerschein erworben hatte, ist bei einem Autounfall ums Leben gekommen. Sie konnte in einer Kurve offenbar nicht mehr rechtzeitig bremsen, und fuhr mit großer Geschwindigkeit gegen einen Baum. Nach einer Phase des Schocks verfiel das Ehepaar in tiefe Trauer und war oft am Rande der Verzweiflung. Auch machten sie sich Vorwürfe, dass sie ihrer Tochter das PS-starke Auto zur bestandenen Führerscheinprüfung geschenkt hatten. Sie fingen langsam an, sich deshalb gegenseitig die Schuld zu geben, da kam einige Wochen nach der Beerdigung ihrer Tochter der Paukenschlag: Die Polizei informierte sie, dass man von einem Tötungsdelikt ausginge. Nach einem anonymen Hinweis seien die noch vorhandenen Reste des Unfallwagens noch einmal untersucht worden. Man hätte eindeutige Beweise für eine Manipulation des Bremssystems gefunden. Das veränderte die Stimmung und Gefühle des Ehepaars Brinkmann. Ihr Konflikt untereinander endete sofort. Einerseits war die Erkenntnis, dass kein Unfall den Tod ihrer Tochter verursacht hatte, sondern ein anderer Mensch, zusätzlich schmerzhaft. Auf der anderen Seite wurde aus der hilflosen Trauer ein Stück weit Wut, verbunden mit dem drängenden Bedürfnis herauszubekommen, wer der Täter war. Das gab ihnen wieder ein Ziel, und ein wenig Sinn.

Ein Grund, warum wir uns so an die Vergeltung klammern, ist nach Auffassung von Martha Nussbaum[449] der Unwille zu trauern oder Hilflosigkeit zu akzeptieren:

„Der vom Zorn umfasste Gedanke an Vergeltung oder Heimzahlung ist bei einer vernünftigen und nicht übermäßig ängstlichen und statusfokussierten Person nur ein kurzer Traum, eine Wolke, die bald durch vernünftigere Vorstellungen vom Wohl des Einzelnen und der Gemeinschaft vertrieben wird."[450]

Für die Allgemeinheit macht dies Sinn, für die Angehörigen der Opfer von schwersten Straftaten wie das Ehepaar Brinkmann kann dies jedoch zu viel verlangt sein. Die Energie, die von Wut und einem Bedürfnis nach Vergeltung ausgelöst wird, ist zudem nicht völlig unvernünftig. Den Täter zu ermitteln, ihn vor Gericht zu stellen und zu verurteilen, ist auch Teil der Vergeltung. Es ist ein wesentlicher Unterschied, ob jemand durch eine Krankheit oder einen Unfall, oder durch die Tat eines anderen Menschen zu Tode kommt. Bei Unfällen werden die Straßenverkehrsregeln und die Autotechnik hinterfragt und ggf. verbessert, damit solche Unfälle künftig weniger oft vorkommen. Bei Krankheiten wird versucht, sie künftig besser behandeln zu können. Wenn jedoch ein Mensch die Tat begangen hat, müssen dieser Mensch, und die individuellen und sozialen Ursachen der Tat ermittelt werden. Auch muss Recht vom Unrecht getrennt werden. Es macht daher Sinn, wenn es auch eine starke Motivation gibt, den Menschen zu finden, vor Gericht zu stellen, und zur Verantwortung zu ziehen.

Der von Nussbaum konstatierten „Hilflosigkeit" kann man auf gesellschaftlicher Ebene auch besser begegnen, als mit der tatsächlich hilflosen Zufügung eines Übels: mit der Suche nach Zusammenhängen.

Es stellte sich heraus, dass Maries Lebensgefährte, ein Mechatroniker, ihr Auto manipuliert hatte. Marie wollte sich von ihm trennen und in eine andere Stadt ziehen, um dort zu studieren. Er hoffte, dass sie bei einem Unfall verletzt würde, und dann auf seine Hilfe angewiesen sein würde. Mit seiner Tat hatte er das Leben einer jungen Frau beendet, und ihren Eltern großen Schmerz zugefügt. Für die Presse war er das Böse in Person.

Existiert das Böse?

Wir alle kennen (zumindest aus den Medien) Menschen, die wir als gut bezeichnen, und solche, die wir als schlechte, vielleicht sogar böse Menschen ansehen. Auch Beispiele für gute oder böse Taten werden uns ohne Umstände einfallen. Schwieriger wird es schon, wenn man abstrakt beschreiben bzw. definieren sollte, welche Handlungen gut und welche schlecht oder böse sind. Wenn man z. B. annehmen wollte, dass es schlecht ist, anderen gegen ihren Willen einen Schaden oder ein Leid zuzufügen, würden unter diese Definition auch unsere staatlichen Strafen und die Rettung einer Seniorin vor dem Handtaschenräuber fallen, der mit einem Faustschlag vertrieben wird. Selbst die Tötung eines Menschen würden wohl die meisten dann nicht als „schlecht" bezeichnen, wenn dieser einen anderen umbringen wollte, der sich nicht anders wehren konnte.

Der Sozialpsychologe Philip Zimbardo[451] definiert das Böse als „ein vorsätzliches Verhalten, das Unschuldige Andere schädigt, missbraucht, erniedrigt, entmenschlicht oder vernichtet – oder der Gebrauch von Autorität und Rang, um im eigenen Namen solches Verhalten bei anderen zu fördern oder zu gestatten". Nach ähnlicher Ansicht ist das Böse die absichtliche, grundlose Zufügung von Schaden um seiner selbst willen, an einem unschuldigen, guten Opfer.[452] Hier wird das Böse auf den seinerseits erklärungsbedürftigen Begriff der Schuld gestützt[453], was nicht viel weiterführt.

Genauso schwer fällt es, gute Handlungen oder Menschen zu definieren. In aller Regel bezeichnen wir damit jemanden, der etwas für andere getan und dabei eigene Interessen zurückgestellt hat. Darunter könnte dann auch der Selbstmordattentäter fallen, der sich für seine Gruppe und die gemeinsamen Ideale geopfert hat. Die Gruppe wird sein Verhalten als gut bewerten, die Außenstehenden als schlecht und bösartig. Generell würden niemals alle (potenziellen) Beobachter eine Handlung oder einen Menschen als schlecht oder böse bezeichnen. Nehmen wir als Beispiel einen Mann, der seine Frau schlägt, weil sie sich weigert, ihm ein

Mittagessen zu machen. Die allermeisten von uns würden dies als schlecht bezeichnen. Aber nicht alle. In anderen Kulturkreisen würde vielleicht die Mehrheit der Beobachter nichts Schlechtes an dieser Handlung finden. So würde es, höchstwahrscheinlich, zumindest auch der schlagende Mann selbst sehen.

Maries Lebensgefährte, so stellte es sich im Prozess heraus, hatte dieser über Jahre sehr geholfen. Als sie ihr psychisches Tief mit seiner Hilfe überwunden, ihr Abitur absolviert und den Führerschein erworben hatte, wollte sie sich von ihm trennen. Offenbar hatte sie auch bereits einen neuen Freund in Aussicht. Er fühlte sich ausgenutzt. So war jedenfalls seine Sicht der Dinge. Als er ihre Reifen wechseln und ihr Auto auf Vordermann bringen sollte, manipulierte er das Bremssystem. Aus seiner Sicht war es ein wenig auch gerechte Rache. Menschen, die von außen betrachtet Böses tun, sehen in ihrem Verhalten generell selbst meist nichts Böses[454], sondern halten es oft sogar für moralisch.[455] Oft passen weder Tat noch Mensch zu den fürchterlichen Folgen. Maries Lebensgefährte war etwas impulsiv und nicht sehr reflektiert, aber keineswegs ein grundsätzlich bösartiger Mensch. Das, was er angerichtet hat, war allerdings fatal.

Kriminalität wird in der Regel aus der Sicht des Opfers bzw. des Staates gedeutet. Die Sicht des Täters ist meistens eine ganz andere. Was denken und wollen Menschen, wenn sie Verbrechen begehen?[456] Bei einem heißblütigen Mord etwa denken die Täter oft im Zeitpunkt der Tat (auch wenn das von außen ganz anders wirkt, und auch die Täter dies kurz danach anders sehen können), dass sie das Gute verteidigen.[457] Jedenfalls gilt dies für den Moment des Tuns. Ein schlechtes Gewissen kann allenfalls danach im Einzelfall zu einer anderen Einschätzung führen.

Ein Beispiel für die sehr eigene Bewertung einer Lebensleistung ist ein Interview mit dem bekannten Mafia-Boss Al Capone:

„Ich habe die besten Jahre meines Lebens damit verbracht, anderen leichte Vergnügungen bereitzustellen und eine gute Zeit zu ermöglichen".[458]

Er war, wie es scheint, tatsächlich der Ansicht, vor allem Gutes getan zu haben.

Das Böse ist relativ

Das Böse ist also relativ, ebenso wie das Gute. Irgendjemand hält nach Auffassung der Kriminalpsychologin Julia Shaw jeden für böse.[459] Böse ist etwas oder jemand, von dem man sich subjektiv gefährdet sieht.[460] Sich selbst hält man daher in aller Regel nicht für böse.[461]

Dem Kinderarzt und Psychoanalytiker Donald Winnicott[462] zufolge eignen sich die Worte „gut" und „böse" zur Beschreibung der „extremen Gefühle, die jeder Säugling in Bezug auf das, was er in seinem Innern wahrnimmt, empfindet – ob es sich um Kräfte, Objekte, Geräusche oder Gerüche handelt". In der inneren Welt des Kindes drohe dem Guten beständig Gefahr durch das Böse.[463]

Der Hunger kann das Baby töten, wenn er nicht gestillt wird. Vielleicht ist die Angst vor dem Bösen, d. h. dem Zugrundegehen, Bedingung dafür, sich überhaupt als Individuum und Subjekt zu begreifen. Erst mit zunehmendem Alter hat der Mensch die Möglichkeit, durch eigenes Handeln die Gefahr abzuwenden. Er kann sich selbst Essen besorgen und ist nicht auf die Mutter angewiesen, die es ihm bringt. Der Hunger verliert (jedenfalls für die meisten Menschen in Europa) seinen Schrecken, obwohl er immer noch zum Tode führen würde, wenn er nicht gestillt würde.

Diesen Gedanken, zunehmend Kompetenz darin zu entwickeln, der Bedrohung durch das Böse mit eigenem Handeln begegnen zu können, es zum Teil aushalten zu können und es rational zu betrachten, kann man wohl auch auf die Fortentwicklung des Menschen übertragen. Auf kollektiver Ebene gibt es keinen Grund zur hilflosen Panik oder Wut. Wir können Vernunft walten lassen, zu der auch die Einsicht gehört, dass jeder immer auch selbst Teil des sogenannten Bösen ist. Das gilt nicht nur im Hinblick auf den sozialen Hintergrund und Kontext jeder Handlung. Wille oder Tat werden vielmehr nur dadurch „gut", dass sie mit vielen geteilt werden. Individuell jedoch stellen wir unseren Willen oder unsere Interessen über die des Straftäters. Auf kollektiver Ebene ist die Straftat keine existenzielle Bedrohung. Es geht darum, dass „wir" das nicht wollen. D.h., der kollektive Wille muss sich gegen den individuellen durchsetzen. Mehr nicht.

Das Böse existiert im objektiven Sinne so wenig wie das Gute. Es ist eine rein subjektive Empfindung, und eine Frage der Mehrheit. Vernünftig ist es jedoch eine Unterscheidung zwischen guten und schlechten bzw. erwünschten und unerwünschten Handlungen zu treffen. Wenn wir Menschen dies nicht täten, gäbe es uns nicht mehr, und damit tatsächlich weder Gutes noch Böses. Die kollektive Einordnung bestimmter Handlungen als gut und anderer als schlecht dient dem Nutzen, Erhalt und Fortschritt der menschlichen Gesellschaft. So ist es gut und wünschenswert, Bremsen in Autos zu bauen, und schlecht, die Bremsen zu manipulieren, wie Maries Freund es getan hatte. Letztlich geht es bei dieser Differenzierung um den unterschiedlich großen Nutzen einer Handlung. Ein Dieb profitiert alleine von dem weggenommenen Geld, während von einer Geldstrafe oder von Steuern der ganze Staat profitiert. Der Unterschied zwischen „gut" und „böse" ist, wie der forensische Psychiater Robert Simon[464] feststellt, nicht qualitativer, sondern quantitativer Natur. Unsere Bedürfnisse nach Rache und Vergeltung sind ein Stück weit sicher auch „Wurmfortsätze" einer Verteidigung gegen Angriffe. Das unser individuelles Wohl oder das unserer Gruppe Bedrohende ist böse und muss mit Gewalt zurückgeschlagen werden.

Die Angriffe, um die es in unserem Zusammenhang geht, sind jedoch bereits beendet. Die Straftat wurde verübt. Die in ihr liegende Verletzung bedroht nicht unsere Gruppe, oder unser Regelwerk. Dass unsere Normen verletzt werden können, ist ihnen vielmehr immanent. Anderenfalls müssten wir sie nicht aufstellen. Der „böse" handelnde Straftäter hat lediglich Interessen vertreten (vielleicht nur seine eigenen), die den mehrheitlichen Interessen widersprechen. Es macht daher Sinn, seine Handlung als schlecht im Sinne von unerwünscht zu bezeichnen. Böse kann sie allenfalls aus Sicht derjenigen sein, deren Existenz sie vernichtet oder schwer beschädigt hat. Im obigen Beispiel wären dies Marie und ihre Eltern. Auf kollektiver Ebene markiert der Begriff „böse" jedoch einen Endpunkt im Denken und erschwert es, aus Straftaten zu lernen.

Strafe und das Böse

Mit Strafe soll das Schlechte bekämpft werden. Sie richtet Dinge an, die in einem anderen Kontext ein schweres Verbrechen wären.[465] Wenn es jedoch, zumindest aus kollektiver Sicht, nicht um eine ernsthafte Bedrohung, sondern darum geht, wie neben der Berücksichtigung der Interessen der Opfer die Einhaltung der Regeln bestmöglich gefördert werden kann, ist eine gewaltvolle Vergeltung in der Logik von gut, schlecht und böse ihrerseits schlecht, und gegenüber manchem Bestraften böse.

Ein Stück unserer Strafe besteht immer noch in dem irrationalen Wunsch, das Böse mit Gewalt auszulöschen. Im Mittelalter wollte sich die Gesellschaft von Verbrechen reinigen. Der Missetäter sollte radikal vernichtet und ausgelöscht werden. Keine Spur sollte mehr von ihm verbleiben, sodass er bzw. sie (oft waren Frauen die Betroffenen) verbrannt, ertränkt oder lebendig begraben wurden. Die Natur sollte also weitgehend die Reinigung der Gesellschaft vom Verbrechen übernehmen.[466] Der Impuls, derart mit dem Bösen umzugehen, steckt immer noch ein wenig in uns und der Strafidee. Sinn macht es , die schlechte Tat aufzuspüren und den Täter vor Gericht zu stellen.

Das Böse wird aus kollektiver Sicht jedoch meist sehr viel kleiner oder verschwindet ganz, je näher wir hinsehen und je mehr Wissen und Kompetenzen wir erworben haben. Eine Bedrohung von dem, was wir als Gesellschaft wollen, kann allerdings auch entstehen, wenn zu wenig hingesehen und getan wird. Jede Straftat kann auch ein Warnzeichen sein. Das richtige Augenmaß ist entscheidend.

Die Energie, die ausgelöst wird, wenn wir eine Tat oder einen Menschen als böse empfinden, können wir von der destruktiven Richtung der Bestrafung in die konstruktive Richtung lenken, Zusammenhänge aufzudecken und sie ggf. zum Anlass zu nehmen umzudenken. Wir können in anderen Worten das sogenannte Böse nutzen um kollektiv besser zu werden.

Johann Wolfgang von Goethe[467] hat seinem Mephistopheles in den Mund gelegt:

„Ich bin der Geist, der stets verneint!
Und das mit Recht; denn alles, was entsteht,
Ist wert, dass es zu Grunde geht;
Drum besser wär's dass nichts entstünde.
So ist denn alles was ihr Sünde,
Zerstörung, kurz das Böse nennt,
Mein eigentliches Element."

Auf die Frage von Faust, wer er sei, entgegnet er: „Ein Teil von jener Kraft, die stets das Böse will und stets das Gute schafft." Wenn der Mensch, so können diese Zeilen interpretiert werden, sich zum Guten entwickeln will, ist dies nur durch ein dialektisches Werden und Vergehen möglich. Mephisto muss das Böse wollen, um die Entwicklung zum Guten zu betreiben.[468] Ganz allgemein kann Neues, Besseres nur entstehen, wenn Altes untergeht.[469]

Unsere Gesellschaft ist nicht das Paradies. Jede Verletzung, jedes zugefügte Leid, jeder Bruch einer gerechten Norm ist auch Anlass, Neues und Besseres zu schaffen, damit das Leid künftig weniger und die Norm fester werde. Der „bösen" individuellen Tat, die ein Stück der bestehenden Ordnung zerstört, muss und kann ein kollektiver Sinn durch den Aufbau einer besseren Ordnung gegeben werden. Der Fall von Maries Freund ist leider keine außergewöhnliche Ausnahme. Männer wenden viel zu häufig Gewalt an, wenn ihre Frauen sich von ihnen trennen wollen. Manche töten sie sogar. Über den Einzelfall hinaus wäre es daher wichtig, die kulturellen Bedingungen zu analysieren, die zu diesem Besitzdenken mancher Männer gegenüber Frauen beitragen könnten.

Andere Straftaten wie die von Dustin[470] oder Conny[471] finden in Milieus statt, die wenig Bezugspunkte zur Mitte der Gesellschaft haben, und deren Bedingungen straffälliges Verhalten begünstigen. In Fällen wie etwa dem von Dr. M.[472] sind vor allem die biografischen Besonderheiten von Relevanz, die in vergleichbarer Form auch bei vielen anderen zum Tragen kommen könnten. Vielleicht hätte die Entwicklung von Breivik zum Massenmörder verhindert werden können, wenn seine Mutter (oder deren Mutter) in ihrer Kindheit besser unterstützt worden wäre.

Die Strafjustiz kann solche Bezüge herstellen, und damit zur Überwindung individueller Konflikte und sozialer Spaltungen beitragen. Voraussetzung ist, dass wir das potenziell Böse nicht ausschließlich in den anderen sehen, und die notwendige Einordnung von bestimmten Handlungen als „schlecht" nicht als Rechtfertigung dafür verwenden, uns als „die Guten" aus der Verantwortung zu nehmen.[473] Zugespitzt könnte man sagen, dass zu Beginn der Menschheit das sozialisierend gewirkt hat, was wir Strafe nennen. Heute dagegen kann jede Straftat sozialisierend wirken, wenn wir die richtigen Schlüsse daraus ziehen.

Risikofaktoren

Der Kriminalpsychologe Thomas Bliesener[474] spricht von biologisch-genetischen, psychologischen und sozialen Risikofaktoren für Kriminalität. Viele dieser Risikofaktoren hat man bereits erforscht. Dazu gehören unter anderem elterliche Aggression bzw. Misshandlung. Die Forschung belegt hier deutlich negative Zusammenhänge zu späterem dissozialem bzw. sozialschädlichem Verhalten.[475]

So zeigen Studien über Serienmörder, dass die meisten von ihnen in ihrer Kindheit sexuell missbraucht worden sind.[476]

Wer in seiner Kindheit missbraucht oder vernachlässigt wurde, begeht weiteren Studien zufolge später mit einer um 53 Prozent größeren Wahrscheinlichkeit als Jugendlicher und mit einer um 38 Prozent größeren Wahrscheinlichkeit als Erwachsener eine Straftat oder ein Gewaltverbrechen.[477] Bei einer Befragung von Inhaftierten der JVA Bielefeld im Jahr 2006 berichteten 24 Prozent von schwerem emotionalem Missbrauch, 25 Prozent von schweren physischen Misshandlungen, 33 Prozent von schwerwiegender emotionaler Vernachlässigung (Liebe, Zuwendung, Unterstützung), und 5 Prozent sogar von einem Mangel an physischen Grundbedürfnissen wie Nahrung oder Gesundheitsführsorge.[478]

Die forensische Psychiaterin Nahlah Saimeh[479] stellt nach jahrzehntelanger Arbeit mit Straffälligen fest, dass fast alle Gewaltstraftäter und -straftäterinnen – zumindest diejenigen ohne eine psychische Erkrankung im engeren Sinne – eine ähnliche essenzielle Grunderfahrung gemacht hätten: Sie wurden als Kind nicht geliebt oder haben sich nicht geliebt gefühlt.

Der forensische Gutachter Hans-Ludwig Kröber[480] sieht es ähnlich:

„Das Erzübel ist das – in Kindheit und Jugend durch Feindseligkeit oder Nicht-Wahrnehmung – anerzogene Einzelgängertum, die seelische Einsamkeit. Das liegt daran, dass alle Menschen eine Trennlinie ziehen zwischen wir und andere."

Nach einer Studie über Amokläufer fühlten sich 81 Prozent der Täter gekränkt, 71 Prozent hatten das Gefühl, ausgegrenzt oder gemobbt worden zu sein, 59 Prozent hatten innerhalb der Gleichaltrigen eine Außenseiterstellung inne.[481] Psychopathen hatten in der Regel massive traumatisierende biografische Erfahrungen hinter sich, meist erlebt in jungen Jahren.[482] Das hat sie unempfindlich für Schmerz gemacht; nicht nur gegenüber fremdem, sondern auch gegenüber dem eigenen Schmerz.[483] Die Mehrheit krimineller Jugendlicher zeigt Symptome einer posttraumatischen Belastungsstörung.[484] Andere Risikofaktoren sind etwa Verwahrlosung (auch vor dem Bildschirm), oder Tabak- oder Alkoholkonsum[485] der Mutter während der Schwangerschaft.

Wie vielfältig und komplex Risikofaktoren sein können, zeigen etwa Studien[486], wonach Länder mit hoher Importrate von Fisch eine niedrige Mordrate haben. Es hat sich herausgestellt, dass Japan das Land mit höchster Fischimport- und niedrigster Mordrate war. Das könnte an den Omega 3-Fettsäuren liegen. So fordert der Psychologe Adrian Raine[487] pointiert: „Fisch für Verbrecher!"

Selbst die Schadstoffbelastung der Luft kann einen Risikofaktor für späteres kriminelles Verhalten darstellen. So hat etwa zu viel Blei hochtoxische Wirkung für das Nervensystem des Kindes, was die Wahrscheinlichkeit gewalttätigen Verhaltens im Erwachsenenalter erhöht.[488]

Der Anthropologe Joseph Henrich[489] hat einen Zusammenhang zwischen Ehe und Kriminalität herausgefunden. Studien zeigen, dass ein höheres Testosteronlevel Aggressionen steigern und Angst vor Strafe reduzieren könne. Ein Zusammenhang von Testosteronlevel mit Gewaltdelikten sei insbesondere bei „low status" Männern gegeben. Auch führe ein höherer Testosteronspiegel zu weniger Vertrauen in andere Menschen, und zu einem stärkeren Bedürfnis, sich zu rächen. Henrich berichtet über eine Studie mit Zweiergruppen. Teils mussten die Teilnehmer gegen das eigene Gruppenmitglied antreten, um in einem Test besser abzuschneiden, und teils musste eine Gruppe gegen die andere antreten. Die Teilnehmer mit einem höheren Testosteronlevel waren besser in den Eins-gegen-eins-Aufgaben, die mit weniger Testosteron besser darin, als Mitglieder einer Gruppe andere Gruppen zu besiegen.[490] Die Norm der monogamen Ehe senke das Testosteronlevel.[491] Nach einer Studie, in der man 500 Männer ab dem Alter von 17 bis zur Rente beobachtet hat und Phasen der Ehe mit denen der Nichtehe verglichen hat, stellte sich heraus, dass die Teilnehmer in Phasen der Ehe eine um 35 Prozent verringerte Wahrscheinlichkeit hatten, straffällig zu werden.[492] So gesehen kann die Tatsache, nicht verheiratet zu sein bzw. nicht in einer vergleichbaren Partnerschaft zu leben, für Männer einen Risikofaktor darstellen.

Auch situative Umstände wie Schmerz, Hitze, Kälte oder Lärm machen Aggressionen wahrscheinlicher.[493] Philip Zimbardo[494] ist überzeugt, dass wir den Komplex situativer Kräfte möglichst umfassend verstehen müssen, der in einem bestimmten Verhaltensumfeld seine Wirkung entfaltet. Diese Kräfte zu ändern oder zu ergründen, wie man ihnen vorbeugen kann, hat nach seiner Auffassung größere Erfolgsaussichten bei der Begrenzung unerwünschter individueller Reaktionen als Maßnahmen, die darauf abzielen, die Individuen in der jeweiligen Situation zu ändern.

Die Krake Armut

Viele der Risikofaktoren hängen mit dem sozialen Status der Betroffenen zusammen. Bliesener[495] bringt es auf den Punkt:

„Armut ist eine Krake. Sie greift in alle möglichen Lebensbeziehungen ein und wird dadurch so problematisch für die Kinder."

Armut ist, jedenfalls bei uns, ein eher relatives Problem. Dieses hängt eng mit der Verteilung von Macht und Einfluss bzw. dem sozialen Status zusammen. Große Einkommensunterschiede innerhalb einer Population begünstigen Gewalt und Aggressionen.[496] Je höher die Einkommensunterschiede eines Landes sind, desto häufiger sind in der Regel Mord und Totschlag.[497]

Das lenkt den Blick auf einen der Hauptrisikofaktoren für unsoziales Verhalten im weitesten Sinne: die Macht. Konkreter geht es um die Regeln ihrer Verteilung, um ihren Umfang, und ihren Inhalt. Eine gänzlich egalitäre Gesellschaft erscheint kaum vorstellbar und wohl auch nicht erstrebenswert zu sein. Zur Reduzierung von Gewalt untereinander bedarf es wie erläutert[498] einer über allen Partikularinteressen stehende Gewalt bzw. Macht. Diese auf demokratischem Weg vergebene Macht muss stetig daraufhin hinterfragt werden, inwieweit sie im Sinne des Gemeinwohls eingesetzt wird.

In dem Maß, in dem etwa die Freiheitsstrafe dazu beiträgt, die Wahrscheinlichkeit weiterer Kriminalität zu erhöhen, in dem Maß muss sie selbst als Risikofaktor bezeichnet werden. Ferner jedoch gilt es auch die Verteilung von Macht und Status unter- bzw. außerhalb der staatlichen Ebene im Auge zu behalten. Ein zu viel an Macht erhöht das Risiko, sich unsozial und destruktiv zu verhalten, ohne dass es sich dabei notwendigerweise um kriminelles Verhalten handeln muss.

Nach Ansicht des Historikers und Journalisten Rutger Bregman wird selbst das Verhalten von eigentlich sozialen Menschen unsozialer, sobald sie Macht haben. Als hätten sie einen Hirnschaden erlitten. Der Prozess der Spiegelung, und damit die Empathie für andere, wird gestört.[499] Ein Beispiel hierfür wäre die Familie von Benjamins Mannschaftsführer[500]. Ein zu wenig an Macht wiederum kann beim Individuum zu Erfahrungen von Ausgrenzung und Unterdrückung führen, und damit Aggressionen fördern. Ein Beispiel hierfür ist Ronnie[501].

Macht ist in gewisser Hinsicht auch die Kehrseite von (strafrechtlicher) Schuld. Der Mächtige kann anderen bestimmen, was zu tun ist, der Schuldige muss tun oder hinnehmen, was andere entscheiden. Das Konzept individueller Schuld komplementiert zudem ein neoliberales Narrativ, das viel Geld und/oder Macht dem eigenen und individuellen Verdienst derjenigen zuschreibt, die solches erreicht haben. Auch wenn es zur Umsetzung noch ein langer Weg sein wird, sollte die Idee von Verantwortung daher nicht nur die der Schuld[502], sondern zunehmend auch die der Macht ersetzen. Das würde bedeuten, dass der (auch mit dem Vermögen zusammenhängende) Einfluss auf andere an die Übernahme von Verantwortung aus gesamtgesellschaftlicher Sicht gekoppelt ist.

Nicht deckungsgleich, aber damit zusammenhängend, ist die Frage des Status. Der soziale Status des Individuums ist relativ zu dem der anderen. Auch dieser Status sollte weniger nach den Kriterien Macht und Geld verteilt werden, die uns grundsätzlich eher suspekt sein müssten. Zugespitzt formuliert, ist eine ungerechte Verteilung von Macht, Geld und Status ein wesentlicher sozialer Risikofaktor für Kriminalität, mit dem viele andere Risikofaktoren zusammenhängen.

Prävention und Gewalt

Bei einem langfristigeren und tiefgreifenderen Denken und Agieren geht es nicht um eine Stigmatisierung z. B. von Menschen, die in bestimmten ärmeren Wohnvierteln aufwachsen oder deren Eltern gewalttätig waren, nach dem Motto: „Aus dem wird sicher einmal ein Verbrecher." Erst recht geht es nicht darum, durch ein Scannen von Gehirnen oder anderweitig vorherzusagen, dass jemand einmal eine schwere Straftat begehen wird (wie es etwa in dem Film „Minority Report" mit Tom Cruise aus dem Jahr 2002 thematisiert wird), und ihn deshalb vorsorglich schon einmal einzusperren.

Zum einen unterliegt die Kategorisierung von Handlungen als „kriminell" einem Wandel. Was heute strafbar ist, kann in 20 Jahren legal sein. Zum anderen ist jedes Handeln von einer Vielzahl von inneren und äußeren Faktoren abhängig. Aufgrund von einzelnen Risikofaktoren (wie etwa gewalttätigen Eltern) darauf schließen zu wollen, dass ein Kind als Erwachsener sicher kriminell werden wird, ist daher ohnehin nicht möglich. Und schließlich kann Risikofaktoren, wenn sie einmal erkannt sind, begegnet werden, sodass sich ihr schädlicher Einfluss reduziert oder erledigt.

Das Vorliegen von verschiedenen Risikofaktoren, die Kinder oder Jugendliche betreffen, sollte daher nicht als Heranwachsen des Bösen oder Schädlichen gesehen werden, das mit Gewalt gestoppt werden muss. Vielmehr muss es darum gehen, das Fehlen von Gutem frühest- und bestmöglich zu kompensieren. Das wäre Ausdruck sozialer Gerechtigkeit. Eine Stigmatisierung oder gar vorbeugende repressive Maßnahmen dagegen wären genau das Gegenteil.

Wenn unser Blick tiefer und breiter wird, dann können wir nicht nur Straftaten viel wirksamer reduzieren, als es Strafen je könnten. Wir können über diesen „Anker" auch Risikofaktoren für individuelle Probleme erkennen, die sich nicht in Straftaten, sondern z. B. in psychischen Problemen ausdrücken. Die soziale Energie, die durch eine schlechte Tat ausgelöst werden kann, ist jedoch ungleich größer. Das Gleiche gilt für soziale Probleme, die sich nicht unbedingt in Straftaten, sondern anderweitig destruktiv auswirken könnten.

Das Prinzip Verantwortung

Der Sinn von dem, was wir als Straftaten bezeichnen, und dem, wie wir damit umgehen, ist zusammengefasst im Sozialen, und nicht allein im Individuum zu finden. An die Stelle der fast ausschließlichen Verortung des Schlechten, Bösen oder Schädlichen im Individuum und der Bekämpfung durch die Vergeltung individueller Schuld sollte das Prinzip der gegenseitigen Verantwortung treten. Der Täter muss seiner Verantwortung gegenüber Opfer und Gesellschaft gerecht werden. Gegenüber dem Opfer steht die Schadenswiedergutmachung im Vordergrund. Dazu gehört es auch, dass der Staat (wie es auch derzeit schon geschieht) das aus einer Straftat erlangte Vermögen abschöpft (soweit es noch vorhanden ist). Zum anderen muss der Täter Maßnahmen absolvieren bzw. in Kauf nehmen, mit denen eine Rückfallgefahr reduziert werden soll. Damit kann er seiner Verantwortung gegenüber der Gesellschaft gerecht werden.

Es gibt in unserem derzeitigen Rechtssystem neben Strafen auch Maßregeln der Besserung und Sicherung. Bei diesen geht es nicht um die Vergeltung von Schuld, sondern z. B. bei der Unterbringung in einer Entziehungsanstalt oder einem psychiatrischen Krankenhaus darum, die Allgemeinheit zu schützen und den Betroffenen so therapeutisch zu behandeln, dass er wieder entlassen werden kann. Teilweise[503] wird daher die Schaffung eines reinen Maßnahmenrechts gefordert. Die Gesetzgebung müsse sich von der Tat als Bemessungsgrundlage lösen und aufhören, das an den Symptomen kurieren zu wollen, was Ausdruck tieferliegender Defekte sei. Ziel müsse sein, den Täter so zu behandeln, dass er keine neuen Opfer braucht und diejenigen, die seine Opfer waren, so weit wie möglich zu entschädigen. Zum anderen sei eine Resozialisierung der Gesellschaft erforderlich, denn das beste Maßnahmenrecht tauge nicht viel, wenn es von der Vergeltungsmentalität breiter Bevölkerungsschichten desavouiert würde.[504]

Ein solches reines Maßnahmenrecht birgt jedoch die Gefahr von unverhältnismäßigen Maßnahmen. Wer z. B. infolge seiner Drogensucht geringwertige Sachen gestohlen hat, den könnte man theoretisch bis an sein Lebensende gegen seinen Willen suchttherapeutisch behandeln. Indes müsste jemand, der einen Mord begangen hat, und bei dem man keinerlei Rückfallgefahr sieht, möglicherweise überhaupt keine Maßnahmen in Kauf nehmen. Auch halte ich es im Hinblick auf Opfer und Allgemeinheit für wichtig, dass offiziell und grundsätzlich öffentlich festgestellt wird, wie „schlimm" etwas ist, das der eine getan und der andere erlitten hat. Recht und Unrecht müssen klar benannt und getrennt werden. Die Feststellung, wer für etwas verantwortlich ist, kann gerade den Opfern helfen, das Geschehen zu verarbeiten.[505]

Es sollte daher künftig ein Gericht nach Anklage durch die Staatsanwaltschaft entscheiden, wer welches Unrecht begangen hat, und wie groß dieses Unrecht im Verhältnis zu anderen Normverletzungen ist. Der Forderung des Rechtswissenschaftlers Franz Streng, eine Ausbildung in Kriminologie für angehende Richter und Staatsanwälte verpflichtend zu machen, kann man dabei nur zustimmen.[506]

Sinnvoll wären gesetzlich vorgegebene Unrechtskategorien, die einen jeweils sehr großen Rahmen möglicher Maßnahmen zur Schadenswiedergutmachung, Behandlung und auch Strafe im engeren Sinn eröffnen. So könnte etwa ein Wohnungseinbruchsdiebstahl in die Unrechtskategorie vier fallen, bei der kraft Gesetzes eine elektronische Aufenthaltsüberwachung („Fußfessel" oder entsprechend überwachter Hausarrest) bis zu vier Jahren, das Erbringen gemeinnütziger Leistungen, Behandlungsmaßnahmen wie ein Empathietraining, eine monetäre Solidaritätsleistung durch den Staat an das Opfer bis zur Höhe von 10.000 Euro und ähnliches vorgesehen ist.

Resozialisierungsgremium

Was konkret passiert bzw. angeordnet wird, sollte jedoch nicht das Gericht entscheiden. Auch sollte es nicht zu einem Zeitpunkt für die nächsten Monate oder gar Jahre festgelegt werden, sondern immer wieder an die aktuellen Entwicklungen der Beteiligten angepasst werden. Um die Interessen der Allgemeinheit, der Opfer, der Täter und des jeweiligen Umfelds möglichst sinnvoll miteinander in Einklang zu bringen, sollte dazu ein Gremium unter staatlicher Leitung (in Betracht kommen die derzeitigen

Leiterinnen und Leiter der Gefängnisse) eingesetzt werden. Man könnte es „Resozialisierungsgremium" nennen.

In dem Gremium könnten (die derzeit in den Justizvollzugsanstalten tätigen) Vertreter verschiedener Disziplinen wie Psychologie oder Pädagogik vertreten sein und je nach Eignung und Konstellation Opfer, Täter und Umfeld eingebunden werden. Das Gremium bliebe dann für eine bestimmte Zeit zuständig und entschiede, welche Maßnahmen getroffen und wie sie im Laufe des Prozesses sinnvoll angepasst werden. Die Bereitschaft insbesondere der Opfer vorausgesetzt, sollte in geeigneten Fällen eine Mediation zwischen Opfer und Täter im Mittelpunkt dieses Prozesses stehen. Es geht dabei nicht darum, die Opfer aufzufordern oder gar zu zwingen, Tätern zu vergeben oder sich mit ihnen zu versöhnen. Es geht darum, einen Kontext herzustellen, in dem das eine oder andere geschehen kann.[507] Allein das Recht, Mitglied des Gremiums zu sein und ggf. auch in einen Gesprächsprozess mit dem Täter eintreten zu können, kann für das Opfer einer Straftat hilfreich sein. Das gilt unabhängig davon, ob das Recht auch wahrgenommen wird.[508]

Auch wird Vergebung nach meiner Erfahrung zu häufig auf den Täter bezogen („Das hat er nicht verdient!") und als Belastung für das Opfer angesehen. Dabei kann sie vor allem eine Erleichterung sein, und ist weniger als altruistischer Akt und eher als wohlverstandenes Eigeninteresse zu begreifen. Studien zeigen, dass sich der allgemeine Gesundheitszustand (im Hinblick z. B. auf das Herz-Kreislauf-System oder psychische Probleme) von Opfern, die vergeben konnten, verbessert hat.[509]

Eine andere Möglichkeit hat der Autor Salman Rushdie gefunden, der während einer Lesung auf offener Bühne von einem religiösen Fanatiker mit dem Messer attackiert und lebensgefährlich verletzt worden ist. Er hat sich vorgenommen, in dem noch ausstehenden Prozess gegen den Täter vor Gericht auszusagen: „Und falls ich in Zukunft je an Sie denken werde, dann mit einem abschätzigen Achselzucken. Ich vergebe Ihnen nicht, aber ich verweigere Ihnen meine Vergebung auch nicht. Sie sind mir schlicht zu unbedeutend."[510] Zudem kann das Gremium den Täter z. B. zu der Teilnahme an einem Antigewalttraining oder ähnlichem verpflichten.

Wie wichtig es im Hinblick auf die bestmögliche Wirkung von Maßnahmen ist, die individuellen Besonderheiten zu berücksichtigen und in komplexen Zusammenhängen zu denken, zeigen exemplarisch Experimente zur häuslichen Gewalt in den USA (ausgehend von dem bekannten „Minneapolis Domestic Violence Experiment"). Hier wurden den Beamten vor Ort drei mögliche Arten polizeilicher Eingriffe zur Auswahl gegeben (bei nicht zu schwerer Gewalt): die Festnahme und Freilassung des Täters erst am nächsten Tag, ein Hausverbot für mindestens acht Stunden und eine Streitschlichtung bzw. Mediation. Es hat sich herausgestellt, dass eine Festnahme die familiäre Gewalt bei arbeitenden Männern reduziert, bei Arbeitslosen aber verschärft hat.[511] Möglicherweise hatten die arbeitenden Täter Angst, bei einer erneuten Festnahme ihren Arbeitsplatz zu verlieren.

Ebenso destruktiv wie die Vernachlässigung von Zusammenhängen kann deren fehlerhafte Annahme sein. So folgt auf aufsehenerregende Straftaten von Ausländern häufig auch dann die (ohnehin kritisch zu sehende) reflexhafte öffentliche Forderung nach härteren Asylgesetzen und konsequenteren Abschiebungen von nicht Bleibeberechtigten, wenn dem konkreten Täter auch bei härteren Gesetzen der Aufenthalt in Deutschland gestattet worden wäre.

Da immer mehr Menschen mit Migrationshintergrund in Deutschland leben, ist es jedoch vor allem auch wichtig, in dieses Gremium Menschen einzubinden, die die jeweiligen religiösen und kulturellen Traditionen und Normen kennen.[512] Ende März 2022 lag der Anteil der Untersuchungsgefangenen mit Migrationshintergrund beispielsweise in Bayern bei etwa 59 Prozent und der Anteil der Strafgefangenen bei etwa 45 Prozent. Die nichtdeutschen Gefangenen kamen aus 102 verschiedenen Staaten.[513] Nicht wenige können weder Deutsch noch Englisch. Eine Sozialisierung kann nicht gelingen, wenn man diese Straffälligen in den Gefängnissen weitgehend sich selbst überlässt. Viele bleiben jedoch auf Dauer in Deutschland. Andere können zwar Deutsch und sind wie Herr Yilmaz[514] beruflich integriert, aber fast ausschließlich mit Menschen aus ihrem eigenen Kulturkreis verbunden. Teilweise kann das auch in die Kriminalität führen.

Die Germanistin und Autorin Sarah Colvin hat ein Buch über die Geschichte Deutschlands – erzählt von seinen Gefangenen – veröffentlicht.[515] Darin kommt Anton zu Wort, dessen Familie aus Russland nach Deutschland ausgewandert ist. Anfangs freute er sich darüber, da er so viele positive Dinge über Deutschland gehört hatte. Sie waren jedoch die einzigen

Russen in einem kleineren Ort. Schnell lernte er, was Ausländerfeindlichkeit und das Wort „Kanake" bedeuten. In der Schule lernte er dann andere Russen mit ähnlichen Erfahrungen und den Wert einer Gang kennen …

Resozialisierung kann nach der überzeugenden Ansicht von Bernd Maelicke[516] zudem nur gelingen, wenn die Einzelleistungen der zuständigen Organisationen und ihrer Fachkräfte zusammengeführt werden zu einem interdisziplinär abgestimmten Handlungskonzept mit einer einzelfallübergreifenden Koordination (Care Management) und einer einzelfallbezogenen Kooperation (Case Management).

Freie Straffälligen- und Opferhilfe

Dazu muss die freie (im Sinne von nicht staatlicher) Straffälligenhilfe eingebunden werden.[517] Die Hauptaufgaben der freien Straffälligenhilfe liegen derzeit in der Mitwirkung bei der Entlassungsvorbereitung und im Übergangsmanagement, d. h. z. B. bei der Arbeits- und Wohnungssuche. Auch Mediation, Täter-Opfer-Ausgleich und Ähnliches werden von Verbänden oder Einrichtungen der freien Straffälligenhilfe[518] ebenso angeboten wie präventive Maßnahmen (z. B. die Beratungsstelle gegen häusliche Gewalt durch den Verein KIM e.V. in Paderborn[519]). Finanziert wird die Arbeit über Geldbußen, Spenden oder staatliche Bewilligungsbescheide.[520] Diese Verbände entwickeln oft sehr kreative und zielgenaue Angebote. Da die Mitarbeiterinnen und Mitarbeiter keine staatlichen Angestellten sind, können sie oft viel eher auf Augenhöhe mit den Straffälligen agieren, was die Akzeptanz häufig erhöht. Sie sind eine unverzichtbare Ergänzung zu der staatlichen Justiz. Die Kürzung von Geldern in diesem Bereich ist daher für die Kriminalprävention sehr schädlich. Gleiches gilt für Verbände oder Einrichtungen, die sich vor allem für die Belange von Kriminalitätsopfern einsetzen (wie etwa der „Weisse Ring"[521]). Vertreter der Opferbelange sollten in dem Gremium ebenfalls mit am Tisch sitzen.

Je nach Einzelfall ist es zudem sinnvoll, Vertreter der Behörden in das Gremium einzubinden, die früher oder später ohnehin mit dem Fall befasst wären. Zu denken wäre hier etwa an die Ausländerbehörde, die Jugendbehörde, die Agentur für Arbeit, die Sozialbehörde oder die Polizei.

Es gibt auch im derzeitigen Strafvollzug bereits Ansätze in diese Richtung. So kommen etwa Vertreter der Arbeitsagenturen in viele Anstalten.

Beispielsweise in Sachsen möchte man künftig zudem Justizvollzug und Kinder- und Jugendhilfe verzahnen, um den Bedürfnissen der Kinder von Inhaftierten besser gerecht werden zu können.[522]

Auf der anderen Seite muss jedoch auch gegenüber dem Täter mehr Verantwortung übernommen werden, indem er tatsächlich darin unterstützt wird, ein straffreies Leben zu führen. Die Maßnahmen, die derzeit in Haft zur Förderung von Schul- und Ausbildung angeboten werden, machen mehr Sinn, wenn sie nicht abhängig von der Haftzeit, sondern von dem erstrebten Ziel gemacht werden. Wenn bei einem jungen Mann etwa die Absolvierung einer Ausbildung ein Kernproblem ist, hat es größere Aussicht auf Erfolg, ihn bis zum Ende der Ausbildung entsprechend zu begleiten, und nicht nur während einer z. B. einjährigen Haftzeit, nach der er womöglich wieder in das alte Umfeld und in seine dysfunktionalen Verhaltensmuster abrutscht. Wie groß der entsprechende Bedarf ist, zeigt das Beispiel der JVA Hahnöfersand, in der vor allem Jugendliche Haftstrafen verbüßen. Zwei von drei Gefangenen dieser JVA haben keinen Schulabschluss. Kein einziger hat Abitur, nur 2 Prozent eine abgeschlossene Berufsausbildung.[523]

Keine Übelszufügung zur Vergeltung

Die Zufügung eines Übels macht gegenüber Straffälligen nur noch unter den nachfolgenden Gesichtspunkten Sinn: Einen gewissen Abschreckungscharakter haben schmerzhafte Maßnahmen, auch wenn die Abschreckungswirkung deutlich geringer als allgemein vermutet ist, und es vor allem auf die Aufdeckung[524] und nicht auf die Härte der Sanktion ankommt. Zudem hat auch die öffentliche Beschämung bereits abschreckenden Charakter. Überdies macht die Zufügung eines Übels bzw. die Drohung damit Sinn, um den Täter z. B. zu einer Schadenswiedergutmachung oder zur Teilnahme an Behandlungsmaßnahmen zu bewegen.

Ähnlich wie bei der bislang gegebenen Möglichkeit der Strafaussetzung zur Bewährung mit bestimmten Auflagen und Weisungen könnte eine den Täter belastende Maßnahme (z. B. ein elektronisch überwachter Hausarrest) dann zum Tragen kommen, wenn er zumutbare Maßnahmen zur Schadenswiedergutmachung oder die Erbringung gemeinnütziger Leistungen verweigert.

Ich werde häufig mit dem Argument konfrontiert, dass diejenigen, die im Gefängnis landen, oft schon alles andere „durchhätten", ohne dass es gefruchtet hätte: als Jugendlicher Erziehungsmaßregeln, dann Geldstrafe, dann Freiheitsstrafe zur Bewährung. Es ist scheinbar konsequent, dass bei weiterem kriminellem Verhalten dann eben eine Haftstrafe ohne Bewährung ausgesprochen werden muss. Folgerichtig wäre dies jedoch, wenn überhaupt, nur dann, wenn man zu sehr auf den Täter und den Vergeltungsaspekt fixiert bleibt. Es sollte aber gerade auch darum gehen, etwas Sinnvolles für die Geschädigten und für das jeweilige Umfeld zu erreichen, und als Staat und Gesellschaft aus der Straftat zu lernen. Dann spielt der Gedanke, wie oft jemand schon normbrüchig war, nicht mehr die tragende Rolle.

Ein Schritt in die richtige Richtung sind Projekte wie das „Community Return Programme" in Irland.[525] Dort werden Straffällige vorzeitig aus der Haft entlassen, wenn sie gemeinnützige Arbeit leisten.[526] So geht ein sinnvoller Dienst für die Allgemeinheit vor Strafe.

Jedoch ist bei aller Irrationalität des Vergeltungsbedürfnisses ein Unterschied zwischen den konkreten Opfern und der Allgemeinheit zu machen. Auf kollektiver Ebene können wir es uns zumuten, rational zu handeln, und unsere instinktiven Impulse hintanzustellen, auch wenn es nicht immer ganz einfach ist. Unsere Vernunft kann erreichen, was unsere Triebe nicht erreichen können.[527] Der Neurowissenschaftler Robert Sapolsky[528] ist überzeugt, dass unsere dopaminergen Pfade, die uns Lust auf Bestrafung der „Bösen" machen, ihre Stimulierung anderswo finden müssen und können. Wir hätten dies in der Vergangenheit auch geschafft, in dem heute zum Beispiel keine Menschen mehr bestraft würden, die bei einem epileptischen Anfall Schaden anrichten.

Martha Nussbaum[529] ist recht zu geben, wenn sie feststellt:

„(...) scheint es schlichtweg keine Entschuldigung dafür zu geben, wenn Rechtsinstitutionen toleriert oder sogar gefördert werden, die sich die Beschränktheit des Vergeltungsgeists zu eigen machen und sie aufwerten. Unsere Institutionen sollten unser bestes Selbst verkörpern, nicht unser schlechtestes. Sie sollten einer erwachsenen Haltung Ausdruck geben, auch wenn wir oft wie Kinder sind."

Für die konkreten Opfer (zu denen auch die Angehörigen gehören) einer schweren Straftat jedoch kann es unerträglich sein, wenn dem Täter überhaupt kein Übel zugefügt wird. Es gehört auch zur staatlichen Vernunft, dem Rechnung zu tragen. Die soziale Übernahme von Verantwortung gegenüber den Opfern bedeutet eine Berücksichtigung ihrer Interessen und Bedürfnisse, soweit diese ihrerseits verantwortbar sind.

Wenn sich im Gremium also herausstellt, dass ein Opfer ein ernst zu nehmendes Vergeltungsbedürfnis hat, können innerhalb des gesetzlich vorgegebenen Rahmens auch Maßnahmen mit strafendem Charakter verhängt werden. Das kann z. B. die Verpflichtung zur Arbeit sein, deren Gewinn den Opfern zugutekommt, oder die Freiheitsbeschränkung durch elektronische Aufenthaltsüberwachung („Fußfessel"). Bei den schwersten Straftaten kommt zudem die genannte Möglichkeit der Unterbringung in einer Einrichtung zum Schutz der Allgemeinheit in Betracht, die für den Betroffenen auch ein Übel darstellt.

Gesellschaftliche Verantwortung

In Bezug auf straffälliges Verhalten insgesamt bedeutet eine gesamtgesellschaftliche Verantwortungsübernahme die bestmögliche Ermittlung und Berücksichtigung von Risikofaktoren. Dabei geht es weniger darum, den Täter für sein Verhalten aus der Verantwortung zu nehmen. Vielmehr sollten möglichst Wege gefunden werden, solchen Risikofaktoren für die Zukunft entgegenzuwirken. Wenn also das Gremium in Ronnies[530] Fall feststellt, dass dieser womöglich auch die Kinder mit körperlicher Gewalt „erzogen" hat, und man weiß, dass dies für die Kinder einen Risikofaktor darstellt, ist es Anlass, sich verstärkt um sie zu kümmern –auch wenn es unmittelbar mit Ronnie und seiner Straftat nichts zu tun hat.

Psychologische und psychiatrische Gutachterinnen und Gutachter werden heute häufig von Gerichten oder Justizvollzugsanstalten herangezogen, um z. B. die künftige Gefährlichkeit der Probanden besser beurteilen zu können. Dazu werden auch Prognoseinstrumente verwendet, die Risikofaktoren für künftiges straffälliges Verhalten des Probanden (z. B. negative Auffälligkeiten schon in jungem Alter, Persönlichkeitsstörung, Suchtproblematik) berücksichtigen. Diese Risikofaktoren sind u. a. anhand von vielen anderen individuellen Fällen ermittelt worden. Ebenso wichtig ist es, anhand jedes Einzelfalls mögliche Risikofaktoren zu ermitteln, und sie den Stellen, die davon betroffen sind (insbesondere Schul- und Jugendbehörden) zu kommunizieren (soweit sie nicht ohnehin schon Teil des Gremiums sind). Dieser Austausch findet selbstredend in gewissem Umfang bereits statt. Er sollte aber über die Gremien institutionalisiert werden, die auch den Anspruch haben sollten, aus jedem einzelnen Fall etwas für die Zukunft zu lernen.

Die Bereiche, in die auch aus kriminalpräventiver Sicht ohnehin mehr Augenmerk und Ressourcen investiert werden sollten, sind selbstverständlich Kindergarten und Schule. Die Forschung zeigt, dass präventive Maßnahmen möglichst früh zum Einsatz kommen müssen.[531] Die besten Effekte lassen sich in der Altersgruppe zwischen zwei und sechs Jahren erreichen.[532] Man kann sich angesichts dessen ungefähr vorstellen, wie viel Effekt Maßnahmen wie die Förderung der sozialen Kompetenz bei einem Erwachsenen mit einem kriminellen Lebenslauf haben.

Prävention muss spätestens in der Grundschule beginnen. Kinder, die hier bereits auffällig sind, können besonders problematische Entwicklungsverläufe nehmen.[533] Neben einem deutlichen Ausbau der Schulsozialarbeit[534] (in Baden-Württemberg beispielsweise gibt es nach Angaben der Gewerkschaft nur für gut 55 Prozent der Grundschulen Schulsozialarbeiter[535]; in Sachsen betreut ein Schulsozialarbeiter rechnerisch 624 Schüler[536]) sollten Maßnahmen wie ein Anti-Gewalt-Training in Schulen zumindest angeboten werden[537]. Auch Projekte wie die vom Weissen Ring in Kooperation mit dem Bundesverband Mediation e.V. umgesetzte „Streitschlichtung durch Gleichaltrige"[538] weisen in die richtige Richtung.

Die Gremien sollten auch Strategien zum Schutz des konkreten Opfers und potenzieller weiterer Opfer entwickeln. Durch die zunehmende Verlagerung von Eigentums- und Vermögensdelikten ins Internet und die Nutzung sozialer Medien zur Schädigung von Kindern und Jugendlichen müssen besonders in diesen Bereichen mehr präventive Maßnahmen entwickelt werden. Eine höhere Aufdeckungswahrscheinlichkeit muss nicht zwingend zur Verdrängung von Kriminalität ins Dunkelfeld oder in andere Formen der Destruktivität führen. So fordert u. a. der Kriminologe Thomas Gabriel Rüdiger mehr Polizeipräsenz („Digitale Streife") im Netz.[539]

Das Modell der rationalen Resozialisierung

Zusammengefasst findet eine Resozialisierung im Rahmen des hier vorgestellten Modells insofern statt, als ein Teil der Konfliktlösung wieder sozialisiert wird. Der Staat sorgt für die Rahmenbedingungen, ist ansonsten aber nur noch ein Interessenvertreter unter mehreren. Opfer, Täter, Umfeld und Vertreter der Allgemeinheit gestalten die Aufarbeitung von kriminellen Taten mit. Der Vollzug von Maßnahmen zur Behandlung von Tätern findet, ebenso wie ein ggf. erforderlicher Freiheitsentzug, weit möglichst im Sozialen statt in abgeschiedenen Einrichtungen statt. Auch Opfer werden bei Bedarf in der Resozialisierung gefördert. Die Ursachen straffälligen Verhaltens werden nicht mehr fast ausschließlich im Individuum, sondern auch im Sozialen verortet. Dadurch werden individuelle Normbrüche zum Anlass genommen, die gesellschaftlichen Verhältnisse möglichst sozialer zu gestalten. Die Erkenntnisse aus der schlechten Tat und die Energie aus der Bekämpfung des vom Menschen ausgehenden Bösen werden konstruktiv genutzt. Tat und Täter werden so zu integralen Teilen der Gesellschaft und nicht verdrängt oder weggesperrt, und Opfer nicht weitgehend zu Statisten gemacht.

Das Modell baut auf Wissen statt auf Glauben, und auf Begründung statt auf Behauptung. Es passt die Umsetzung überholter Instinkte und Gerechtigkeitsgefühle an die heutige soziale Realität an und setzt das Prinzip Verantwortung anstelle des Prinzips von Schuld und Vergeltung. Das Modell richtet sich in seinen Wirkungen auf die Zukunft und schöpft dabei Erkenntnisse aus der Vergangenheit. Es ist ein lernendes und variables, kein statisches Modell. Es baut soziale Bezüge auf, anstatt sie zu kappen. Es nutzt das Gute im Schlechten und vermeidet sinnlose Übelszufügung sowie Schädigung von Unbeteiligten. Es dient der Fortentwicklung und dem sozialen Zusammenhalt.

Konkret könnte das so aussehen:

Ronnie

Ronnie wurde wegen mehrfacher Körperverletzung, Bedrohung und Nötigung verurteilt. Ein Unrecht in Höhe der Kategorie fünf wurde festgestellt. Das Gesetz ermöglicht in dieser Kategorie neben verschiedenen therapeutischen Maßnahmen und solchen zur Schadenswiedergutmachung u. a. die Unterbringung in einem Hafthaus oder die elektronische Aufenthaltsüberwachung bis zur Höchstdauer von zwei Jahren. Auch kann das Gremium wie in allen Unrechtskategorien Geldstrafen verhängen. Die darüber eingenommenen Gelder kommen Opfern oder sozialen Zwecken zugute.

Das für den Fall zuständige Gremium beschloss die Einbindung der Schul- und Jugendbehörde. Als Vertreter der Allgemeinheit wirkten eine leitende Bankangestellte und ein junger Computerfachmann mit. Über die regelmäßigen Sitzungen des Gremiums lernten sie Ronnie, seine Hintergründe und seine Lebensumstände viel besser kennen, als dies im Rahmen einer gerichtlichen Hauptverhandlung möglich gewesen wäre.

Ronnie war, anders als seine Frau, zu einem Mitwirken im Gremium bereit. Das Gremium kam schnell zu der Überzeugung, dass Ronnie grundsätzlich ein umgänglicher Mensch war, der „nur" seiner Familie gegenüber zur Gewalt neigte. Er schien diesbezüglich jedoch nicht sehr problembewusst zu sein, sodass entschieden wurde, ihn zunächst in einem Hafthaus unterzubringen. Dort gab es insgesamt sechs Wohngruppen mit jeweils sechs Bewohnern, die ihren Alltag mit Essen kochen, Reinigung der Räumlichkeiten usw. weitgehend selbst gestalten mussten. Ronnie durfte das Hafthaus nur in Begleitung eines Beamten verlassen oder um seiner Arbeit auf dem Friedhof nachzukommen.

Eine Mitarbeiterin oder ein Mitarbeiter des Gremiums (der bisherige uniformierte allgemeine Vollzugsdienst) war als Fallmanager für einen Probanden zuständig. Für Ronnie wurde ein etwa gleich alter Mann ausgewählt. Dieser stand ihm als Ansprechpartner zur Verfügung und sorgte gleichzeitig dafür, dass Ronnie alle ihm auferlegten Maßnahmen weisungsgemäß umsetzte. Er stellte im weiteren Verlauf fest, dass Ronnie schon lange keinen Sport mehr betrieben hatte, in seiner Jugend aber begeisterter Fußballer gewesen ist. Er konnte ihn dazu motivieren, bei einer Freizeitmannschaft des örtlichen Fußballvereins mitzumachen und begleitete ihn dazu zu den Trainings. Von den anderen Mitspielern wusste niemand, dass Ronnie zu dieser Zeit unter staatlicher Aufsicht stand. Als Ausrede dafür, dass er abends nicht mitfeiern konnte, gab Ronnie an, dass er seine kranke Frau pflegen müsse. Irgendwann könnte er den anderen die Wahrheit sagen, wenn er ihnen vertraute.

Zudem wurde Ronnie nahegelegt, eine Weiterbildung anzufangen, mit der er nach erfolgreichem Abschluss selbst als Friedhofsgärtner, und nicht mehr nur als Gehilfe hätte arbeiten können. Die Weiterbildung stellte sich für ihn jedoch als zu fordernd heraus, sodass er sie nach einigen Monaten abbrach. Sehr gut tat ihm jedoch das Fußballspielen. Nach einigen Monaten war er ein fester Bestandteil seiner Mannschaft und durfte ohne seinen Fallmanager zum Training. Er schöpfte dort Selbstbewusstsein und hatte Kontakt mit Menschen aus anderen Milieus. Auch sein Alkoholkonsum ging zurück, weil er fit bleiben wollte.

Mit seiner Familie konnte er unbegrenzt telefonieren und skypen. Für einen Zeitraum von sechs Monaten waren persönliche Besuche jedoch nur in Anwesenheit seines Fallmanagers möglich, der bei diesen Besuchen auch versuchte, sich ein Bild von der Gesamtsituation der Familie zu machen. Es stellte sich dabei schnell heraus, dass eigentlich alle mit allem überlastet waren. Geld fehlte an allen Ecken und Enden und war immer wieder der Ausgangspunkt von Konflikten. Einmal konnten Miete und Heizkosten nicht rechtzeitig bezahlt werden, ein andermal der Sohn nicht mit zu einem Schulkonzert, da sie den Selbstkostenbeitrag nicht aufbringen konnten. Es kam für das Gremium daher nicht in Betracht, Ronnie zu einer Geldzahlung zu verpflichten. Dies hätte die Konflikte nur verstärkt. Dem Fallmanager wurde durch die regelmäßigen Gespräche mit Ronnie deutlich, dass dessen Bedürfnisse in Kindheit und Jugend von seinen überforderten und problembehafteten Eltern nie erkannt und berücksichtigt worden sind. Ronnie kann sich nur an Schlagen, Strafen, Meckern und Negativmitteilungen seiner Eltern erinnern. Er neigte wohl auch deshalb zu Überreaktionen bei jeder kleinsten Kritik durch seine Frau. Dieses Problem sollte in psychologischen Gesprächen aufgearbeitet werden.

Ronnie erklärte sich zudem bereit, ein Antigewalttraining und einen Kurs gegen häusliche Gewalt zu absolvieren. Dazu gehörte auch ein Aufeinandertreffen mit Opfern häuslicher Gewalt unter Aufsicht eines Mediators. Dieses Treffen gab Ronnie sehr zu denken. Durch das Leben in der

Wohngruppe merkte er, wie viel Arbeit mit Kochen und Reinigen verbunden ist. Bis dahin war er unter anderem oft auch deshalb auf seine Frau wütend, weil er meinte, er würde viel mehr arbeiten als sie, sodass sie ihn abends nicht noch mit irgendwelchen Problemen belasten dürfe. Ronnie durfte dem Gremium eine Maßnahme zur Schadenswiedergutmachung vorschlagen. Wenn er keinen akzeptablen Vorschlag unterbreitet hätte, hätte er noch länger in dem Hafthaus bleiben müssen. Ronnie schlug vor, einige Wochenenden ohne Lohn den Garten des Frauenhauses zu pflegen. Dieser Vorschlag wurde akzeptiert.

Ein Schuldenberater klärte die finanzielle Situation der Familie und schulte Ronnie und seine Frau im Umgang mit dem ihnen zur Verfügung stehenden Geld. Das Jugendamt kümmerte sich zwei Jahre lang verstärkt um die Kinder. In der Schule, zu der Ronnie als Kind und Jugendlicher gegangen war, und in die auch seine Kinder gingen, wurde ein Projekt zur gewaltfreien Konfliktlösung für Kinder und zum Umgang mit Kindern von gewalttätigen Eltern gestartet.

Das hier skizzierte Vorgehen würde die Chancen erhöhen, dass Ronnie seiner Familie gegenüber nicht mehr gewalttätig wird. Es hätte anders als derzeit auf jeden Fall den Vorteil, dass Ronnie seinen Arbeitsplatz nicht verliert, und dass seine Frau und seine Kinder gestärkt und nicht geschwächt werden. Die Kosten für Staat und Allgemeinheit wären durch ein solches Modell langfristig geringer als derzeit, zumal auch durch das Wegfallen der Strafbarkeit von Bagatell- und Armutsdelikten viele Ressourcen eingespart werden. Die Gefängnisstrafe hat vielleicht 250.000 Euro gekostet. Ronnies Familie wurde von Sozialhilfe abhängig, und Ronnie nach seiner Inhaftierung für längere Zeit ebenfalls. Sein Sohn geriet völlig auf die „schiefe Bahn". Ich telefonierte alle paar Monate mit ihm, konnte ihn aber nicht mehr vertreten. Seine Frau und er hatten einfach kein Geld mehr.

Dr. M.

Dr. M. wurde wegen Betrugs verurteilt. Das Gericht stellte ein von ihm verübtes Unrecht der Kategorie sechs fest. Es gab eine Reihe von Geschädigten. Neben zwei Firmen und einer Bank waren auch zehn Privatleute betroffen. Bei Dr. M. konnte keinerlei Vermögen gepfändet werden. Er war im Gegenteil hoch verschuldet und lebte nach seinen Angaben von den Zuwendungen seiner Frau. Die geschädigten Firmen und das Bankinstitut hatten kein Interesse an einer Mitwirkung im Gremium. Sie hatten ihre Geschäftsabläufe so optimiert, dass sie vor Betrügereien wie denen von Dr. M. besser geschützt sind. Ihnen war seine angemessene Bestrafung zur Abschreckung anderer wichtig.

Dramatischer waren die Folgen für die geschädigten Privatleute. Diese hatten teilweise ihre gesamten Ersparnisse verloren. Nur einige von ihnen hatten selbst illegal gehandelt, indem sie Gelder an der Steuer vorbeischleusen wollten. Sieben der zehn Geschädigten wollten an dem Gremium teilnehmen. Auch Dr. M. erklärte sich dazu bereit. Er befürchtete, dass das Gremium sonst die in der Kategorie gesetzlich höchstmöglichen Maßnahmen verhängen würde. Insbesondere wollte er eine mehrjährige elektronische Aufenthaltsüberwachung mit einem sehr eingeschränkten Bewegungsspielraum vermeiden. Aus Sicht der Geschädigten verliefen die Gespräche mit Dr. M. allerdings sehr enttäuschend. Er hatte für alles Ausreden. So sei er selbst von anderen getäuscht worden. Vor allem betonte er immer wieder, dass er ja nie beabsichtigt hätte, jemanden zu schädigen. Es seien immer andere oder äußere Umstände gewesen, die dann letztlich dazu geführt hätten, dass das von den Geschädigten erhaltene Geld verloren gegangen sei. Damit zeigte er ein Verhalten, dass wohl als typisch für viele Betrügerpersönlichkeiten bezeichnet werden muss. Sie finden nach meiner Erfahrung für alles eine Antwort, die jeden Vorwurf von ihnen ablenkt.

Dem Vorwurf einer der Geschädigten, einer pensionierten Kinderkrankenschwester, die infolge des Betrugs ihre Eigentumswohnung verkaufen musste und ihre restliche Lebenszeit nur knapp über dem Sozialhilfeniveau verbringen würde, hielt Dr. M. seine massiven gesundheitlichen Belastungen infolge des Strafverfahrens entgegen. Seine Kinder müssten bald wohl ohne ihren Vater auskommen. Das sei auch der Grund, warum er keine gemeinnützige Arbeit leisten könne. Die von dem Gremium konsultierten Ärzte konnten es zumindest nicht ausschließen, dass er Kreislaufprobleme und Depressionen hatte.

Die Geschädigten merkten, dass ihnen der Kontakt untereinander helfen könnte. Eine Psychologin aus dem Gremium organisierte daher eine regelmäßige Gesprächsgruppe. Diese zerbrach allerdings bald wieder, da die Geschädigten, die sich selbst ordnungsgemäß verhalten hatten, den anderen vorwarfen, durch ihren versuchten Steuerbetrug Dr. M. in seinem Verhalten bestätigt zu haben, und damit irgendwie auch mitverantwortlich für ihren Schaden zu sein.

Das Gremium beschloss, die Höchstsumme von staatlichen Solidaritätsleistungen von insgesamt 20.000 Euro an diejenigen geschädigten Privatleute auszukehren, die selbst rechtmäßig gehandelt hatten. Dr. M. erklärte sich im Gegenzug für eine Verkürzung der Zeit mit der elektronischen Aufenthaltsüberwachung zu regelmäßigen Gesprächen mit dem psychiatrisch-psychologischen Team des Gremiums bereit. Davon erhoffte sich das Gremium Erkenntnisse dazu, wie Menschen derart betrügerische Persönlichkeiten entwickeln konnten. Sie stellten fest, dass bei ihm, wie bei zahlreichen anderen Betrugsstraftätern auch, in Kindheit und Jugend ein großes Missverhältnis zwischen materieller und emotionaler Zuwendung bestanden hatte. Dies berichteten auch die Mitglieder anderer Gremien in den regelmäßigen Vernetzungstreffen. Sie initiierten ein Forschungsprojekt zu diesem Thema. Auch wurde den Beteiligten immer deutlicher, dass in Kindergarten und Schule mehr Wert auf die Vermittlung von Empathie, Mitgefühl und sozialer Kompetenz gelegt und dazu das notwendige Fachpersonal eingestellt werden muss. Die Konzentration auf offensichtliche „Problemfälle" in Brennpunktschulen war aus Sicht des Gremiums nicht genug.

Die Erfahrung mit dem bisherigen Strafvollzug zeigt, wie groß die Gefahr ist, sich allzu naiven Illusionen hinzugeben, und die ernüchternde Wirklichkeit mit hehren Zielen oder der Schilderung von Ausnahmefällen zu übertünchen, die nicht das widerspiegeln, was systematisch tatsächlich erreicht wird und werden kann. Angestrebte Ideale werden zu Luftschlössern, wenn sie tatsächlich nie realisiert werden können.

Durchaus realistisch wäre jedoch auch das folgende Szenario.

Robin

Das Gericht verurteilte Robin wegen gefährlicher Körperverletzung und stellte fest, dass er ein Unrecht in Höhe der Kategorie sechs verübt hat. Robin und Mark, das Opfer der Faustschläge, waren bereit, an den Sitzungen des Resozialisierungsgremiums teilzunehmen. Mark war Anfang

40. Er hatte zum Zeitpunkt der Tat, wie Robin auch, bereits einige Bier getrunken. Der Streit entzündete sich eher an einer Kleinigkeit. Beide waren mit einer Gruppe von Bekannten zusammen auf dem Bierfest und saßen an benachbarten Tischen. Robin stand öfter auf, um vor das Zelt zum Rauchen zu gehen. Er stieß beim Kommen und Gehen Mark einige Male versehentlich leicht am Rücken, auch weil er nicht mehr ganz nüchtern war. Nach dem dritten oder vierten Mal hatte Mark genug. Er stand auf und stauchte Robin laut zusammen. „Hör mal zu, Freundchen, wenn Du nichts verträgst, trink Wasser. Noch einmal, dann schepperts, und Du kriegst ein paar Ordentliche hinter die Löffel!"

Genau konnten sich beide nicht mehr an den Wortlaut, und das, was danach kam, erinnern. Jedenfalls lag Mark nach einigen Faustschlägen von Robin auf dem Boden, während Robins Bekannte ihn von weiterer Angriffen zurückhielten. Mark war stark benommen, hatte ein blaues Auge, eine blutige Nase, eine Prellung an der Brust und einige Rötungen im Gesicht. Die körperlichen Folgen waren nach wenigen Wochen nicht mehr sichtbar. Er berichtete im Gremium, dass es für ihn am schlimmsten war, vor aller Augen zu Boden geschlagen worden zu sein. Die Sanitäter hatten ihn auf einer Trage aus dem Bierzelt transportiert und alle starrten ihn an. Einige der anderen Gäste im Bierzelt hatte er als schockiert in Erinnerung, andere schauten eher verächtlich. Ein Betrunkener machte die Szene aus dem Film Rocky nach, in der Rocky nach dem Kampf mit verprügeltem Gesicht „Yo, Adrian, I love you" ins Publikum schreit. Marks Selbstbewusstsein war nach dem Vorfall angeschlagen. Er hatte teilweise Angstanfälle, wenn er von zu viel unbekannten Menschen umgeben war. Dies hatte er vorher nicht gekannt.

Robin berichtete, dass es für ihn eine ungeheure Kränkung war, dass Mark ihn vor seinen Bekannten so zusammengestaucht hatte. Zu den Bekannten, die mit an seinem Biertisch gesessen hatten, gehörte auch eine junge Frau, in die Robin heimlich verliebt war. Er sei ausgetickt und hätte keine andere Möglichkeit gesehen, sich zu behaupten. Im weiteren Verlauf stellte sich außerdem heraus, dass Robin seit frühester Kindheit Probleme mit seinem Vater hatte, den er als zu autoritär empfand. Im Nachhinein wurde ihm klar, dass ihn Mark in der Situation wohl unbewusst auch an seinen von oben herab schimpfenden Vater erinnert hat.

Mark akzeptierte Robins aufrichtige Entschuldigung. Für ihn hatte es heilende Wirkung zu spüren, dass Robin aus einem Gefühl der Unterlegenheit zugeschlagen hatte, und dass auch er selbst in der Situation anders hätte reagieren können. Er hätte Robin nicht vor aller Augen bloßstellen müssen. Das Gefühl, sich selbst auch nicht ganz richtig verhalten zu haben, war einerseits schmerzhaft, gab ihm jedoch anderseits auch die Hoffnung, künftig ähnliche Angriffe vermeiden zu können, indem er sich selbst anders verhielt.

Robin erklärte sich bereit, eine 20-stündige Verhaltenstherapie zu absolvieren, um zu lernen, mit Kränkungen anders umzugehen. Zudem leistete er gemeinnützige Arbeit, deren Gewinn zur Hälfte Mark und zur Hälfte einer Stiftung für Gewaltopfer zugutekam. Dafür musste er einige Samstage und einen Teil seines Jahresurlaubes investieren. Drogen hatte Robin schon lange nicht mehr konsumiert. Ein richtig gehendes Alkoholproblem hatte Robin nach Auffassung des Gremiums ebenfalls nicht. Dennoch wurde beschlossen, dass er ein Jahr lang keinen Alkohol trinken durfte und dies auch kontrolliert werden sollte. Robin verweigerte dies. Auf sein regelmäßiges Bier wollte er auf keinen Fall verzichten. Für ein halbes Jahr bekam er daher einen mit der elektronischen Fußfessel überwachten Hausarrest über die Wochenenden.

Die im Gremium vertretenen Polizeibeamten entschlossen sich infolge einer Häufung solcher Schlägereien bei Bierfesten, in Kooperation mit dem örtlichen Krankenhaus Informationsveranstaltungen in Schulen und lokalen Sportvereinen durchzuführen. Ärzte sollten anhand von konkreten Beispielen sichtbar machen, welche zum Teil tödlichen Verletzungen durch Messer und Schlagwerkzeug, aber auch durch Faustschläge und Ähnliches entstehen können. Sie versprachen sich davon eine höhere abschreckende Wirkung als von einer Strafandrohung. Nach etwa einem Jahr trat das Gremium noch einmal zu einer Abschlusszeremonie zusammen. Die Leiterin des Gremiums bestätigte Robin dazu auch schriftlich, dass er seiner Verantwortung vollumfänglich gerecht geworden ist.

Herr Ismaz

Herr Ismaz wollte nicht an dem Gremium teilnehmen. Benjamin, der sich zur Teilnahme bereit erklärt hatte, berichtete, dass Herr Ismaz sich seiner

Ansicht nach in dem Verein nicht richtig akzeptiert gefühlt hatte. Einige Mitglieder hätten ihn immer wieder sehr abschätzig behandelt. Der Vizepräsident des Tennisvereins wurde zu einer Sitzung des Gremiums eingeladen. Dieser bedauerte den Vorfall aufrichtig. Er war um das Image des Tennisvereins, aber auch um Herrn Ismaz und seine Familie besorgt. Im Gremium wurde ihm vermittelt, dass es zur Aufarbeitung des Geschehens nicht mehr primär um eine Bestrafung der Täter, sondern vor allem auch darum ginge, dem Opfer zu helfen.

Der Vizepräsident war froh etwas tun zu können und organisierte in kürzester Zeit eine Mitgliederversammlung des Tennisvereins. Dort wurden Spenden in erheblichem Umfang für Herrn Ismaz und seine Familie eingenommen. Zwei Mitglieder, die einen besonders guten Draht zu Herrn Ismaz hatten, brachten ihm ein von allen Mitgliedern unterschriebenes Plakat mit Genesungswünschen. Herrn Ismaz und seiner Familie wurde eine lebenslange Ehrenmitgliedschaft im Club angeboten, und Herrn Ismaz zusätzlich ein Platz im Präsidium. Er sollte dort die Rolle eines Integrationsbeauftragten für ausländische Mitglieder übernehmen. Herrn Ismaz tat die Anteilnahme seitens des Vereins sehr gut, und die neue Rolle im Präsidium gab ihm wieder Kraft und Hoffnung.

Auch der Verein profitierte davon. Im Laufe der Zeit konnte der Imageschaden behoben werden. Der Verein wurde in den kommenden Jahren weniger elitär, und die Zahl der Mitglieder nahm zu, da wegen Herrn Ismaz auch immer mehr Menschen mit Migrationshintergrund eintraten.

Schluss

Viele Hintergründe und Umstände des Phänomens Kriminalität und unserer heutigen Strafpraxis kann ich in diesem Buch allenfalls andeuten. Es geht mir jedoch vor allem um den Kern der Strafe, und um das mit diesem Kern zusammenhängende Prinzip des Umgangs mit Kriminalität und ihrer Bekämpfung. Das instinkthafte Urbedürfnis nach Rache oder Vergeltung findet seinen legitimen Weg heute in der regulierten Form der staatlichen Strafe. Eingebettet ist diese oft massive staatliche Gewalt in ein allgemeines Empfinden von Gerechtigkeit.

Wenn man darunter den ausgewogenen Ausgleich der Interessen eines Individuums mit denen anderer Individuen und der Gesellschaft insgesamt versteht, dann konnten Rache des Einzelnen und „Bestrafung" durch die Gruppe zur Zeit der Jäger und Sammler in diesem Sinne gerecht sein. So wurde die Kooperation gestärkt und Wettbewerbsnachteile ausgeglichen. Unsere Instinkte und unser Gerechtigkeitsempfinden sind noch zu einem guten Teil identisch mit denen unserer fernen Vorfahren. Die Bedingungen sind heute jedoch völlig andere. Wir sind keine Gruppe von 20 oder 100 Menschen, sondern eine Massengesellschaft von 80 Millionen, in der das Bild des anderen vor allem medial vermittelt wird. Wir ziehen nicht mehr von Ort zu Ort, dafür ziehen zunehmend Menschen aus anderen Gesellschaften zu uns. Wir haben eine staatliche Justiz und eine Unmenge komplexer Normen, die Kooperation, Wettbewerb und Machtverteilung außerhalb des Strafrechts regeln. Durch eine Übelszufügung zur Strafe kann in unserer modernen Gesellschaft tatsächlich kein Gleichgewicht mehr hergestellt werden. Unsere Instinkte und unser Gerechtigkeitsempfinden trügen uns. Ein zu großes Missverhältnis zwischen innerer und äußerer Realität birgt offensichtlich die Gefahr der Verschärfung von Konflikten, die durch die Idee der Kriminalitätsbekämpfung gerade entspannt werden sollten.

Es lässt sich am besten als Vernunft beschreiben, mit der wir diese Realitäten bestmöglich miteinander in Einklang bringen können. Die vernünftige Überwindung des Strafgedankens entschärft einige Probleme und schafft neue: Was soll an seine Stelle treten im Umgang mit Tätern, Opfern und der Kriminalität? Eine gesamtgesellschaftliche Kooperation funktioniert heute nicht mehr im unmittelbaren Zusammenwirken, sondern über gemeinsame Ideen und Regeln.

Eine solche Idee und ein System von Regeln, das an die Stelle der Strafidee treten kann, ist das hier vorgestellte Modell der rationalen Resozialisierung. Der Mensch ist seit Entstehung des Homo sapiens grundsätzlich friedfertig.[540] Die individuelle Gewalt wurde weitgehend domestiziert. Nun gilt es, die kollektive Gewalt in Form der Bestrafung von Individuen zu domestizieren.[541] Von der so angestrebten Gerechtigkeit profitieren wir letztlich alle.

Es wird oft gesagt, dass der Staat das Bedürfnis der Mehrheit der Menschen nach Rache und Vergeltung ernst nehmen müsse. Staatliche Strafen werden als notwendig betrachtet, um Selbstjustiz und eskalierende Konflikte zu verhindern. Ich sehe dies auch aus einer anderen Perspektive. Das Bedürfnis nach Rache ist nach wie vor eine wichtige Ursache von Gewalt.[542] So hat Steven Pinker erforscht, dass Rache weltweit das Motiv für 10 bis 20 Prozent aller Morde, sowie für einen großen Anteil von Amokläufen und privaten Bombenanschlägen ist. Sie ist ein Hauptmotiv von Terroranschlägen.[543]

Staatliches Handeln hat große Vorbild- und Symbolwirkung. Wenn es uns gelingt, den rückwärts orientierten Rache- und Vergeltungsgedanken auf staatlicher Ebene durch einen zukunftsorientierten Umgang mit Normbrüchen und Verletzungen zu ersetzen, wird sich das im Laufe der Zeiten auch auf die Menschen untereinander auswirken.

Etwas zu besiegen heißt nicht, es auszulöschen. Es heißt, die negativen Auswirkungen zu reduzieren, es in die Schranken zu weisen, und die Oberhand zu behalten. Und wenn wir es auch noch schaffen, das Verbrechen zu nutzen, um besser zu werden, dann können wir doch mit Fug und Recht sagen, dass wir es besiegt haben.

Anmerkungen

1 Sauer 2023, S. 63/64.
2 Nietzsche 2016, S. 430.
3 Sauer 2023, S. 65.
4 Eilers 2009, S. 10.
5 Die Paragraphen sind zitiert nach Eilers 2009, S. 31 ff.
6 Radbruch/Kaufmann 1981, S. 11.
7 Zu den sozialen Ungleichheiten, die durch das Strafrecht verstärkt werden, siehe unten S. 131/132.
8 https://www.bmi.bund.de/SharedDocs/downloads/DE/publikationen/themen/sicherheit/pks-2022.pdf?__blob=publicationFile, letzter Aufruf am 26.06.2024.
9 Wann eine Straftat vorliegt, und wann nicht, kann nur ein Gericht entscheiden. Genauer müsste man daher hier von potenzieller Straftat sprechen.
10 https://www.bka.de/DE/UnsereAufgaben/Forschung/Forschungsprojekte UndErgebnisse/Dunkelfeldforschung/SKiD/Ergebnisse/Ergebnisse_node.html, letzter Aufruf am 26.06.2024.
11 https://www.sueddeutsche.de/politik/kriminalitaet-bka-dunkelziffern-1.5689050, letzter Aufruf am 26.06.2024.
12 https://www.bka.de/DE/UnsereAufgaben/Forschung/Forschungsprojekte UndErgebnisse/Dunkelfeldforschung/SKiD/skid_node.html, letzter Aufruf am 26.06.2024.
13 https://www.zeit.de/gesellschaft/2019-04/kriminalstatistik-kriminalitaet-gewalt-deutschland-gefahren polizei-wahrnehmung, letzter Aufruf am 26.06.2024.
14 https://de.statista.com/themen/94/kriminalitaet/#topicOverview, letzter Aufruf am 26.06.2024.
15 Die lebenslange Freiheitsstrafe kann tatsächlich bis zum Tod dauern. Frühestens nach 15 Jahren ist eine Aussetzung zur Bewährung möglich, wenn das Gericht u. a. davon ausgeht, dass dies mit dem Sicherheitsbedürfnis der Allgemeinheit vereinbar ist.
16 https://de.statista.com/infografik/5560/gefangene-pro-100000-einwohner/#:~:text=WeltweitProzent-20sitzenProzent20mehrProzent-20alsProzent20elf,HProzentC3ProzentA4ftlingeProzent20aufProzent20100.000Prozent20Einwohner-Prozent3Ainnen, letzter Aufruf am 26.06.2024.
17 https://www.amnesty.de/sites/default/files/2023-05/Amnesty-Bericht-Todesstrafe-weltweit-2022-auf-Englisch.pdf, letzter Aufruf am 26.06.2024.
18 https://www.n-tv.de/panorama/Tat-lange-geplant-Maedchen-recherchierten-ueber-Strafmuendigkeit-article24007926.html, letzter Aufruf am 26.06.2024.
19 Nach derzeit geltendem Recht kann man sich erst ab dem Alter von 14 Jahren strafbar machen.
20 https://www.merkur.de/politik/freudenberg-luise-f-getoetet-freundinnen-maedchen-straffrei-strafmuendigkeits-grenze-jugendliche-92149687.html, letzter Aufruf am 26.06.2024; Hoven/Weigend 2023, S. 110 ff. weisen jedoch zurecht darauf hin, dass bei zwölf – oder dreizehnjährigen Jugendlichen, die andere umbringen oder ihnen sonst schwersten Schaden zufügen, unser derzeitiges Recht keine ausreichenden Antworten bereithält.

21 https://www.tagesschau.de/inland/
linnemann-120.html, letzter Aufruf am
26.06.2024.

22 „Verbrechen" ist hier nicht im juristischen Sinne als Abgrenzung zum Vergehen, sondern im weitesten umgangssprachlichen Sinne gemeint.

23 Galli (a)2020.

24 Schon Kinder im zweiten bzw. dritten
Lebensjahr entwickeln einen Sinn für
Eigentum und Verteilungsgerechtigkeit,
vgl. Marschelke 2017, S. 63.

25 Vgl. Junker 2021, S. 49.

26 Junker 2021, S. 50.

27 Zum Schutz von Persönlichkeitsrechten
sind alle Fallgeschichten so verfremdet,
dass reale Personen nicht erkennbar
sind.

28 https://www.bpb.de/kurz-knapp/
zahlen-und-fakten/soziale-situation-
in-deutschland/61800/strafgefangene-
und-sicherungsverwahrte/, letzter
Aufruf am 26.06.2024.

29 https://www.deutschlandfunkkultur.de/
auffallend-unauffaellig-warum-frauen-
weniger-kriminell-100.html, letzter
Aufruf am 26.06.2024.

30 Breithaupt 2019, S. 7.

31 Breithaupt 2019, S. 16.

32 Hagemann 2023, S. 83.

33 Werth/Seibt/Mayer 2020, S. 334.

34 Werth/Seibt/Mayer 2020, S. 356.

35 https://www.pnas.org/doi/10.1073/
pnas.2022385119, letzter Aufruf am
26.06.2024.

36 Zusammenhänge zwischen Erziehung,
Scham und Empathie bestehen in
mehrfacher Hinsicht. Kinder werden
zur Berücksichtigung von Befindlich-
keiten anderer Menschen auch durch
Beschämung erzogen, und müssen
dazu lernen, sich in ihre Mitmenschen
empathisch einzufühlen. In der Scham
sieht man sich in den Augen Anderer,
in die einen Empathie versetzt.

37 Seiffge-Krenke 2017, S. 39.

38 Seiffge-Krenke 2017, S. 39.

39 Breithaupt 2019, S. 7.

40 Werth/Seibt/Mayer 2020, S. 334.

41 Hagemann 2023, S. 85.

42 Bauer 2013, S. 57.

43 Schmidt-Salomon 2010, S. 67; Bauer
2013, S. 57.

44 Bloom 2013, S. 47 – 49.

45 Breithaupt 2019, S. 168/169.

46 Bloom 2013, S. 44.

47 Breithaupt 2019, S. 170/171.

48 Erhard 2019, S. 15.

49 Härter 2008, S. 105.

50 Bauer 2013, S. 199.

51 Bregman 2020, S. 244.

52 Hagemann 2023, S. 95/96.

53 Hagemann 2023, S. 93.

54 Danke an Ulrich Merkl für den Hinweis auf entsprechende Ansätze des
Molekularbiologen Hashem Al-Ghaili
(vgl. https://www.dazeddigital.com/
life-culture/article/62983/1/inside-
the-prison-of-the-future-where-ai-
rewires-your-brain-hashem-al-ghaili,
letzter Aufruf am 26.06.2024). Sehr
abwegig hinsichtlich ihrer Umsetzbar-
keit sind solche Gedanken nicht mehr,
da es bereits gelungen ist, Mäusen
falsche Erinnerungen einzupflanzen
(https://www.spektrum.de/news/
maeusen-falsche-erinnerungen-ein-
gepflanzt/1202139, letzter Aufruf am
26.06.2024).

55 Bauer 2013, S. 130.

56 Bauer 2013, S. 134.

57 Siehe unten S. 134.

58 Schmidt-Salomon 2010, S. 79.

59 Kury/Stremy 2015, S. 77.

60 Walter 2011, S. 638 ff.

61 Vgl. Bloom 2013, S. 85.

62 Breithaupt 2019, S. 163.

63 Breithaupt 2019, S. 163/164.

64 Pinker 2018, S. 786.

65 Walter 2011, S. 641.

66 https://www.spektrum.de/news/ver-geltung-rache-ist-bittersuess/1955788, letzter Aufruf am 26.06.2024.

67 Siehe unten S. 160.

68 https://de.statista.com/statistik/daten/studie/1243591/umfrage/gefangene-in-deutschland-nach-altersgruppen/, letzter Aufruf am 26.06.2024.

69 https://www.dbdd.de/fileadmin/user_upload_dbdd/05_Publikationen/PDFs/REITOX_BERICHT_2019/WB_09_Gefaengnis_2019.pdf, letzter Aufruf am 26.06.2024; https://www.bundestag.de/resource/blob/915526/d5bd656ff388142b08b41be7057efe11/WD-9-056-22-pdf-data.pdf, letzter Aufruf am 26.06.2024.

70 In bestimmten Fällen gibt es die Mög-lichkeit der Unterbringung in einer Entziehungs- statt in einer Haftanstalt, oder die Zurückstellung einer Strafe zugunsten einer Drogentherapie. Den-noch befinden sich viele Menschen mit einer Suchtproblematik in Haft. Dort findet meist (häufig durch externe Träger wie Caritas oder Diakonie) eine Beratung für eine Suchttherapie nach der Haft statt. Ausnahmen gibt es beispielsweise in der sächsischen JVA Zeithain, die selbst eine Suchttherapie anbietet.

71 https://www.tagesschau.de/investigativ/kontraste/straf-vollzug-reintegration-100.html#:~:text=WProzentC3ProzentA4hrendProzent202012Prozent20dasPro-zent20VerhProzentC3ProzentA4ltni-sProzent20von,nochProzent20beiPro-zent2011Prozent2C6Prozent20Prozent, letzter Aufruf am 26.06.2024.

72 Junker 2018, S. 71.

73 Pinker 2018, S. 712.

74 Kröber 2014, S. 16.

75 Bregman 2020, S. 137.

76 https://www.bmi.bund.de/SharedDocs/kurzmeldungen/DE/2023/07/lagebild-hg.html, letzter Aufruf am 26.06.2024.

77 Bauer 2013, S. 58/59.

78 Bauer 2013, S. 58/59.

79 Bauer 2013, S. 66.

80 Bauer 2013, S. 60.

81 Bauer 2013, S. 60.

82 Werth/Seibt/Mayer 2020, S. 337.

83 https://weisser-ring.de/system/files/domains/weisser_ring_dev/downloads/daten-zahlen-faktenwr.pdf, letzter Aufruf am 26.06.2024.

84 So hat eine Studie im Auftrag von UNICEF Deutschland und dem Kin-derschutzbund aus dem Jahr 2020 ergeben, dass jeder Zweite immer noch der Auffassung ist, dass ein Klaps auf den Hintern noch niemandem geschadet hätte. Jeder Sechste hält es für angebracht, Kinder zu ohrfeigen (vgl. https://www.unicef.de/informieren/aktuelles/presse/-/gewalt-gegen-kinder-koerperstrafen/276640, letzter Aufruf am 26.06.2024.

85 Werth/Seibt/Mayer 2020, S. 353.

86 https://www.bka.de/DE/Presse/Lis-tenseite_Pressemitteilungen/2023/Presse2023/231025_PM_BLB_Rausch-gift.html, letzter Aufruf am 26.06.2024.

87 https://www.landtagbw.de/files/live/sites/LTBW/files/dokumente/WP17/Drucksachen/4000/17_4071_D.pdf, letzter Aufruf am 26.06.2024.

88 Jünschke 2023, S. 7.

89 Jünschke 2023, S. 34.

90 Jünschke 2023, S. 45.

91 Wacquant 2009, S. 278.

92 Berger 2018, S. 77.

93 Siehe dazu näher unten S. 183 ff.

94 Siehe oben S. 10.

95 Wolf 2011, S. 91/92.

96 Bregman 2020, S. 253.

97 Bregman 2020, S. 253.

98 Bregman 2020, S. 252.

99 Milgram 2020, S. 30 ff.

100 Bregman 2020, S. 196.

101 Zur Kriminalität von Asylbewerbern vgl. Galli 2019 (b), S. 156 ff.

102 Metzger 2016, S. 87.

103 https://www.vaticannews.va/de/papst/news/2023-04/teufel-papst-franziskus-exorzismus-satan-katechismus-boese.html, letzter Aufruf am 26.06.2024.

104 Metzger 2016, S. 88.

105 https://de.statista.com/statistik/daten/studie/152753/umfrage/verteilung-der-opfer-tatverdaechtigen-beziehung-bei-mord-und-totschlag/, letzter Aufruf am 26.06.2024.

106 Siehe dazu unten S. 175.

107 Evans 2020, S. 938.

108 Birkel 2015, S. 127.

109 Chalfin/Tahamont 2018, S. 59 ff.

110 Evans 2020, S. 1088.

111 Evans 2020, S. 1090.

112 Evans 2020, S. 1083/1084.

113 Evans 2020, S. 1088.

114 Evans 2020, S. 1046.

115 Evans 2020, S. 1046.

116 https://www.lto.de/karriere/jurastudium/stories/detail/studie-punitivitaet-franz-streng-erlangen-jura-studenten-todesstrafe-folter, letzter Aufruf am 26.06.2024.

117 https://de.statista.com/statistik/daten/studie/201/umfrage/anteile-von-straftatengruppen-an-allen-erfassten-faellen/, letzter Aufruf am 26.06.2024.

118 https://de.statista.com/statistik/daten/studie/201/umfrage/anteile-von-straftatengruppen-an-allen-erfassten-faellen/, letzter Aufruf am 26.06.2024.

119 In bestimmten Fällen kann das Gericht auch eine Unterbringung in einer Entziehungsanstalt anordnen. Das setzt jedoch die Gefahr der Begehung erheblicher Straftaten voraus. Dustin beging immer nur kleinere Delikte.

120 https://www.institut-fuer-menschenrechte.de/das-institut/gefoerderte-projekte/kinder-inhaftierter-eltern-landesweite-strukturentwicklungsprojekte, letzter Aufruf am 26.06.2024; https://www.bag-s.de/aktuelles/aktuelles0/kinder-von-inhaftierten-eltern-im-fokus-der-praevention, letzter Aufruf am 26.06.2024.

121 Vgl. dazu auch den Fallbericht „Hinter der Trennscheibe", Galli 2019 (a), S. 71 ff.

122 https://www.bag-s.de/aktuelles/aktuelles0/kinder-von-inhaftierten-eltern-im-fokus-der-praevention, letzter Aufruf am 26.06.2024.

123 https://de.statista.com/statistik/daten/studie/201/umfrage/anteile-von-straftatengruppen-an-allen-erfassten-faellen/, letzter Aufruf am 26.06.2024.

124 https://www.bka.de/SharedDocs/Kurzmeldungen/DE/Kurzmeldungen/220530_PK_KindlicheGewaltopfer2021.html, letzter Aufruf am 26.06.2024.

125 https://de.statista.com/statistik/daten/studie/152661/umfrage/verteilung-der-opfer-von-sexualdelikten-nach-altersgruppen/, letzter Aufruf am 26.06.2024.

126 Vgl. dazu insgesamt Galli (b) 2020.

127 https://de.statista.com/statistik/daten/studie/75094/umfrage/strafgefangene-in-sicherungsverwahrung/, letzter Aufruf am 26.06.2024.

128 Moor 2003, S. 23.

129 Moor 2003, S. 24/25.

130 Moor 2003, S. 55.

131 Moor 2003, S. 60/61.

132 Moor 2003, S. 61.

133 Günther 2022, S. 143.

134 Fischer 2018, S. 357 – 359.

135 Nida-Rümelin 2017, S. 21.

136 Plack 1974, S. 23.

137 Dübgen 2022, S. 80.

138 Walter 2016, S. 13.
139 Kinzig 2020, S. 7.
140 Singelnstein/Kunz 2021, S. 438.
141 Singelnstein/Kunz 2021, S. 438.
142 https://www.zkfs.de/pawaks/, letzter Aufruf am 26.06.2024.
143 Kinzig 2020, S. 49.
144 Jehle 2020, S. 50/51.
145 Interview mit Thomas Bliesener, online veröffentlicht unter https://www.forschung-und-lehre.de/zeitfragen/kriminalitaets-statistik-versusgefuehlte-sicherheit-2291, letzter Aufruf am 26.06.2024.
146 Singelnstein/Kunz 2021, S. 435/436.
147 https://kfn.de/wp-content/uploads/Forschungsberichte/FB_117.pdf, S. 138, letzter Aufruf am 26.06.2024.
148 https://www.zkfs.de/pawaks/, letzter Aufruf am 26.06.2024.
149 Roberts 2012, S. 164.
150 Lorenz, 2020, S. 230 ff.
151 Harari 2015, S. 57.
152 Wesel 1997, S. 17.
153 Harari 2015, S. 39.
154 Dunbar 2005, S. 72.
155 Kühnen 2015, S. 10.
156 Kühnen 2015, S. 4
157 Vgl. die unter https://royalsocietypublishing.org/doi/10.1098/rsbl.2021.0158, letzter Aufruf am 26.06.2024, veröffentlichte Studie von Lindenfors/Wartel/Lind.
158 Junker 2021, S. 76, spricht davon, dass wir vor relativ kurzer Zeit (vor etwa 11.000 Jahren) in Gruppen von bis zu 200 Individuen zusammengelebt haben.
159 Brüne 2020, S. 173.
160 Harari 2015, S. 78.
161 Harari 2015, S. 85.
162 Bregman 2020, S. 119.
163 Bauer 2013, S. 142/143.
164 Everett 2012, S. 170/171.
165 Everett 2012, S. 221.

166 Darwin 2021a, S. 113: „Diese Erhaltung günstiger individueller Verschiedenheiten und Abänderungen und die Zerstörung jener, welche nachteilig sind, ist es, was ich natürliche Zuchtwahl nenne oder Überleben des Passenden".
167 Gamble/Gowlett/Dunbar2016, S. 78.
168 Darwin 2021b, S. 58; Junker 2018, S. 7.
169 Die Umgebung der Menschengruppen war selbstverständlich nicht überall identisch. Es geht also eher um die Frage, welche Eigenschaften insgesamt gesehen eher förderlich gewesen sein mussten.
170 Dawkins 2006, S. 2.
171 Dawkins 2006, S. 2.
172 Gamble/Gowlett/Dunbar2016, S. 66 ff.
173 Tomasello 2020, S. 24/25.
174 Wrangham 2019, S. 175.
175 Christakis 2019, S. 343.
176 Gamble/Gowlett/Dunbar 2016, S. 78.
177 Kotrschal 2019, S. 75.
178 Bauer 2011, S. 137.
179 Kitcher 2014, S. 107.
180 Bregman 2020, S. 120.
181 Haller 2021, S. 44/45.
182 Tomasello 2020, S. 22/23
183 Schlee/Turner 2008, S. 63/64.
184 Freud 2000, S. 225.
185 Pinker 2018, S. 784.
186 Bauer 2013, S. 188 – 190.
187 Christakis 2019, S. 348/349.
188 Sjöström 2015, S. 114 ff.
189 Kotrschal 2019, S. 71.
190 Everett 2012, S. 161.
191 Vgl. dazu Briggs 1970.
192 Nicht jede Gewalt ist Aggression – und umgekehrt.
193 Hobbes 1996, S. 132/133.
194 Hobbes 1996, S. 104.
195 Winnicott 1998, S. 75.
196 Winnicott 1998, S. 75.
197 Winnicott 1998, S. 75.
198 Freud 2000, S. 240.

199 Lorenz 2020, S. 233/234.
200 Zinner 2020, S. 65.
201 Bauer 2013, S. 17.
202 Pinker 2018, S. 68/69
203 Zinner 2020, S. 80.
204 Wrangham 2019, S. 207.
205 Wrangham 2019, S. 207/208.
206 Bloom 2013, S. 98.
207 So Pinker 2018, S. 714.
208 Bloom 2013, S. 95.
209 Baumeister 2013, S. 246.
210 Bauer 2013, S. 35.
211 Bauer 2013, S. 17.
212 Baumeister 2013, S. 161.
213 Boehm 2012, S. 85.
214 Raine 2015, S. 57.
215 Bliesener 2000, S. 154.
216 Brüne 2020, S. 153.
217 Nicht jedes straffällige Verhalten ist aggressiv.
218 Arendt 2017, S. 53 – 55.
219 Raihani 2022, S. 130.
220 Scott 2020, S. 127; Diamond 2013, S. 98.
221 Werth/Seibt/Mayer 2020, S. 356.
222 Rousseau 2010, S. 93.
223 Peters 1998, S. 7.
224 Bretschneider/Muchnik 2021, S. 24.
225 Bretschneider/Muchnik 2021, S. 24.
226 Bretschneider/Muchnik 2021, S. 26.
227 Krause 1999, S. 38.
228 Maelicke 2019, S. 60.
229 Bretschneider 2021, S. 241.
230 Maelicke 2019, S. 61.
231 Das ist ein ringförmiger Bau um einen Überwachungsturm, von dem aus die Aufsichtsbeamten alle Haft- räume im Blick haben können.
232 Maelicke 2019, S. 61/62.
233 https://strafvollzugsarchiv.de/aboli- tionismus/manifest, letzter Aufruf am 26.06.2024; vgl. dazu auch den wich- tigen Kommentar von Heinz Cornel unter https://strafvollzugsarchiv.de/ abolitionismus/diskussion, letzter Aufruf am 26.06.2024.

234 Vgl. auch Feest/Scheerer 2018, S. 13–54.
235 Bretschneider/Muchnik 2021, S. 24.
236 https://de.statista.com/statistik/ daten/studie/993902/umfrage/ anzahl-der-justizvollzugsanstalten- in-deutschland/#:~:text=Insgesamt- Prozent20wurdenProzent20imPro- zent20JahrProzent202023,33Prozent- 20GefProzentC3ProzentA4ngnissen- Prozent20dieProzent20meistenPro- zent20Justizvollzugsanstalten, letzter Aufruf am 26.06.2024.
237 https://www.bpb.de/shop/ zeitschriften/apuz/gefa- engnis-2021/341768/alternativ- lose-institution/, letzter Aufruf am 26.06.2024.
238 Ausnahmen sind bei Individuen oder Gruppen denkbar, die um eine Sache konkurrieren, wie etwa kriminelle Rockerbanden um einen Rotlicht- bezirk. Isoliert betrachtet kann es hier Sinn ergeben, wenn die Schwächung oder Tötung eines Mitglieds durch die entsprechende Schwächung der gegnerischen Gruppe ausgeglichen werden soll, zumal es sich oft um Subkulturen handelt, die zur Konflikt- schlichtung nicht auf externe Autori- täten zurückgreifen.
239 Smith 2011, S. 202 ff.
240 Siehe S. 12.
241 Jehle 2020, S. 46.
242 Toch 1992, S. 221.
243 Tedal 2018, S. 534.
244 Schumann 2021, S. 152/153.
245 Schumann 2021, S. 157.
246 Zitiert nach Schlepper/Wehrheim 2017, S. 14.
247 Plack 1974, S. 15.
248 Siehe S. 154.
249 Der Verurteilte wurde dazu an den Pranger gestellt, und u. a. mit Peit- schen und einem Bündel aus Birken- reisig (Staupe) geschlagen.

250 Radbruch/Gwinner 1991, S. 105.
251 Schwerhoff 2011, S. 99.
252 Siehe oben S. 77.
253 Bauer 2018, S. 914.
254 Bauer 2018, S. 1078.
255 Bauer 2018, S. 1080.
256 Kant 1798, S. 333.
257 Scheerer 1993, S. 79/80.
258 Eisenberg/Köbel 2017, S. 305.
259 Hassemer 2009, S. 216.
260 Bauer 2018, S. 917/918.
261 Bauer 2018, S. 1076.
262 Fromm 1979, S. 22.
263 Nussbaum 2017, S. 43.
264 Vgl. auch Bloom 2013, S. 83.
265 Nussbaum 2017, S. 44/45.
266 Nussbaum 2017, S. 45.
267 Nussbaum 2017, S. 45/46.
268 Kaufmann 1974, S. 57.
269 Anders sieht dies Hallich 2021, S. 200,
    mit Verweis auf Hegel, der sogar ein
    „Recht auf Gestraftwerden" postuliert.
270 Bauer 2013, S. 154/155.
271 Elias 2020, S. 360.
272 Vgl. Duff 2001, S. 79 ff.
273 Plack 1974, S. 200.
274 https://www.bpb.de/shop/
    zeitschriften/apuz/gefa-
    engnis-2021/341779/geschlossene-
    gesellschaft/, letzter Aufruf am
    26.06.2024.
275 https://www.fritz-bauer-forum.
    de/folge/maximilian-pollux-
    gehasst-habe-ich-dich-nicht/, letzter
    Aufruf am 26.06.2024.
276 Sapolsky 2019, S. 796.
277 Roberts 2004, S. 4.
278 Roberts 2004, S. 166.
279 https://www.zdf.de/nachrichten/pan-
    orama/kriminalitaet/stadtpark-urteil-
    vergewaltigung-hamburg-100.html),
    letzter Aufruf am 26.06.2024.
280 Die Entscheidung ist zum Zeitpunkt
    des Schreibens dieses Buches noch
    nicht rechtskräftig.

281 https://www.nzz.ch/international/
    neun-urteile-wegen-vergewaltigung-
    aber-nur-einer-der-taeter-muss-
    in-haft-ld.1767895, letzter Aufruf
    26.06.2024.
282 https://www.mopo.de/hamburg/nach-
    stadtpark-urteilen-internet-mob-jagt-
    richterin/, letzter Aufruf 26.06.2024.
283 Vgl. z. B. das Projekt „RESI" in
    Köln: http://fox.leuphana.de/portal/
    files/14044249/RESI.pdf, letzter
    Aufruf am 26.06.2024.
284 Fischer 2018, S. 141/142.
285 So auch Zehr 2010, S. 19.
286 Wrangham 2019, S. 296 ff.
287 Brüne 2020, S. 175.
288 Harari 2015, S. 72.
289 Harari 2015, S. 73.
290 Fischer 2018, S. 18.
291 Siehe S. 112.
292 Jonas 2023, S. 30/31.
293 Siehe S. 41.
294 https://www.freiheitsfonds.de/, letzter
    Aufruf am 26.06.2024.
295 Siehe S. 73.
296 Siehe S. 33.
297 Siehe S. 41.
298 Siehe dazu oben S. 93.
299 Singelnstein/Kunz 2021, S. 203.
300 Schiller 2018, S. 15/16.
301 Singelnstein/Kunz 2021, S. 202.
302 Sartre 2022, S. 61.
303 Plack 1974, S. 6.
304 Hilgers 2013, S. 324.
305 Briggs 1970, S. 287.
306 Braithwaite 1989, S. 55.
307 Braithwaite 1989, S. 55.
308 Braithwaite 1989, S. 55.
309 Fischer 2021, S. 77.
310 Weinstein/Platt 1975, S. 119.
311 Beccaria 2021, S. 68.
312 Nietzsche 2021, S. 96.
313 Freud 2000, S. 243.
314 Raine 2015, S. 23/24: Ein prominenter
    Vertreter dieses Ansatzes, Cesare
    Lombroso, war der Überzeugung,

dass Kriminelle einen evolutionären Rückfall in eine primitivere Art darstellten.

315 „Strafvollzug" wird meist gleichbedeutend mit dem Vollzug der Freiheitsstrafe bzw. mit Gefängnissen oder Justizvollzugsanstalten verwendet. Die bis 1970 gültigen vier Strafarten „Zuchthaus", „Gefängnis", „Einschließung" und „Haft", die sich durch unterschiedliche Arbeitswesen voneinander abgrenzten, gibt es heute nicht mehr (Ramsbrock 2020, S. 196).

316 Graebsch 2022, § 93 LandesR Rdn. 18; Schumann 2021, S. 9.

317 Schumann 2021, S. 12/13.

318 Schumann 2021, S. 12.

319 Suhling 2018, S. 37.

320 https://www.bmj.de/SharedDocs/Publikationen/DE/Fachpublikationen/2021_Rueckfallstatistik.pdf?__blob=publicationFile&v=3, letzter Aufruf am 26.06.2024.

321 Vgl. die bundesweite Rückfalluntersuchung von Jehle u. a., S. 162, online unter https://www.uni-goettingen.de/de/document/download/ef86549f51526ea61aeefc22edc66f4c.pdf/RF_Bericht_2020_Version_Feb21.pdf, letzter Aufruf am 26.06.2024.

322 Siehe S. 12.

323 Schmidt 2017, S. 215.

324 Lindemann 2022, Vor § 2 LandesR Rdn. 8 ff.

325 Günther 2022, S. 153.

326 https://www.lto.de/recht/hintergruende/h/strafen-zweck-grund-mehr-als-vergeltung-praevention-normvertrauen-resozialisierung/, letzter Aufruf am 26.06.2024.

327 Zitiert nach Ramsbrock 2020, S. 53.

328 Siehe S. 131/132.

329 Günther 2022, S. 155.

330 https://www.freiheitsfonds.de/, letzter Aufruf am 26.06.2024

331 https://www.berliner-zeitung.de/mensch-metropole/ostkreuz-fahren-ohne-fahrschein-warum-der-freiheitsfonds-911-gefangene-freigekauft-hat-li.2165568, letzter Aufruf am 26.06.2024. Siehe auch die Kampagne unter https://weact.campact.de/petitions/justizversagen-arme-menschen-mussen-zu-unrecht-doppelt-so-lang-ins-gefangnis-begnadigungen-jetzt, letzter Aufruf am 26.06.2024.

332 Siehe S. 73.

333 Siehe S. 41.

334 Siehe S. 20

335 Siehe S. 124.

336 Kohlberg 2020, S. 26/27.

337 Keller 2007, S. 22/23.

338 Weinstein/Platt 1975, S. 119.

339 Roth 2019, S. 308/309.

340 Roth 2019, S. 310.

341 Roth 2019, S. 302.

342 Weinstein/Platt 1975, S. 120.

343 Weinstein/Platt 1975, S. 120.

344 Valtin/Walper 1991, S. 995.

345 Siehe S. 33.

346 Honneth 2010, S. 269.

347 Valtin/Walper 1991, S. 996.

348 https://www.fritz-bauer-forum.de/folge/klaus-juenschke-obdachlose-sind-in-haft-weit-ueberrepraesentiert/, letzter Aufruf am 26.06.2024.

349 Vgl. dazu auch Wheeler/Cline 2020, S. 157 ff.

350 Jonas 2023, S. 30.

351 Hochhut 2008, S. 118.

352 Falk 2022, S. 26.

353 Siehe dazu S. 114 ff.

354 Kühnen 2015, S. 5.

355 Eibl-Eibesfeld 2004, S. 26.

356 Vgl. Werth/Seibt/Mayer 2020, S. 347.

357 Werth/Seibt/Mayer 2020, S. 350.

358 Scheidecker 2017, S. 338/339.

359 Werth/Seibt/Mayer 2020, S. 353.

360 Lorenz 2020, S. 230/231.

361 https://www.zeit.de/sport/2022-11/
fussball-wm-katar-deutschland-
japan-one-love-geste, letzter Aufruf
am 26.06.2024.
362 Bregman 2020, S. 251.
363 Mausfeld 2019, S. 90.
364 https://www.nomos-elibrary.
de/10.5771/9783748939467.pdf,
letzter Aufruf am 26.06.2024.
365 Fassin 2018, S. 90.
366 https://www.rescaled.org/, letzter
Aufruf am 26.06.2024.
367 https://www.rescaled.org/2024/06/14/
eu-council-conclusions-on-small-
scale-detention/, letzter Aufruf am
26.06.2024.
368 https://www.wish-eu.eu/differentia-
tion/, letzter Aufruf am 26.06.2024.
369 https://www.bag-s.de/fileadmin/user_
upload/PDF/engelsborg-fin__1_.pdf,
letzter Aufruf am 26.06.2024.
370 https://www.medienservice.sachsen.
de/medien/news/253593, letzter
Aufruf am 26.06.2024; seit Anfang
2023 gibt es auch eine vergleichbare
Einrichtung für weibliche Inhaftierte
https://www.justiz.sachsen.de/smj/
vollzug-in-freien-formen-fuer-
weibliche-strafgefangene-7227.html,
letzter Aufruf am 26.06.2024.
371 Hilgers 2013, S. 261/262.
372 Hochhut 2008, S. 120.
373 https://www.freilaw.de/
wordpress/wp-content/uplo-
ads/2012/05/D%C3%B6ring_
Gef%C3%A4hrliche-
Straft%C3%A4ter-Teil-3.pdf, letzter
Aufruf am 26.06.2024.
374 Dölling/Hermann/Laue 2022, S. 334.
375 Ramsbrock 2020, S. 91/92.
376 Steinke 2022, S. 14.
377 Hagemann 2023, S. 199.
378 Willemsen/Walgrave 2007, S. 489 ff.
379 Willms 2019, S. 35.
380 Willemsen/Walgrave 2007, S. 490.
381 Willemsen/Walgrave 2007, S. 489.

382 Malzahn 2022, S. 24 ff.
383 Zehr 2010, S. 17.
384 Früchtel/Halibrand 2016, S. 17.
385 Hooker 2016, S. 27.
386 Früchtel/Halibrand 2016, S. 17.
387 Zehr 2010, S. 24.
388 Zehr 2010, S. 22.
389 Malzahn 2022, S. 64 ff.
390 Gready/Robins 2022, S. 32.
391 https://www.toa-servicebuero.de/
392 https://www.fritz-bauer-forum.de/
folge/christoph-willms-im-taeter-
opfer-ausgleich-liegt-viel-unge-
nutztes-potential/, letzter Aufruf am
26.06.2024.
393 Auch wenn solche Zahlungen teilweise wie ein „Freikaufen" anmuten,
sind sie für die Geschädigten meist
hilfreich.
394 Siehe S. 160.
395 Hassemer/Reemtsma 2002, S. 19/20:
„Damit waren Rachebedürfnisse,
waren Schrecken und Ratlosigkeit,
die einer kriminellen Verletzung zu
folgen pflegen, wenigstens gebändigt,
geformt und in kundige Hände gelegt
oder doch in sie weitergeleitet".
396 Albrecht 2008, S. 112.
397 Albrecht 2008, S. 112/113.
398 Dölling/Hermann/Laue 2022, S. 364.
399 Dölling/Hermann/Laue 2022, S. 364.
400 Kleinert/Hartwig 2021, S. 137.
401 Lehmann 2008, S. 174.
402 Albrecht 2008, S. 114.
403 Diamond 2013, S. 99.
404 Diamond 2013, S. 99.
405 Diamond 2013, S. 107.
406 Hagemann 2023, S. 202/203.
407 Hagemann 2023, S. 200 ff: seit 2006
gibt es Gemeinschaftskonferenzen in
Elmshorn.
408 https://www.justice.gov.za/trc/media/
pr/1996/p960830a.htm, letzter Aufruf
26.06.2024.
409 https://www.usip.org/
publications/1995/12/

truth-commission-south-africa#:~:text=MandateProzent-3AProzent20TheProzent20Truth-Prozent20andProzent20Reconciliation,includingProzent20abductionsProzent2CProzent20killings-Prozent2CProzent20torture, letzter Aufruf am 26.06.2024.

410 Haverkamp 2020, S. 269, mit Verweis auf Nils Christie.

411 Baumeister 2013, S. 112.

412 Hestermann 1997, S. 57.

413 Hassemer/Reemtsma 2022, S. 39 ff.

414 Zitiert nach Bennefeld-Kersten 1998, S. 63.

415 Bennefeld-Kersten 1998, S. 140.

416 Hassemer/Reemtsma 2002, S. 9.

417 Jehle 2020, S. 17/18.

418 Siehe S. 53.

419 Baumeister 2013, S. 35.

420 Hassemer/Reemtsma 2002, S. 102/103.

421 Singelnstein/Kunz 2021, S. 437.

422 Singelnstein/Kunz 2021, S. 436/437.

423 Singelnstein/Kunz 2021, S. 437.

424 Ghasemi/Roshan 2015, S. 15 ff.

425 Dürr 2008, S. 81.

426 Dürr 2008, S. 80/81.

427 Reemtsma 2022, S. 216.

428 Baumeister 2013, S. 15.

429 Baumeister 2013, S. 15.

430 Haverkamp 2020, S. 270.

431 Seierstad 2016.

432 Seierstad 2016, S. 15.

433 Allgemein zu Behandlungserfolgen bei Sexualstraftätern Rettenberger 2018, S. 606 ff.

434 Ramsbrock 2020, S. 195 ff; Endres/Groß 2020, S. 142.

435 https://krimpub.krimz.de/frontdoor/deliver/index/docId/220/file/bm-online28.pdf, letzter Aufruf am 26.06.2024.

436 Siehe S. 139.

437 Endres/Groß 2020, S. 156.

438 Schaefer/Mansel/Heitmeyer 2015, S. 130.

439 Siehe S. 12.

440 Siehe oben S. 33.

441 Siehe oben S. 20.

442 Siehe oben S. 80.

443 Plack 1974, S. 400.

444 Henrich 2020, S. 69.

445 Bloom 2013, S. 7.

446 Bloom 2013, S. 29.

447 Kotrschal 2019, S. 75.

448 Bloom 2013, S. 95.

449 Nussbaum 2017, S. 49.

450 Nussbaum 2017, S. 51.

451 Zimbardo 2017, S. 3.

452 Baumeister 2013, S. 733.

453 Wenig nützlich wäre eine Definition von „Schuld", die damit die gesetzlich bzw. strafrechtlich festgestellte Schuld meint, da eine solche Definition ausschließen würde, dass auch Staaten ihren Bürgern Böses antun können.

454 Auch wer sein Handeln, oder sich selbst als „böse" bezeichnet, meint damit in der Regel ein böse aus der Sicht der anderen.

455 Pinker 2018, S. 731.

456 Katz 1988, S. 9.

457 Katz 1988, S. 12.

458 https://www.sciencedirect.com/science/article/abs/pii/S0191886923003495, letzter Aufruf am 26.06.2024.

459 Shaw 2018, S. 9.

460 Baumeister 2013, S. 15.

461 Colpe 2016, S. 13.

462 Winnicott 1998, S. 115.

463 Winnicott 1998, S. 116.

464 Simon 2011, S. 17.

465 Wolf 2011, S. 107.

466 van Dülmen 2014, S. 121.

467 Goethe 1999, S. 64.

468 Bernhardt 2019, S. 85.

469 Rinnert 2020, S. 66.

470 Siehe S. 33.

471 Siehe S. 157.

472 Siehe S. 20.
473 Zimbardo 2017, S. 5.
474 Bliesener 2020, S. 151.
475 Dölling/Hermann/Laue 2022, S. 240.
476 Simon 2011, S. 286.
477 Simon 2011, S. 286.
478 Müller 2012, S. 122.
479 Saimeh 2020, S. 17.
480 Kröber 2014, S. 18.
481 Bauer 2013, S. 89.
482 Bauer 2013, S. 97.
483 Bauer 2013, S. 95.
484 Bauer 2013, S. 99.
485 https://www.bundesgesundheits-
     ministerium.de/fileadmin/Dateien/5_
     Publikationen/Drogen_und_Sucht/
     Broschueren/FASD_SozR-Fragen.pdf,
     letzter Aufruf am 26.06.2024.
486 Roque/Raine/Welsh 2013, S. 53.
487 Raine 2015, S. 354.
488 https://www.spiegel.de/wissenschaft/
     mensch/luftvergiftung-blei-macht-
     menschen-zu-moerdern-a-134275.
     html, letzter Aufruf am 26.06.2024.
489 Henrich 2020, S. 277.
490 Henrich 2020, S. 275/276.
491 Henrich 2020, S. 274.
492 Henrich 2020, S. 278/279.
493 Werth/Mayer 2020, S. 334/335.
494 Zimbardo 2017, S. XVI, XVII.
495 Bliesener 2020, S. 162.
496 Wrangham 2019, S. 50.
497 Bauer 2013, S. 114.
498 Siehe S. 160 ff.
499 Bregman 2020, S. 253.
500 Siehe S. 47 ff.
501 Siehe S. 33.
502 Siehe S. 119.
503 Doye/Kleinert/Rabus/Sonntag/Weth
     1972, S. 84.
504 Doye/Kleinert/Rabus/Sonntag/Weth
     1972, S. 85.
505 Hochstätter 2023, S. 17.
506 https://taz.de/Studie-ueber-junge-
     Juristen/!5027727/, letzter Aufruf am
     26.06.2024.
507 Zehr 2010, S. 15.
508 Vgl. Hochstätter 2023, S. 16.
509 Sapolsky 2019, S. 824.
510 Rushdie 2024, S. 239.
511 Schumann 2021, S. 123.
512 Lehmann 2008, S. 174/175.
513 https://www.justiz.bayern.de/justiz-
     vollzug/anstalten/belegungssituation/,
     letzter Aufruf am 26.06.2024.
514 Siehe S. 77.
515 Colvin 2022, S. 174.
516 Maelicke 2020, S. 28.
517 Viele sind Mitglied in der Bundes-
     arbeitsgemeinschaft für Straffälli-
     genhilfe e.V.: https://www.bag-s.de/,
     letzter Aufruf am 26.06.2024.
518 Z.B. https://www.dbh-online.de/,
     letzter Aufruf am 26.06.2024.
519 https://kim-paderborn.de/beratungs-
     stellegegenhaeuslichegewalt, letzter
     Aufruf am 26.06.2024.
520 Maelicke 2019, S. 212 – 214.
521 https://weisser-ring.de/, letzter Aufruf
     am 26.06.2024.
522 https://buergerbeteiligung.sachsen.
     de/portal/smjus/beteiligung/
     themen/1036749, letzter Aufruf am
     26.06.2024.
523 Jonas 2023, S. 30.
524 Siehe S. 199.
525 https://www.probation.ie/en/PB/
     Pages/WP16000037, letzter Aufruf
     am 26.06.2024.
526 https://www.skjv.ch/de/unsere-
     themen/bewaehrungshilfe/ueberg-
     angsmanagement-wege-die-freiheit,
     letzter Aufruf am 26.06.2024.
527 Lischke 2016, S. 296.
528 Sapolsky 2019, S. 785.
529 Nussbaum 2017, S. 346.
530 Siehe S. 33.
531 Böhm/Kaeding 2015, S. 405.
532 Gollwitzer 2007, S. 145.
533 Hermann/Jantzer 2012, S. 220.
534 Bertet/Keller 2011, S. 73.

535 https://www.stuttgarter-nachrichten.
     de/inhalt.unterricht-in-baden-
     wuerttemberg-gewerkschaft-for-
     dert-vom-land-mehr-geld-fuer-
     schulsozialarbeit.0199b34e-d4e2-
     4014-a5bf-e8ee397695a8.html, letzter
     Aufruf am 26.06.2024.
536 https://www.saechsische.de/sachsen/
     sachsen-plant-mehr-schulsozial-
     arbeiter-5780763.html, letzter Aufruf
     am 26.06.2024.
537 Bertet/Keller 2011, S. 64.
538 Brall 2007, S. 267 ff.

539 https://www.zeit.de/digital/2022-01/
     cyberkriminologie-polizei-cyberkri-
     minalitaet-telegram-digital, letzter
     Aufruf am 26.06.2024.
540 Wrangham 2019, S. 89.
541 Vgl. Sauer, S. 100: „Die Zukunft des
     Strafens liegt in milderen Sanktionen
     und in einer Abkehr und weitge-
     henden Einhegung unserer gnaden-
     lostesten Instinkte.“
542 Pinker 2018, S. 784.
543 Pinker 2018, S. 784.

Literatur

Albrecht, Hans-Jörg: Strafe und Herrschaft. In: Gander, Hans-Helmuth/Fludernik, Monika/ Albrecht, Hans-Jörg (Hrsg.): Bausteine zu einer Ethik des Strafens – Philosophische, juristische und literaturwissenschaftliche Perspektiven. Ergon, Würzburg 2008, S. 95-115.

Arendt, Hannah: Über das Böse – Eine Vorlesung zu Fragen der Ethik. Piper, 12. Auflage, München 2017.

Bauer, Fritz: Kleine Schriften (1962-1969). Foljanty, Lena/Johst, David (Hrsg.). Campus, Frankfurt a.M./New York 2018.

Bauer, Joachim: Schmerzgrenze. Vom Ursprung alltäglicher und globaler Gewalt. Heyne, 4. Auflage, München 2013.

Baumeister, Roy F.: Vom Bösen – Warum es menschliche Grausamkeit gibt. Verlag Hans Huber, Bern 2013.

Beccaria, Cesare: Über Verbrechen und Strafe. MV-History, Bremen 2021.

Bennefeld-Kersten, Katharina: Die Geisel – Eine Gefängnisdirektorin in der Gewalt des Häftlings H.M. Kabel Verlag, Hamburg 1998.

Berger, Kenny: Mein Leben und ich – Behind the Sun. In: Ingeborg-Drewitz-Literaturpreis für Gefangene – Begegnungen in der Welt des Widersinns. Rhein-Mosel-Verlag, Zell/ Mosel 2018, S. 77-78.

Bertet, Roland/Keller, Gustav: Gewaltprävention in der Schule – Wege zu prosozialem Verhalten. Verlag Hans Huber, Bern 2011.

Birkel, Christoph: Die Entwicklung der Gewaltkriminalität in Deutschland – Theoretische Erklärungsansätze im empirischen Vergleich. Springer, Wiesbaden 2015.

Bliesener, Thomas: Beschädigte Seelen – Frühkindliche Sozialisations- und spätere Verhaltensstörungen. In: Jehle, Jörg-Martin (Hrsg.): Das sogenannte Böse – Das Verbrechen aus interdisziplinärer Perspektive. Nomos, Baden-Baden 2020, S. 149-174.

Bloom, Paul: The Origins of Good and Evil. Broadway Books, New York 2013.

Böhm, Christian/Kaeding, Peer: Prävention und Intervention bei Gewalt an Schulen. In: Melzer/Hermann/Sandfuchs/Schäfer/Schubarth/Daschner (Hrsg.): Handbuch Aggression, Gewalt und Kriminalität bei Kindern und Jugendlichen. Verlag Julius Klinkhardt, Bad Heilbrunn 2015, S. 404 – 410.

Boehm, Christopher: Moral Origins – The Evolution of Virtue, Altruism, and Shame. Basic Books, New York 2012.

Braithwaite, John: Crime, shame and reintegration. Cambridge University Press, Cambridge 1989.

Brall, Werner: Präventionsverständnis im Weißen Ring und dessen praktische Umsetzung an Beispielen. In: Gollwitzer/Pfetsch/Schneider/Schulz/Steffke/Ulrich (Hrsg): Gewaltprävention bei Kindern und Jugendlichen. Hogrefe, Göttingen u. a. 2007, S. 263-272.

Bregmann, Rutger: Im Grunde gut – Eine neue Geschichte der Menschheit. Rowohlt, 3. Auflage, Hamburg 2020.

Breithaupt, Fritz: Die dunklen Seiten der Empathie. Suhrkamp, 4. Auflage, Berlin 2019.

Bretschneider, Falk: Strafen und ihre Alternativen. In: Decock, Wim (Hrsg.): Konfliktlösung in der Frühen Neuzeit. Springer, Heidelberg 2020, S. 237-246.

Bretschneider, Falk/Muchnik, Natalia: Geschichte (n) des Gefängnisses. ApPUZ Zeitschrift der Bundeszentrale für politische Bildung, 71. Jahrgang, 42-43/2021, 18. Oktober 2021, S. 24-29.

Briggs, Jean L.: Never in Anger – Portrait of an Eskimo Family. Harvard University Press, Cambridge/London 1970.

Brüne, Martin: Der unangepasste Mensch – Unsere Psyche und die blinden Flecken der Evolution. Klett-Cotta, Stuttgart 2020.

Chalfin, Aaron/Tahamont, Sarah: The Economics of Deterrence. In: Nagin/Cullen/Jonson (Hrsg.): Deterrence, Choice, and Crime. Routledge, London/New York 2018, S. 28-79.

Christakis, Nicholas A.: Blueprint – Wie unsere Gene das gesellschaftliche Zusammenleben prägen. Fischer, Frankfurt am Main 2019.

Colpe, Carsten: Religion und Mythos im Altertum. In: Colpe, Carsten/Schmidt-Biggemann, Wilhelm (Hrsg.): Das Böse – Eine historische Phänomenologie des Unerklärlichen. Suhrkamp, 3. Auflage, Frankfurt am Main 2016, S. 13-89.

Colvin, Sarah: Shadowland – The Story of Germany told by its Prisoners. Reaktion Books, London 2022.

Darwin, Charles (a): Die Entstehung der Arten. Nikol, Hamburg 2021.

Darwin, Charles (b): Die Abstammung des Menschen. Nikol, Hamburg 2021.

Dawkins, Richard: Das egoistische Gen. Spektrum, München 2007.

Diamond, Jared: Vermächtnis – Was wir von traditionellen Gesellschaften lernen können. Fischer, Frankfurt am Main 2013.

Dölling, Dieter/Hermann, Dieter/Laue, Christian: Kriminologie. Springer, Berlin-Heidelberg 2022.

Doye, Wolf/Kleinert, Ulfrid/Rabus, Frieder/Sonntag, Jochen/Weth, Ulrich (1972): Plädoyer für ein Maßnahmerecht. In: Kleinert, Ulfrid (Hrsg.): Strafvollzug – Analysen und Alternativen. Kaiser und Grünewald, München und Mainz, S. 68-91.

Drenkhahn, Kirstin: Geschlossene Gesellschaft – Alltag im Gefängnis. ApPUZ Zeitschrift der Bundeszentrale für politische Bildung, 71. Jahrgang, 42-43/2021, 18. Oktober 2021, S. 35-40.

Dübgen, Franziska: Transformative Strafrechtskritik. Mohr Siebeck, Tübingen 2022.

van Dülmen, Richard: Theater des Schreckens – Gerichtspraxis und Strafrituale in der frühen Neuzeit. C.H. Beck, 6. Auflage, München 2014.

Dürr, Thomas: Strafen, Amnestieren, Verzeihen – Überlegungen zur südafrikanischen Truth and Reconciliation Commission. In: Gander, Hans-Helmuth/Fludernik, Monika/Albrecht, Hans-Jörg (Hrsg.): Bausteine zu einer Ethik des Strafens – Philosophische, juristische und literaturwissenschaftliche Perspektiven. Ergon, Würzburg 2008, S. 65-94.

Duff, Antony: Punishment, Communication and Community. Oxford University Press, Oxford 2001.

Dunbar, Robin: The Human Story – A New History of Mankind's Evolution. Faber and Faber, London 2005.

Endres, Johann/Groß, Claudia: Sozialtherapie als Behandlungsform im Strafvollzug. In: Meier, Bernd-Dieter/Leimbach, Katharina (Hrsg.): Gefängnisse im Blickpunkt der Kriminologie – Interdisziplinäre Beiträge zum Strafvollzug und der Wiedereingliederung. Springer, Berlin 2020, S. 141-161.

Eibl-Eibesfeld, Irenäus: Aggressionen und Krieg: Gehören Sie zum Menschsein? In: Buren-
hult, Göran (Hrsg.): Menschen der Urzeit – Die Frühgeschichte der Menschheit von den
Anfängen bis zur Bronzezeit. Karl Müller Verlag, Köln 2004, S. 27-28.

Eilers, Wilhelm: Codex Hammurabi – Die Gesetzsstele Hammurabis. Marix Verlag, Wiesbaden 2009.

Eisenberg, Ulrich/Kölbel, Ralf: Kriminologie. Mohr Siebeck, 7. Auflage, Tübingen 2017.

Elias, Norbert: Über den Prozeß der Zivilisation. Suhrkamp, 32. Auflage, Berlin 2020.

Erhardt, Elmar: Deutsche Kriminalgeschichte – Verbrechen und Strafe als Spiegel der
Gesellschaft. Kohlhammer Verlag, Stuttgart 2019.

Evans, Richard: Rituale der Vergeltung – Die Todesstrafe in der deutschen Geschichte. wbg,
Darmstadt 2020.

Everett, Daniel: Das glücklichste Volk. Sieben Jahre bei den Piraha-Indianern am
Amazonas. Pantheon, München 2012.

Falk, Armin: Warum es so schwer ist, ein guter Mensch zu sein ... und wie wir das ändern
können: Antworten eines Verhaltensökonomen. Siedler, München 2022.

Fassin, Didier: Der Wille zum Strafen. Suhrkamp, Berlin 2018.

Feest, Johannes/Scheerer, Sebastian: Against penitentiaries. In: Massimo Pavarini/Livio
Ferrari (Hrsg.): No Prison. EG Press Limited, Capel Dewi 2018, S. 13-54.

Fischer, Thomas: Über das Strafen – Recht und Sicherheit in der demokratischen Gesellschaft. Droemer, München 2018.

Fischer, Thomas: Sex and Crime – Über Intimität, Moral und Strafe. Droemer, München
2021.

Freud, Sigmund: Studienausgabe – Band IX: Fragen der Gesellschaft/Ursprünge der
Religion. Fischer, Frankfurt am Main 2000.

Fromm, Erich: Anatomie der menschlichen Destruktivität. Rowohlt, 26. Auflage, Reinbek
2017.

Früchtel, Frank/Halibrand, Anna-Maria: Restorative Justice. Springer, Wiesbaden 2016.

Galli, Thomas (a): Endstation Knast – Ein Gefängnisdirektor packt aus. Riva, München
2019.

Galli Thomas (b): Knast oder Heimat? Erzählungen von Recht und Unrecht. Rhein-Mosel-
Verlag, Zell 2019.

Galli, Thomas (a): Weggesperrt – Warum Gefängnisse niemandem nützen. Edition Körber,
Hamburg 2020.

Galli, Thomas (b): Knastleben – Meine härtesten Fälle als Gefängnisdirektor. Riva,
München 2020.

Gamble, Clive/Gowlett, John/Dunbar, Robin: Evolution, Denken, Kultur. Springer, Heidelberg 2016.

Ghasemi, Mojtaba/Roshan, Mohammad: Vengeance versus Forgiveness: Iranian Expe-
rience with Islamic Criminal Law of Homicide. In: Kury, Helmut (Hrsg.): Punitivity and
Punishment – Results from different countries. Universitätsverlag Dr. N. Brockmeyer,
Bochum 2015, S. 15-23.

von Goethe, Johann Wolfgang: Faust. wbg, Darmstadt 1999.

Gollwitzer, Mario: Ansätze zur Primär- und Sekundärprävention aggressiven Verhaltens
bei Kindern und Jugendlichen. In: Gollwitzer/Pfetsch/Schneider/Schulz/Steffke/Ulrich
(Hrsg.): Gewaltprävention bei Kindern und Jugendlichen. Hogrefe, Göttingen u. a. 2007,
S. 141-157.

Graebsch, Christine: § 92 LandesR. In: Feest/Lesting/Lindemann (Hrsg.): Kommentar Strafvollzugsgesetze. Carl Heymanns, 8. Auflage, Hürth 2022.

Gready, Paul/Robins, Simon: From Transitional to Transformative Justice. In: Gready, Paul/Robins, Simon (Hrsg): From Transitional to Transformative Justice. Cambridge University Press, Cambridge 2022, S. 31-56.

Günther, Klaus: Kritik der Strafe. In: Loick, Daniel/Thompson, Vanessa E. (Hrsg.): Abolitionismus – Ein Reader. Suhrkamp, Berlin 2022, S. 140-159.

Hagemann, Otmar: Restorative Justice – Heilung, Transformation, Gerechtigkeit und sozialer Frieden. Verlag DBH – Fachverband für Soziale Arbeit u. a., Köln 2023.

Haller, Reinhard: Rache – Gefangen zwischen Macht und Ohnmacht. Ecowin, Salzburg/München 2021.

Hallich, Oliver: Strafe. De Gruyter, Berlin/Boston 2021.

Harari, Yuval Noah: Eine kurze Geschichte der Menschheit. Pantheon, München 2015.

Härter, Karl: Strafen mit und neben der Zentralgewalt: Pluralität und Verstaatlichung des Strafens in der Frühen Neuzeit. In: Schlee, Günther/Turner, Bertram (Hrsg.): Vergeltung. Campus, Frankfurt/New York 2008, S. 105-126.

Hassemer, Winfried: Warum Strafe sein muss – Ein Plädoyer. Ullstein, Berlin 2009.

Hassemer, Winfried/Reemtsma, Jan Philipp: Verbrechensopfer – Gesetz und Gerechtigkeit. C.H. Beck Verlag, München 2002.

Haverkamp, Rita: Das Böse und die Frauen – Frauen als Opfer und Täterinnen. In: Jehle, Jörg-Martin (Hrsg.): Das sogenannte Böse – Das Verbrechen aus interdisziplinärer Perspektive. Nomos, Baden-Baden 2020, S. 257-280.

Henrich, Joseph: The Weirdest People in the World – How the West Became Psychologically Peculiar and Particularly Prosperous. Penguin Books, London 2020.

Hermann, Dieter/Jantzer, Vanessa: Schulsozialarbeit – kriminalpräventive Wirkungen und Verbesserungsmöglichkeiten. In: Marks, Erich/Steffen, Wiebke (Hrsg.): Bildung – Prävention – Zukunft – Ausgewählte Beiträge des 15. Deutschen Präventionstages. Forum Verlag, Godesberg 2012, S. 207-230.

Hestermann, Thomas: Verbrechensopfer – Leben nach der Tat. Rowohlt, Reinbek 1997.

Hilgers, Micha: Scham – Gesichter eines Affekts. Vandenhoeck & Ruprecht, 4. Auflage, Göttingen 2013.

Hobbes, Thomas: Leviathan. Meiner Verlag, Hamburg 1996.

Hochhuth, Martin: Strafgerechtigkeit und Milde angesichts der Willensfreiheitsaporie. In: Gander, Hans-Helmuth/Fludernik, Monika/Albrecht, Hans-Jörg (Hrsg.): Bausteine zu einer Ethik des Strafens – Philosophische, juristische und literaturwissenschaftliche Perspektiven. Ergon, Würzburg 2008, S. 117-131.

Hochstätter, Ulrica: Die Fragen der Opfer im Strafprozess – Bedürfnisse und Erwartungen im Kontext der strafverfahrensrechtlichen Bewältigung. Springer VS, Wiesbaden 2023.

Honneth, Axel: Das Ich im Wir – Studien zur Anerkennungstheorie. Suhrkamp, Berlin 2010.

Hooker, David: Transformative Community Conferencing. Good Books, New York 2016.

Hoven, Elisa/Weigend, Thomas: Strafsachen – Ist unser Recht wirklich gerecht? Dumont, Köln 2023.

Jehle, Jörg-Martin: Wie sieht die Verbrechenswirklichkeit aus und wie können wir Kriminalität begrenzen? Eine kriminologische Einführung. In: Jehle, Jörg-Martin (Hrsg.): Das sogenannte Böse – Das Verbrechen aus interdisziplinärer Perspektive. Nomos, Baden – Baden 2020, S. 11-61.

Jonas, Ulrich: Der Blick hinter Gitter. Hinz & Kunzt, No. 368, Oktober 2023, S. 30-31.

Jünschke, Klaus: Gefangen & Wohnungslos – Gespräche mit Obdachlosen in Haft. Weissmann, Köln 2023.

Junker, Thomas: Die Evolution des Menschen. C.H. Beck, 4. Auflage, München 2021.

Kant, Immanuel: Die Metaphysik der Sitten, 2. Aufl. 1798, Erster Teil: Metaphysische Anfangsgründe der Rechtslehre, Allg. Anm. E zu den §§ 43– 49, hier zitiert nach der Akademie-Ausgabe, Band VI. Online verfügbar unter: https://archive.org/details/kantsgesammelte10kantgoog/page/332/mode/2up?view=theater, letzter Aufruf am 30.12.2023.

Katz, Jack: Seductions of Crime – Moral and Sensual Attractions in Doing Evil. Basic Books, New York 1988.

Kaufmann, Walter: Jenseits von Schuld und Gerechtigkeit. Hoffmann und Campe, Hamburg 1974.

Keller, Monika: Moralentwicklung und moralische Sozialisation. In: Horster, Detlef (Hrsg.): Moralentwicklung von Kindern und Jugendlichen. VS Verlag, Wiesbaden 2007, S. 17-49.

Kinzig, Jörg: Noch im Namen des Volkes? Über Verbrechen und Strafe. Orell Füssli, Zürich 2020.

Kitcher, Philip: The Ethical Project. Harvard University Press, Cambridge/London 2014.

Kleinert, Ulfrid/Hartwig, Lydia: Ein deutsches Gefängnis im 21. Jahrhundert. NOTschriften Verlag, Radebeul 2021.

Kohlberg, Lawrence: Die Psychologie der Moralentwicklung. Suhrkamp, 9. Auflage, Berlin 2020.

Kury, Helmut/Stremy, Tomas: Restorative Justice and Alternative Punishments – New Results. In: Kury, Helmut (Hrsg.): Punitivity and Punishment – Results from different countries. Universitätsverlag Dr. N. Brockmeyer, Bochum 2015, S. 77-98.

Kotrschal, Kurt: Mensch. Woher wir kommen, wer wir sind, wohin wir gehen. Brandstätter, Wien 2019.

Krause, Thomas: Geschichte des Strafvollzuges – Von den Kerkern des Altertums bis zur Gegenwart. wbg, Darmstadt 1999.

Kröber, Hans-Ludwig: Die Empathie-Forderung: ein therapeutischer Fetisch? In: Saimeh, Nahlah (Hrsg.): Das Böse behandeln. Medizinisch Wissenschaftliche Verlagsgesellschaft, Berlin 2014, S. 9-19.

Kühnen, Ulrich: Tierisch kultiviert. Menschliches Verhalten zwischen Kultur und Evolution. Springer Spektrum, Heidelberg 2015.

Lehmann, Hartmut: Das Recht auf Strafe und Vergeltung im Zeitalter der Globalisierung: Ein Kommentar. In: Schlee, Günther/Turner, Bertram (Hrsg.): Vergeltung. Campus, Frankfurt/New York 2008, S. 173-180.

Lindemann, Michael: Vor § 2 LandesR. In: Feest/Lesting/Lindemann (Hrsg.): Kommentar Strafvollzugsgesetze. Carl Heymanns, 8. Auflage, Hürth 2022.

Lischke, Gottfried: Ist Aggression böse? Zur Ethologie, Soziobiologie und Psychologie des Kampfes und der Moral. In: Colpe, Carsten/Schmidt-Biggemann, Wilhelm (Hrsg.): Das Böse – Eine historische Phänomenologie des Unerklärlichen. Suhrkamp, 3. Auflage, Frankfurt am Main 2016, S. 274-299.

Lorenz, Konrad: Das sogenannte Böse – Zur Naturgeschichte der Aggression. dtv, 31. Auflage, München 2020.

Maelicke, Bernd: Das Knast Dilemma – Wegsperren oder resozialisieren? Nomen, 2. Auflage, Frankfurt am Main 2019.

Maelicke, Bernd: Komplexleistung Resozialisierung und Systemischer Wandel. In: Maelicke, Bernd/Wein, Christopher (Hrsg.): Resozialisierung und Systemischer Wandel. Nomos, Baden-Baden 2020, S. 27-56.

Malzahn, Rehzi: Restorative Justice – Eine radikale Vision. Schmetterling, Stuttgart 2022.

Marschelke, Jan-Christoph: Rechtsgefühle in Rechtssoziologie und – psychologie. In: Bens, Jonas/Zenker, Olaf (Hrsg.): Gerechtigkeitsgefühle – Zur affektiven und emotionalen Legitimität von Normen. Transcript, Bielefeld 2017, S. 37-69.

Mausfeld, Rainer: Angst und Macht – Herrschaftstechniken der Angsterzeugung in kapitalistischen Demokratien. Westend, Neu-Isenburg 2019.

Metzger, Paul: Der Teufel. Marix, 2. Auflage, Wiesbaden 2016.

Milgram, Stanley: Das Milgram-Experiment. Zur Gehorsamsbereitschaft gegenüber Autorität. Rowohlt, 20. Auflage, Reinbek 2020.

Moor, Paul: Jürgen Bartsch – Selbstbildnis eines Kindermörders. Rowohlt, 4. Auflage, Reinbek 2003.

Nida-Rümelin, Julian: Über Grenzen denken – Eine Ethik der Migration. Edition Körber, Hamburg 2017.

Nietzsche, Friedrich: Menschliches, Allzumenschliches – Ein Buch für freie Geister. Sammlung Hofenberg. Contumax GmbH & Co. KG, Berlin 2016.

Nietzsche, Friedrich: Jenseits von Gut und Böse. Anaconda, München 2021.

Nussbaum, Martha: Zorn und Vergebung – Plädoyer für eine Kultur der Gelassenheit. wbg, Darmstadt 2017.

Peters, Edward M.: Prison before the Prison – The Ancient and Medieval Worlds. In: Morris, Norval/Rothman, David (Hrsg.): The Oxford History of the Prison – The Practice of Punishment in Western Society. Oxford University Press, New York/Oxford 1998, S. 5-43.

Pinker, Steven: Gewalt – Eine neue Geschichte der Menschheit. Fischer, 3. Auflage, Frankfurt am Main 2018.

Plack, Arno: Plädoyer für die Abschaffung des Strafrechts. Paul List, München 1974.

Radbruch, Gustav/Kaufmann, Arthur (Hrsg.): Die Peinliche Gerichtsordnung Kaiser Karls V. von 1532. Reclam, 6. Auflage, Stuttgart 1991.

Raihani, Nichola: The Social Instinct. Vintage, Dublin 2022.

Raine, Adrian: Als Mörder geboren – Die biologischen Wurzeln von Gewalt und Verbrechen. Klett-Cotta, Stuttgart 2015.

Ramsbrock, Annelie: Geschlossene Gesellschaft. Das Gefängnis als Sozialversuch – eine bundesdeutsche Geschichte. Fischer, Frankfurt am Main 2020.

Reemtsma, Jan Philipp: Im Keller. Rowohlt, 11. Auflage, Reinbek 2022.

Rettenberger, Martin: Effekte der Tertiärprävention bei Sexualstraftätern. In: Walsh/Pniewski/Kober/Armborst (Hrsg.): Evidenzorientierte Kriminalprävention in Deutschland. Springer, Wiesbaden 2018, S. 601-618.

Rinnert, Andrea: J.W. von Goethe Faust I – Interpretation. Stark, München 2020.

Roberts, Alice: Die Anfänge der Menschheit – Vom aufrechten Gang bis zu den frühen Hochkulturen. DK Verlag, München 2012.

Roque, Michael/Raine, Adrian/Welsh, Brandon: Experimental Neurocriminology – Etiology and Treatment. In: Welsh, Brandon/Braga, Anthony/Bruinsma, Gerben (Hrsg.):

Experimental Criminology – Prospects for Advancing Science and Public Policy. Cambridge University Press, Cambridge 2013, S. 43-64.

Roth, Gerhard: Warum es so schwierig ist, sich und andere zu ändern – Persönlichkeit, Entscheidung und Verhalten. Klett-Cotta, 2. Auflage, Stuttgart 2019.

Rousseau, Jean-Jacques: Abhandlung über den Ursprung und die Grundlagen der Ungleichheit unter den Menschen. Reclam, Stuttgart 2010.

Rushdie, Salman:Knife – Gedanken nach einem Mordversuch. Penguin Verlag, München 2024.

Saimeh, Nahlah: Grausame Frauen. Piper, München 2020.

Sapolsky, Robert: Gewalt und Mitgefühl. Hanser, 3. Auflage, München 2019.

Sartre, Jean-Paul: Geschlossene Gesellschaft. Rowohlt, 58. Auflage, Reinbek 2022.

Sauer, Hanno: Moral – Die Erfindung von Gut und Böse. Piper, 2. Auflage, München 2023.

Schaefer/Mansel/Heitmeyer: Rechtspopulistisches Potential – Die „saubere Mitte" als Problem. In: Heitmeyer, Wilhelm (Hrsg): Deutsche Zustände. Suhrkamp, 3. Auflage, Berlin 2015.

Scheerer, Sebastian: Die soziale Aufgabe des Strafrechts. In: Peters, Helge (Hrsg.): Muss Strafe sein? Zur Analyse und Kritik strafrechtlicher Praxis. Westdeutscher Verlag, Opladen 1993, S. 79-90.

Scheidecker, Gabriel: Kindheit, Kultur und moralische Emotionen – Zur Sozialisation von Furcht und Wut im ländlichen Madagaskar. Transcript, Bielefeld 2017.

Schiller, Friedrich: Der Verbrecher aus verlorener Ehre – Eine wahre Geschichte. edition holbach, Martigny 2018.

Schlepper, Christina/Wehrheim, Jan (Hrsg.): Schlüsselwerke der Kriminologie. Beltz Juventa, Weinheim/Basel 2017.

Schmidt-Salomon, Michael: Jenseits von gut und böse – Warum wir ohne Moral die besseren Menschen sind. Pendo, 5. Auflage, München 2010.

Schumann, Karl F.: Experimente contra Kriminalität – 14 wissenschaftliche Abenteuer. Beltz Juventa, Weinheim/Basel 2021.

Schwerhoff, Gerd: Historische Kriminalitätsforschung. Campus, Frankfurt/New York 2011.

Scott, James C.: Die Mühlen der Zivilisation – Eine Tiefengeschichte der frühesten Staaten. Suhrkamp, Berlin 2022.

Seierstad, Asne: Einer von uns – Die Geschichte eines Massenmörders. Kein & Aber, Zürich/Berlin 2016.

Seiffge-Krenke, Inge: Entwicklungspsychiatrische Grundlagen. In: Bilke-Hentsch, Oliver/ Sevecke, Kathrin (Hrsg.): Aggressivität, Impulsivität und Delinquenz – Von gesunden Aggressionen bis zur forensischen Psychiatrie bei Kindern und Jugendlichen. Thieme, Stuttgart/New York 2017, S. 39-43.

Shaw, Julia: Böse – Die Psychologie unserer Abgründe. Hanser, 3. Auflage, München 2018.

Simon, Robert I.: Die dunkle Seite der Seele – Psychologie des Bösen. Huber Verlag, Bern 2011.

Singelnstein, Tobias/Kunz, Karl-Ludwig: Kriminologie. Haupt, 8. Auflage, Bern 2021.

Sjöström, Arne: Revenge tastes sweet, even if it is not directed against the person who harmed us: An Examination of Justice-Related Satisfaction after Displaced Revenge. Dissertation 2015, online veröffentlicht unter: https://archiv.ub.uni-marburg.de/diss/z2015/0367/pdf/das.pdf, letzter Aufruf am 30.12.2023.

Smith, David: Less than human – Why we demean, enslave, and exterminate others. St. Martin's Griffin, New York 2011.

Steinke, Ronen: Vor dem Gesetz sind nicht alle gleich – Die neue Klassenjustiz. Berlin Verlag, Berlin 2022.

Suhling, Stefan: Wirkungsforschung und wirkungsorientierte Steuerung. In: Maelicke, Bernd/Suhling, Stefan (Hrsg.): Das Gefängnis auf dem Prüfstand – Zustand und Zukunft des Strafvollzugs. Springer, Wiesbaden 2018, S. 23-47.

Tedal, Carina: Die Wirkung strafrechtlicher Sanktionen auf die Legalbewährung. In: Walsh/Pniewski/Kober/Armbrost (Hrsg.): Evidenzorientierte Kriminalprävention in Deutschland. Springer, Wiesbaden 2018, S. 533-556.

Toch, Hans: Violent Men – An Inquiry Into The Psychology of Violence. American Psychological Association, Washington 1992.

Tomasello, Michael: Eine Naturgeschichte der menschlichen Moral. Suhrkamp, Berlin 2020.

Valtin, Renate/Walper, Sabine: Strafe muss sein! – Oder nicht? Was Kinder über den Umgang mit Missetätern denken. Zeitschrift für Pädagogik 27 (1991) 6, S. 975-998.

Wacquant, Loic: Bestrafung der Armen – Zur neoliberalen Regierung der sozialen Unsicherheit. Verlag Barbara Budrich, Opladen & Farmington Hills 2009.

Walter, Tonio: Vergeltung als Strafzweck. ZIS 7/2011, S. 636-647.

Walter, Tonio: Strafe und Vergeltung – Rehabilitation und Grenzen eines Prinzips. Nomos, Baden-Baden 2016.

Werth, Lioba/Seibt, Beate/Mayer, Jennifer: Sozialpsychologie – Der Mensch in sozialen Beziehungen. Springer, 2. Auflage, Berlin 2020.

Wheeler, Stanton/Cline, Hugh F.: The Scandinavian Prison Study. Springer, Cham Switzerland 2020.

Willemsen, Jolien/Walgrave, Lode: Regional reviews – Section C Europe. In: Johnstone, Gerry/Van Ness, Daniel W. (Hrsg.): Handbook of Restorative Justice. Willan Publishing, Devon 2007, S. 488-499.

Willms, Christoph: Einführendes über das Strafen. In: Malzahn, Rehzi (Hrsg): Strafe und Gefängnis. Schmetterling Verlag, Stuttgart 2019, S. 16-39.

Winnicott, Donald W.: Die menschliche Natur. Klett-Cotta, 2. Auflage, Stuttgart 1998.

Wolf, Jean-Claude: Das Böse. De Gruyter, Berlin/Boston 2011.

Wrangham, Richard: Die Zähmung des Menschen – Warum Gewalt uns friedlicher gemacht hat. DVA, München 2019.

Zehr, Howard: Fairsöhnt. Neufeld Verlag, Schwarzenfeld 2010.

Zimbardo, Philip: Der Luzifer-Effekt – Die Macht der Umstände und die Psychologie des Bösen. Springer, Berlin 2017.

Zinner, Dietmar: Das sogenannte Böse – Von Konrad Lorenz zur heutigen verhaltensbiologischen Forschung. In: Jehle, Jörg-Martin (Hrsg.): Das sogenannte Böse – Das Verbrechen aus interdisziplinärer Perspektive. Nomos, Baden-Baden 2020, S. 63-87.

Dank

Ich bin der *edition einwurf* und dem Lektor Herrn Dr. Christoph Schottes für die freundliche und kompetente Betreuung sehr dankbar.

Es freut und ehrt mich, dass mein Buch zu den Ersten gehört, die der junge Verlag in sein Programm aufgenommen hat.

Dank gebührt auch Frau Faßbender und unserem Kanzleiteam, die es mir ermöglicht haben, für einige Zeit beruflich etwas kürzerzutreten, um mich dem Schreiben zu widmen.

Herzlich bedanke ich mich bei meiner Familie und meinen Eltern. Ohne deren lebenslange Unterstützung und Förderung wäre es mir nie möglich gewesen, heute mit einem guten Dach über dem Kopf über die Kriminalität und ihre Bekämpfung nachzudenken.

Der Autor

Thomas Galli studierte Rechtswissenschaften, Kriminologie und Psychologie.
Seit 2001 hat er im Strafvollzug gearbeitet,
wurde 2013 Leiter der JVA Zeithain
und 2015 zusätzlich der JVA Torgau. Er
engagierte sich im Kriminalpräventiven
Rat der Stadt Dresden und war viele Jahre
lang Lehrbeauftragter an der Hochschule
für den öffentlichen Dienst in Bayern.
Galli hat zu Fragen der Kriminologie und des Strafvollzugs publiziert und
Sachbücher über den Gefängnisalltag geschrieben. In der Edition Körber
erschien 2020 sein Buch „Weggesperrt. Warum Gefängnisse niemandem
nützen", das in der edition einwurf weiterhin lieferbar ist.
Seit 2016 ist der promovierte Jurist in einer eigenen Kanzlei als
Rechtsanwalt in Augsburg tätig.

ISBN 978-3-89684-717-1
ca. 160 Seiten
ca. 22 €

„Die Erde wird immer heißer, die Gesellschaft wird
immer kälter. Wollen wir sozial erfrieren?
Die Profis stehen nicht mehr zur Verfügung, sie
werden uns nicht mehr pampern.
Werden wir erwachsen und sehen uns um:
Wir können selbst mehr als wir ahnen.
Nehmen wir die Chance wahr."

ISBN 978-3-89684-721-8
ca. 528 Seiten
ca. 28 €

Christoph Bausenwein saß in den 1980er Jahren als Totalverweigerer im Gefängnis. Sein Rückblick auf den Kampf gegen die Wehrpflicht, auf die Anti-AKW-Bewegung und auf den rebellischen Aufbruch in der Musik ist das Porträt einer kritischen Generation – daraus entwickelt der Autor eine friedenspolitische Position, die auch angesichts aktueller Bedrohungen zu einem klaren Bekenntnis gegen die Wehrpflicht kommt.

ISBN 978-3-89684-713-3
240 Seiten
20 €

Das Buch liefert einen wichtigen Kompass,
um die Hintergründe eines aufgeregten
Diskurses zu verstehen und manche moralischen
Verrenkungen zurechtzurücken.

ISBN 978-3-89684-719-5
ca. 256 Seiten
ca. 24 €

Willi Lemke galt fast zwanzig Jahre als
Inbegriff des Fußballmanagers. Er war aber
auch Bildungssenator in Bremen und
UN-Sonderbotschafter für Sport.
Die Biografie zeichnet das Lebensbild einer
spannenden Persönlichkeit, die in keine
Schublade passte.